博学而笃志,切问而近思。

(《论语·子张》)

博晓古今,可立一家之说;
学贯中西,或成经国之才。

作者介绍

居延安,纽约州立大学奥本尼分校与贝尔格莱德大学社会科学院哲学博士(1986年),现任美国中康州州立大学传播系终身教授。曾任复旦大学新闻学院副教授、国际新闻教研室主任,美国夏威夷东西方中心传播研究所高级研究员、北卡罗莱那大学(教堂山)传播系副教授。

居延安教授是国际著名资深传播学者、中国公共关系学理论先驱之一。所主著的《公共关系学》一书自1989年由复旦大学出版社出版以来,先后5版,风行30年,销售160余万册,是国内经典的高校公共关系学教材。

《简明公共关系学》是居延安教授在公共关系学领域沉潜耕耘近40年,依据新理念,首次从公共关系学的工作定义出发,所撰写的最新的公共关系学教材。

居延安教授是"全国科学技术名词审定委员会"《新闻学与传播学名词》英文名词的终审人。

居延安教授的中文理论著作主要有:《公共关系学导论》(上海人民出版社,1987年)、《公共关系学》(主著,复旦大学出版社,1989年起先后五版)和《关系管理学(第二版)》(与胡明耀合著,复旦大学出版社,2017年)等。文艺类著作有:长篇小说《白兰地》(上海人民出版社,2006年)、散文集《莫问乡关》(复旦大学出版社,2011年)和大型鼓乐诗剧《屈原》(编剧,上海戏剧学院,2016年)。

英文著作主要有: *Professional Communication: A Relationship Management Approach* 2nd (Fudan University Press, 2005); *Understanding China—Center Stage of the Fourth Power* (SUNY Press, 1996); *Organizational Teamwork in High-Speed Management* (co-authored with Donald P. Cushman, SUNY Press, 1995); *To See Ourselves: Comparing Traditional Chinese and American Values* (with three others, Westview Press, 1994); *The Great Wall in Ruins—Communication and Cultural Change in China* (co-authored with Godwin Chu, SUNY Press, 1993) 等十余部。

译著有:"世界学术经典·英文版"《道德经》(上海译文出版社,2019年)。

复旦博学·公共关系系列
SERIES OF PUBLIC RELATIONS

简明
公共关系学

居延安／著

Concise
Public
Relations

复旦大学出版社

出版前言

公共关系学的研究和教学历来有两大入口：一是从管理、功能进入，称为"管理、功能学派"；一是从沟通、传播着手，叫做"沟通、传播学派"。本书作者20世纪80年代从他率先出版的《公共关系学导论》开始，沿着沟通、传播的通道，一路走了三十余年，直到今天把公共关系界定为："一个社会组织或某公众人物，在一定职业伦理规范的指引下，为谋取有关公众的理解和合作而从事的一种交流、沟通、劝说、引导活动。"这个定义把英文的communication层级化了，原先被笼统说成"沟通""传播"的公关过程，层级化为"信息交流、意义沟通、价值劝说、行为引导"四步走法。可以说，这"四步走法"是纵贯全书的一条红线，是"传播学派"走向极致的标杆，是公共关系学研究和教学的一个里程碑。

值此新书付梓之际，谨向公关学界、业界的老师和同仁致意，并请批评。

目录

第一章　公共关系和公共关系学　001
　第一节　作为现代社会传播活动的公共关系　001
　　一、关于公共关系的众多说法　002
　　二、公共关系的工作定义　006
　第二节　作为一门学科的公共关系学　009
　　一、公共关系学的研究对象和内容　010
　　二、公共关系学的学科性质　015
　　三、中国的公关实践与学科发展　018
　第三节　研究公共关系学的现实意义　021
　　一、公共关系学研究与市场经济的发展　022
　　二、"关系经济"和"关系政治"为公关发展带来机遇　024
　　三、公共关系学研究与时俱进　027

第二章　公共关系的渊源、兴起与发展　030
　第一节　现代社会以前的类公共关系　030
　　一、公共关系概念的时代性　031
　　二、古人对类公共关系的认识　032
　　三、古代类公共关系活动实践　035
　第二节　公共关系在美国的兴起　038

一、公共关系形成的历史条件　　　　　　　　038
　　二、公共关系在美国的肇始　　　　　　　　　040
　　三、公共关系创始人艾维·李和伯内斯　　　　042
第三节　公共关系在现代公众社会的发展　　　　　045
　　一、公共关系在世界范围内的发展及其特点　　045
　　二、公共关系在中国的兴起与发展　　　　　　048
　　三、现代公众社会：公共关系持续发展的基础　053

第三章　社会关系和公共关系　　　　　　　　　　056
第一节　社会关系的一般属性和形态　　　　　　　057
　　一、社会关系的一般属性　　　　　　　　　　058
　　二、社会关系的形态　　　　　　　　　　　　064
第二节　社会关系的调节机制和调节手段　　　　　070
　　一、社会关系调节机制的运用原则　　　　　　071
　　二、社会关系的一般调节手段　　　　　　　　072
第三节　公共关系的形态特征和调节法则　　　　　075
　　一、公共关系的形态特征　　　　　　　　　　076
　　二、公共关系的调节法则　　　　　　　　　　079

第四章　公共关系三要素　　　　　　　　　　　　082
第一节　公共关系第一要素：作为主体的社会组织　082
　　一、社会组织的运行及其关系联结　　　　　　083
　　二、社会组织的外观形象和内在精神　　　　　086
　　三、公共关系的工作目标　　　　　　　　　　088
　　四、社会组织的代言人：公众人物　　　　　　090
第二节　公共关系第二要素：作为客体的公众　　　092
　　一、公众的基本特性　　　　　　　　　　　　092

二、公众的分类　　　　　　　　　　　　　　097
　第三节　公共关系第三要素：作为过程的交流、沟通、
　　　　　劝说和引导　　　　　　　　　　　　　102
　　　一、公共关系是一种信息交流活动　　　　　103
　　　二、公共关系是一种意义沟通活动　　　　　108
　　　三、公共关系是一种价值劝说活动　　　　　111
　　　四、公共关系是一种行为引导活动　　　　　112

第五章　公共关系的职能和作用　　　　　　　　　　117
　第一节　公共关系的职能　　　　　　　　　　　117
　　　一、采集信息的职能　　　　　　　　　　　117
　　　二、提供咨询的职能　　　　　　　　　　　119
　　　三、参与决策的职能　　　　　　　　　　　121
　　　四、协调交流、沟通、劝说、引导的职能　　123
　第二节　公共关系的作用　　　　　　　　　　　125
　　　一、监测作用　　　　　　　　　　　　　　126
　　　二、凝聚作用　　　　　　　　　　　　　　128
　　　三、调节作用　　　　　　　　　　　　　　129
　　　四、应变作用　　　　　　　　　　　　　　130

第六章　公共关系的类型　　　　　　　　　　　　　133
　第一节　主体或部门公共关系　　　　　　　　　133
　　　一、企业公共关系　　　　　　　　　　　　134
　　　二、商业服务业公共关系　　　　　　　　　135
　　　三、金融业公共关系　　　　　　　　　　　136
　　　四、政府公共关系　　　　　　　　　　　　138
　　　五、事业、团体公共关系　　　　　　　　　140

六、社会公众人物公共关系　　　141
　第二节　对象公共关系　　　143
　　　一、员工关系　　　143
　　　二、消费者关系　　　144
　　　三、政府关系　　　146
　　　四、媒体关系　　　147
　　　五、社区关系　　　149
　　　六、股东关系　　　150
　　　七、竞争对手关系　　　150
　　　八、国际公共关系　　　152
　第三节　功能型公共关系　　　153
　　　一、日常事务型公共关系　　　153
　　　二、宣传型公共关系　　　154
　　　三、征询型公共关系　　　155
　　　四、矫正型公共关系　　　156

第七章　公共关系的规范和准则　　　158
　第一节　公共关系必须以满足公众需求为出发点　　　159
　第二节　公共关系必须十分注重社会效益　　　161
　　　一、社会是组织和公众的天然语境　　　161
　　　二、公共关系既要对自身组织和公众负责，也要对社会负责　　　162
　第三节　公共关系必须遵循实事求是的原则　　　164
　　　一、先有客观事实，后有公共关系　　　164
　　　二、必须全面、深入地掌握事实　　　165
　　　三、必须实事求是地报告事实　　　167
　第四节　公共关系以不断创新为灵魂　　　168

一、观念的创新是根本性的创新　　168
　　二、公关学科的创新重在理论和概念的创新　　169
　　三、公关实践的创新就是通道的创新、内容的创新　　171

第八章　作为"关系管理"的公共关系　　174
第一节　公共关系呼唤伦理关怀和个体切入　　174
　　一、公共关系呼唤人文关怀和个体切入的技术缘由　　175
　　二、公共关系呼唤人文关怀和个体切入的市场动因　　176
　　三、公共关系呼唤人文关怀和个体切入的哲学基础　　177
第二节　关系人文主义：21世纪公共关系大伦理　　178
　　一、"关系人文主义"的历史内涵　　178
　　二、"关系人文主义"的哲学内涵　　180
第三节　公共关系个体切入的四个操作层面　　182
　　一、关系的情感管理　　182
　　二、关系的权力管理　　184
　　三、关系的冲突管理　　185
　　四、关系的变化管理　　186
第四节　从个体切入到"全员公关"　　189
　　一、恪守规范　　190
　　二、恪守礼仪　　190
　　三、恪守谅解　　191

第九章　公共关系的调查和策划　　192
第一节　公共关系调查概述　　192
　　一、公共关系调查的内容　　193
　　二、公共关系调查的科学性　　196
　　三、公共关系调查的一般过程　　199

第二节　公共关系策划概述　　206
　　　一、公共关系策划及其基本原则　　206
　　　二、公共关系策划与创造意识　　208
　　　三、公共关系策划过程分析　　212

第十章　公共关系的口语表达　　216
　第一节　口语表达概述　　216
　　　一、口语表达的特点　　216
　　　二、口语表达技巧在各表达环节的运用　　218
　　第二节　口语表达在公共关系活动中的运用　　222
　　　一、日常接待　　223
　　　二、新闻发布　　224
　　　三、组织与公众之间的会议　　225
　　　四、公务谈判　　227
　　　五、游说策动　　229

第十一章　公共关系的文字表达　　232
　第一节　文字表达的特点和技巧　　232
　　　一、文字和文字表达的特点　　233
　　　二、文字表达和传输的技巧　　235
　　第二节　公共关系的文字传播　　239
　　　一、新闻稿的撰写　　239
　　　二、广告文案的设计　　241
　　　三、宣传资料的制作　　242
　　　四、内部报刊的编辑　　244
　　　五、公共关系的常用文书　　247

第十二章　公共关系的实像表达　　251
第一节　实像表达的特点和技巧　　251
　　一、实像表达的特点　　252
　　二、实像表达的技巧运用　　254
第二节　实像表达在公共关系中的运用　　256
　　一、推销活动　　257
　　二、样品展览和示范表演　　259
　　三、橱窗陈列　　261
　　四、作业场所布置　　262
　　五、实用饰品的设计配套　　264

第十三章　大众传播的整合运用　　267
第一节　大众传播整合运用的特点和技巧　　268
　　一、大众传播整合运用的特点　　268
　　二、大众传播整合运用的技巧　　270
第二节　大众传播整合运用举要　　274
　　一、广告运动　　275
　　二、媒介事件　　278
　　三、社会公益事业赞助　　282
　　四、主题活动　　285

第十四章　网络时代的公共关系　　287
第一节　网络传播的一般特点和技巧　　287
　　一、网络传播的优势与特点　　287
　　二、网络传播的原则和技巧　　297
第二节　传统网络传播在公共关系中的运用　　302
　　一、电子邮件(email)　　303

二、网上论坛（BBS）　　　　　　　　　　306
　　三、万维网（World Wide Web）信息浏览　　309
　　四、信息的个人化　　　　　　　　　　　　313
第三节　社交媒体和移动媒体　　　　　　　　　317
　　一、社交媒体　　　　　　　　　　　　　　318
　　二、移动媒体　　　　　　　　　　　　　　321
　　三、用好了社交媒体和移动媒体，公共关系前程似锦 326

第一章
公共关系和公共关系学

自20世纪80年代中期公共关系被引入中国以来,公共关系学的理论建树不断创新,公共关系实践的经验积累堪称丰厚;颇多中国特色的公共关系学的理论探索和应用,正在把公共关系事业推向一个新的高度。中国公关已经迎来自己的成熟期,它已熟练地用自己的话语叙述自己的故事,用自己的手笔描绘自己的新的历史篇章。

第一节 ◇ 作为现代社会传播活动的公共关系

什么是公共关系?一般意义上的公共关系,是指一种为维系良好公众关系而进行的沟通和传播活动以及在沟通和传播活动中所遵循的行为策略和规范。可以说,这个意义上的公共关系由来已久。事实上,以维系公众关系为宗旨的沟通和传播活动在人类公共社会生活产生的同时就出现了,只不过在相当长的历史时期里,它仅仅处于自发和盲目的状态。只有到了20世纪初,随着美国资本主义自由市场经济的发展,人们才逐渐走向公共关系的自觉,并开始组建专门从事公共关系服务的行业公司,现代意义上的公共关系才开始崭露头角。本书要讨论的"公共关系"就是指这种现代行业意义上的公共关系。

一、关于公共关系的众多说法

现代意义上的公共关系历史不长,学科建设较晚,在中国更是如此。无论是公共关系的从业人员还是公共关系学的学者专家,对公共关系的认识还大多是仁者见仁,智者见智。这从人们对公共关系的不同理解和说法上可见一斑。

对公共关系的说法和定义林林总总,五花八门,但究其要旨,大多同义反复。早期较有代表性的有《韦伯斯特20世纪新辞典》的界定:公共关系是"通过宣传与一般公众建立的关系;是公司、组织或军事机构向公众报告它的活动、政策等情况,企图建立有利的公众舆论的一种职能"[1]。这一译文读起来尽管有点拗口,但留下了传统的联想主义心理学影响的痕迹。早期公共关系的特点一方面强调社会组织的行为和利益,另一方面专注于传统联想主义心理学强调的外界刺激与心理反应的单向关系。这是一种刺激-反应的单向思维,把对外界信息的接收看成是一种简单的反应行为。《韦伯斯特20世纪新辞典》的这一说法强调了组织的单向信息发布,而忽视了公众信息的逆向反馈,把公众完全看成了简单的、机械的信息接收者。此外,如果公共关系的目的只是为了组织"建立有利的公众舆论",那么它又忽略了关注公众利益的重要性。

《大英百科全书》对公共关系作了较为详细的阐释;"公共关系是旨在传递关于个人、公司、政府机构或者其他组织的信息,以改

---

[1] *Webster's New Twentieth Century Dictionary*, unabridged, 2nd ed., Will Collins and World Publishing Co., Inc., 1976, p.1456.

善公众对他们的态度的一种政策和活动。公共关系部或公共关系公司的主要任务是发布新闻,安排记者招待会,回答公众的投书,规划对社区活动的参与,准备电影、宣传资料、雇员刊物、给股东的报告以及标准信件,规划广告项目,筹划展览会和参观访问,调查公共舆论。"这段话的前一句是对公共关系的一种概括,明确指出公共关系是一种信息传播活动,但它同《韦伯斯特20世纪新辞典》的定义一样,说的是一种单向的信息传播活动。这段话的后一句是对前一句的诠释,全面而具体。可以说,《大英百科全书》对公共关系一词作了一种"百科全书"式的解释,能帮助初学公关者对公关活动的性质和内容有个轮廓性的把握。

被誉为"现代公共关系之父"的美国博雅公关公司创始人夏博新(Harold Burson),基于近40年的丰富从业经验,提出了自己对公共关系的理解:"到底公关是什么?公关是认知管理;公关公司即'认知管理公司',公关人士即'认知管理者'。"[1]什么是认知管理呢?博雅公关公司提出,认知管理"即通过管理公众对事物、企业或个人的看法,来使他们改变行为方式及决策,最终获取他们的认同。认知管理是企业无形资产的创造者"[2]。对一家公关公司而言,认知管理可以包括各种各样沟通和传播活动的策划和执行。商标、品牌、企业形象管理都是认知管理的一部分,具体操作方式可包括新闻发布会、小型访谈会、首席行政官形象培训、沟通计划、游说、认知调查和广告等。作为公关业内的一家著名企业表明其对所从事行业的理解,博雅创始人夏博新的"认知说",套用了心理学的"认知"概念,"管理"一词又隐藏了西方古典修辞学、现代传播学浓重的"劝说"成分,和盘托出了一个公关行家的经验积累,颇为

---

[1] 博雅公关公司内部刊物《博雅观点》,1999年3月创刊号。
[2] 同上。

老辣。他的说法能获得业内人士的普遍认同,是很自然的。但仅仅把公共关系浓缩为"认知管理"四字,显然不能完全满足学科定义的要求。

在国外流行的公共关系的种种说法和定义中,集大成者莫过于美国公共关系研究和教育基金会的哈洛博士了。哈洛博士说:"公共关系是一种独特的管理职能,它帮助一个组织和它的公众之间建立交流、理解、认可和合作关系;它参与各种问题和事件的处理;它帮助管理部门了解公众舆论,并对之做出反应;它明确并强调管理部门为公众利益服务的责任;它帮助管理部门掌握情况的变化,并监视这些变化,预测变化的趋势,以使组织与社会变化同步发展;它以良好的、符合职业道德的传播技术和研究方法作为基本的工具。"[①]这段文字,像是一位公共关系学概论课教授的开场演讲词,极具概括性和全面性。可惜它的缺点与它的优点同样明显。这段话表述了公共关系的基本内涵,但作为定义,显得过于累赘。

国内公共关系学的学者在参考国外资料文献和审视自身公共关系实践的基础上,呼应中国公共关系学发展的需要,也先后给出了公共关系的种种说法和定义,其中较有影响的有以下几种。

"公共关系是一种内求团结、外求发展的经营管理艺术。它运用合理的原则和方法,通过有计划而持久的努力,协调和改善组织机构的对内对外关系,使本组织机构的各项政策和活动符合于广大公众的需求,在公众中树立起良好形象,以谋求公众对本组织机构的了解、信任、好感和合作,并获得共同利益。"[②]

"公共关系是一个组织运用各种传播手段,在组织与社会公众之间建立相互了解和信赖的关系,并通过双向的信息交流,在社会

---

① James E. Grunig and Todol Hunt, *Managing Public Relations*, Holt Rinehart and Winston, 1984, p.7.
② 王乐夫等:《公共关系学》,辽宁人民出版社,1986年,第12页。

公众中树立起良好的形象和信誉,以取得理解、支持和合作,从而有利于促进组织本身目标的实现。"①

这两个定义同哈洛博士的定义在行文上大同小异,它们的优点与缺点同哈洛博士定义的优点与缺点也基本相同,比较全面但稍显繁琐。

"公共关系是用传播手段塑造组织自身良好形象的艺术。"②这个定义的优点与缺点同上述两个定义正好相反,十分简洁但略欠完整。

本书作者曾在1987年提出:"公共关系是一个社会组织用传播的手段使自己与公众相互了解和相互适应的一种活动或职能。"③这个定义点出了公共关系的三大基本要素:公共关系的主体是社会组织;公共关系的客体是公众;公共关系是一个沟通和传播过程。居延安教授于20世纪80年代中期提出的以"公关三要素"为核心的这一定义,在中国公关教育界和公关实务部门得到了普遍认同,国内的多种著述都沿用了这一表述。中国公关事业的蓬勃发展,公共关系学科从引进到自身开拓再到日趋成熟而形成的丰富积淀,要求我们不断审视自身,取长补短,渐趋完善,以期为本书的读者给出一个言简意赅、能反映国内和国际公共关系实践积累和理论建树的学科定义。

对公共关系的界定莫衷一是这一现象,不仅说明了这一学科本身的活跃和丰富多彩,而且告诉我们,人们对公共关系的认识,无论在学界还是业内,还需要进行更多的交流、更多的磨合。任何一个有生命力的学科都不希望停留在一些统一的、一成不变的说法上。公共关系涉及的方方面面处于不停的变化之中,人们的认

---

① 毛经权主编:《公共关系学》,浙江教育出版社,1987年,第7页。
② 参明安香主编:《公共关系——塑造形象的艺术》,科学普及出版社,1986年。
③ 居延安:《公共关系学导论》,上海人民出版社,1987年,第6页。

识也随之不断地调整、更新和提高,看问题的角度、所要强调的侧面也总难免参差不齐。同时我们也深信,万变不离其宗,任何一个学科在任何一个发展时期,都有自己的质的规定性。我们从上面列举的多种定义中可以看出,尽管它们有的过于冗长细腻,有的过于随意笼统,有的来自经验,有的基于研究,但都表达出了公共关系的大致含义。这一新版《简明公共关系学》希望博采众长,反观过去,展望未来,找到一种更能切合公共关系基本含义,更具共识、更能反映时代精神的表述方式。

二、公共关系的工作定义

在公共关系著述的各个版本中,常有作者运用"公共关系的科学定义"的标题。我们将"科学定义"改为"工作定义",是否降低了公共关系定义的"科学性"呢?不是的。把自己给出的定义看作"工作定义",其实是更具科学性的,因为我们给出的公关定义,不仅应该是一个具有普遍应用范围的通适性定义,而且必须反映公共关系事业的未来发展路径。

大凡"关系",往往指有"人"介入的各种事物之间的联系。所谓"联系",是指事物与事物之间和事物内部各要素之间的相互关联。公共关系作为关系,其承担者是以人为核心主体的组织和公众。因此,从广义上说,公共关系要探讨的就是组织与公众之间的互动过程和模型。通俗地说来,公共关系包括动态和静态两种形态。当组织与公众之间的互动处于相对静止的状态时,公共关系可视为两者之间的一种静态关系,而当它们的相互作用构成了运动时,它就表现为社会组织与公众之间的信息交流、意义沟通、价值劝说和行为引导的过程,这就是所谓处于动态中的公共关系。以人为主体核心的事物的运动、活动或过程,不仅要受制于一定的规律,而且必须遵循一定的人自身制定的规范,因此作为动态的公共关系又体现着一种行为规范。动态和静态两种公共关系既有区别,又有联系。动态公共关系的效果直接影响静态公共关系的状态,在动、静公共关系的矛盾中,动态的公共关系一般处于主导地位。所以,通常意义上的公共关系常常是指动态的公共关系。

公共关系的主体是社会组织,组织的主体是人,人的活动有自觉和非自觉之分。尽管不论是自觉的还是非自觉的,组织或个人都处于动、静两种公共关系的交互作用之中,但是公共关系的自觉与否,对于整个公共关系运作状况的良好与否,具有决定性的意义。因此,现代社会的公共关系特别强调公关意识的重要性。很自然地,通常意义上的公共关系,常常指有公关意识的、自觉的公共关系。

一般说来,公共关系可分为广义和狭义两种。广义公共关系既有动、静之分,又包括自觉的和非自觉的两种状态。公共关系从业人员通常说的 PR,在许多情况下是指狭义的公共关系,亦即自觉的动态的公共关系。

狭义公共关系是现代公众社会发展的必然产物。自觉的公关意识只有在商品经济成为社会的主要经济形态时才能形成,就是说,只有在商品经济社会中,人们才有可能在公关意识的指导下,自觉地制定公关活动的行为规范,并自觉遵照这些规范进行公关活动。在古代以至近代,虽然都直接或间接地环绕主体、客体和沟通传播过程这公关三要素进行各种"类公关"活动,但却没有现代意义上的公共关系和自觉的公关意识。自觉的公共关系只能是现代公众社会的一种客观存在。有人认为,公共关系是一种"古老的事业""古老的活动",甚至认为轴心时代的孔夫子就早有了"言而有信"的公关信条,这是对我们所说的现代公共关系内涵的一种随意延伸,也是对公共关系与现代公众社会的关系的一种误解。现代公共关系学研究的公共关系是有它的特定含义的，既不可缩小，也不可随意扩大。

有人在区分广义和狭义的公共关系时，提出了所谓的专业性标准。他们认为 PR 仅指"专业性的公共关系活动"。这种限制也需斟酌，特别要防止的是不具水准的"专业性"。一方面，对于一个小型的组织来说，专业性的要求似乎过于苛刻。很难设想，一个只有两三个成员的组织会设置专门的公关机构、配备专业的公关人员、进行专业的公关活动，但并不能因为没有"专业的公共关系活动"就认定该组织没有公共关系可言了。另一方面，专业性的劝说活动，并不一定就是我们这儿说的公共关系，如中国古代纵横家苏秦、张仪的合纵连横活动，不能不说它具有"专业游说"的性质，但它却不能被视为现代意义上的公共关系。

综上所述，我们可以对公共关系给出一个较为满意的工作定义了：公共关系是一个社会组织或某公众人物，在一定职业伦理规范的指引下，为谋取有关公众的理解和合作而从事的一种交流、沟通、劝说、引导活动。这句话可以分成四个部分来解读：一个社会组织或公众人物——在一定职业伦理规范的指引下——为谋取有关公众的理解和合作——而从事的一种交流、沟通、劝说、引导活动。

这一公共关系工作定义包含了四个组成部分。

第一，公共关系活动的主体是一个社会组织或某公众人物。特别要指出的是，社会组织或公众人物在有些特定情况下，是可以由公关的主体转化为客体的。

第二，公共关系活动的客体是有关公众。所谓"有关公众"，指的是与公关主体的目标或利益具有"相关性"的社会群体。作为客体的公众在某种情况下是可以转化为行动的主体的。

第三，公共关系活动是一种交流、沟通、劝说、引导过程。所谓

"交流",我们指的是"信息交流";所谓"沟通",我们指的是"意义沟通";所谓"劝说",我们指的是"价值劝说";所谓"引导",我们指的是"行为引导"。可以说,公共关系活动是在"信息交流"和"意义沟通"基础上的一种"价值劝说"和"行为引导"活动。抹去了"价值劝说"和"行为引导"这一核心,公共关系活动就失去了它的本体目标。组织或公众人物是通过双向信息交流、意义沟通、价值劝说和行为引导,来谋取相互的理解和合作的。公共关系活动就其本体而言是一种交流、沟通、劝说、引导活动。

第四,以上三条呼应了本书作者自20世纪80年代以来一直推行的公共关系"主体、客体和过程"三要素说。"公关三要素"其实从来不是单枪匹马,更非各行其是,而是一直受着"职业伦理规范的指引"的。我们在本书进一步要强调的是,公共关系的交流、沟通、劝说、引导活动必须在"职业伦理规范的指引"下进行。要完整地理解公共关系的要旨和成功路径,不仅应该深刻理解传统"公关三要素"的内涵,还必须念念不忘并自觉接受职业伦理规范的约束。

第二节 ◇ 作为一门学科的公共关系学

作为现代公众社会一种客观存在的公共关系,其本身的历史并不长,而这种客观存在要形成一门成熟学科,更需要一个过程。作为一门学科的公共关系学产生于20世纪20年代的美国,已经整整一个世纪了,而公共关系学被引介到中国并得以南北东西全面开花,则只是30余年的光景。同许多新兴学科一样,公共关系学一经在国内立足,就显示了强大的生命力,并以发展快、应用性强的特点引起了国内学界人士、职业白领及组织管理层的普遍关注。

一、公共关系学的研究对象和内容

1. 公共关系学的研究对象。公共关系学既然是公共关系实践活动的反映，它的研究对象就应该是公共关系活动现象及其内在规律。根据研究对象的特点和学科研究的需要，公共关系学同其他应用性学科一样，可分为公共关系理论、公共关系应用和公共关系史三个部分。就包括公关大国美国在内的世界范围的研究状况而言，中国公共关系学三大块的发展可谓并驾齐驱，争先恐后，呈现一片欣欣向荣的景象。理论部分正在迅速赶超，也有独到建树；应用部分可谓琳琅满目，目不暇接；史的部分也呈急起直追之势，吴友富主编的《中国公共关系20年发展报告》[1]、余明阳的《中国公共关系史（1978—2007）》[2]、何塞·德莱玛在中国出版的原创英文版《公共关系：历史经典与当代杰作》[3]，这几部书为中国公共关系史研究领域填补了一项空缺。由王怡红、胡翼青主编的中国大百科全书出版社2010年出版的《中国传播学30年》，为深入研究中国公共关系史，提供了全面和重要的背景史料和方法样本。

公共关系理论包括宏观和微观两个部分。宏观理论部分主要考察公共关系在现代公众社会中的地位和作用，以及如何发挥公共关系在现代公众社会中的作用，尤其要研究市场经济和方兴未艾的网络经济与公共关系的姻缘联系和相互促进作用。

微观理论部分主要对公共关系的三个构成要素和三种基本类型进行分别的学科考察和综合概念阐述。公共关系的三个构成要

---

[1] 吴友富主编：《中国公共关系20年发展报告》，上海外语教育出版社，2007年。
[2] 余明阳：《中国公共关系史（1978—2007）》，上海交通大学出版社，2007年。
[3] Jose Carlos del Ama, *PR: Historical Classics and Contemporary Masterpieces*（[美]何塞·德莱玛：《公共关系：历史经典与当代杰作》），复旦大学出版社，2007年。

素是社会组织、公众和传播活动。就公共关系的主体社会组织而言，要在研究它的一般目标、结构和功能的基础上，着重研究它的组织总体工作目标与公共关系特殊工作目标的关系以及其他与公共关系有关的组织过程；就公共关系的客体公众而言，要研究公众的构成和分类、公众心理分析和公众行为预测等；就作为公共关系过程的交流、沟通、劝说、引导活动而言，要研究交流方式、沟通规律、劝说原理、引导工具的数字化和虚拟化，以及它们对公共关系过程的影响等。所谓三种基本类型，指的是主体或部门型公共关系、对象型公共关系和功能型公共关系。主体或部门型公共关系研究的是企业公共关系、商业服务业公共关系、金融业公共关系、政府公共关系、事业团体公共关系、社会公众人物公共关系；对象型公共关系研究员工关系、消费者关系、政府关系、媒体关系、社区关系、股东关系、竞争对手关系和国际公共关系等；功能型公共关系研究日常事务型公共关系、宣传型公共关系、征询型公共关系和矫正型公共关系。这三种基本类型，就整合的公共关系活动而言，常常是你中有我，我中有你，相互重叠，互为依托。对它们进行分切，乃是为了研究、分析和策划的需要。

特别要指出的是，公共关系的微观理论已经不能仅限于公共关系的三个构成要素了，它必须涉及我们的公共关系工作定义的第四个组成部分，即"职业伦理规范的指引"。我们在"作为'关系管理'的公共关系"这一章中，提出"关系人文主义"理论，从"人论"角度阐述公共关系的伦理基础。宏观理论和微观理论都是相对而言的，这是说，"关系人文主义"，落实到一个个具体的人就是微观的，把它作为一般的关系理论来谈就是宏观的。我们在这个简明新版中将重申"关系人文主义"伦理的重要性和普遍适用性。

2. 公共关系学的内容。公共关系应用是公共关系学研究的重要部分，现今国内外一些有影响的公共关系教科书和其他相关读物,都以大量篇幅来阐述和讨论公共关系应用业务,有的读物干脆以《公共关系实务》《实用公共关系》为书名,以显示其公共关系应用业务的阐述重点。美国大学公共关系专业通用教科书《公共关系:谋略和招数》,2015年推出了第11版[①]。从书名就可以看出书的核心内容不是理论,而是应用性极强的"谋略和招数"。

公共关系学的应用部分包含的内容十分广泛,包括如何确定公共关系目标,如何收集和处理信息,如何制定工作程序和工作计划,如何组织各种规模的交流、沟通、劝说和引导活动,如何评价活动结果,以及如何筹划公关从业人员的职业培训及公共关系机构的建设等。

(1) 如何确定公共关系目标。社会组织因其性质不同而有各种不同目标。一个政治性组织在某种时间段内,可能以扩大自身的政治影响为其主要目标。政府组织宣扬的"公众利益第一",是一个经久不衰的目标口号。与之相反,一个营利性经济组织可能会把"利润底线"作为自己组织生存的首要目标。一个福利性组织,既不需要"政治影响",又不为"利润底线"担忧,于是可能把"民生"作为它呼唤的口号了。根据组织自身的性质、价值取向或功利目的来确定公共关系的目标,是公共关系应用研究的首要内容。

(2) 如何收集和处理数据。在大数据时代,在一个开口闭口就说data(数据)这个英文单词的市场,哪家公司、哪个组织能忽略数据的重要呢?为确定并实现公共关系的目标,必须进行相关数据和信息的收集与处理。数据和信息收集的渠道包括无记名抽样调查,面对面的公众座谈,一对一的重点客户访谈,报刊文章、报道、评论的扫描检索,各种统计资料的对比参照等。特别要指出的是,

---

① Dennis L. Wilcox, Glen T. Cameron, and Bryan Reber, *Public Relations: Strategies and Tactics*, Pearson Education, Inc., 2015.

谷歌、百度等搜索引擎,脸谱、微信等社交网,已经成为公共关系职业人员和机构最快捷、最廉价、最常运用的数据和信息收集工具。数据和信息收集的内容包括公众的需求及需求的变化、公众的愿望及愿望的变化、公众的情绪及情绪的变化以及有关自身产品或组织形象的信息。公共关系职业人员对收集来的数据和信息还要进行分析处理,下一番"去粗取精、去伪存真、由此及彼、由表及里"的改造制作工夫,以获得真实的而不是虚假的、系统的而不是零碎的事实材料,以确定问题的性质和状态、解决问题的"谋略和招数"。

(3) 如何制定工作程序和工作计划。公共关系目标——包括远期目标和近期目标——一旦确定,就要制订工作计划和相对具体的工作程序,包括公众的分类、近期和远期目标的确定、传播渠道的选择、费用的预算、人员和时间的安排等。在这里,公共关系机构或责任人员也应及时向组织决策部门及相关管理层面通报情况,征求意见,以利统筹兼顾。

(4) 如何组织各种形式的交流、沟通、劝说和引导活动。工作计划和工作程序一旦制定完毕,就要按照既定时间表来实施。在当今的公众社会中,公共关系的交流、沟通、劝说和引导活动常常要借助多种现代化沟通传播工具——大众或分众传播媒体、纸媒或电子媒体、传统媒体或网络——以完成信息的制作和发布,其中包括劝说材料的准备和传送、新闻公报和发言稿的编写和分发,会场的选定和布置,会议议程的安排以至服装穿着的建议等大大小小的公共关系实务操作。

(5) 如何评价活动结果。这实际上就是通常所说的经验教训总结。这里同样要进行信息的收集和处理,它既是前一阶段工作的总结,又是确定新的问题、进行新的决策的开始。

(6) 如何筹划公关从业人员的职业培训和公共关系机构的建

设。上述各项工作的成败,都同公共关系工作人员的素质有直接的关系。因此,对公共关系工作人员的职业培训,本身也就成为公共关系应用业务的一个重要组成部分,其中包括公关人员的理论培训、技术培训和公关意识的培养,还包括对组织成员进行公共关系基础知识的普及教育。为了有效地进行公共关系活动,有的组织还需要设置专门的公共关系机构。对一些大、中型组织来说,公共关系机构的建设也是其公共关系业务的一个部分,这涉及公关人员的配备和公关设备的配置等。

以上列举的六项工作,虽然不是公共关系应用业务的全部,但已经勾画了公共关系实务操作的大致轮廓,就是说,抓好了这六项工作,也就抓好了公共关系的大半应用业务了。

现代意义上的公共关系事业从发端至今,已有百年历史。大凡公共关系史的研究重点总是落在近代和现代的,特别是它的现代史的研究。古代社会诚然也存在过各种"类公关"沟通传播活动,但远不是当今职业公关机构和职业公关人员所进行的自觉的公共关系活动。对古代社会的"类公关"活动进行研究,主要是为了梳理现代公共关系活动的来龙去脉和历史渊源。现代公共关系活动是从20世纪初才开始在美国和其他西方市场经济国家中发展起来的。公共关系是以现代公众社会的发展为基础的,分析现代社会的政治、经济、科学技术和文化等因素同公共关系的产生和发展的关系,是公共关系史研究的重要组成部分。

毫无疑问,公共关系史的研究主要应以公共关系自身的历史变迁和发展作为主要内容。但是,任何历史都不是无缘无故地发生的,历史具有自身的发展空间和环境。研究公共关系发展史必须同研究公共关系发生、发展和变迁的环境结合起来,换句话说,对公共关系史的深度研究离不开对公众社会大的政治、经济、文化、科学乃至宗教背景的考察。研究中国公共关系史,基于中国的独特国情,更离不开对改革开放以来中国新闻史和传播学史发展的研究。

二、公共关系学的学科性质

尽管人们对公共关系学科性质的认识,仍在不断发展和深化之中,但把公共关系学看作一门社会人文应用学科,已经是一种共识。的确,公共关系学有很强的应用性,一方面体现在公共关系学的研究对象和内容上,另一方面可从公共关系从业人员的工作性质得到印证。美国公共关系学会教育委员会对公共关系专业人员提出过八种工作能力的培养,其中包括资料的写作、编撰和散发,公关计划的策划和执行,职场演讲与公众表达等,这些工作全部是应用性的。

更确切地说,公共关系学是一门综合性的边际(interdisciplinary)应用学科,它涉及的学科十分广泛,包括了社会学、心理学、逻辑学、新闻学、传播学、管理学、舆论学、广告学、市场学和经济学等基础学科和应用性学科。正因为如此,关于公共关系学的学科归属问题,就像关于公共关系的定义一样,人们至今还没有取得完全一致的意见。目前国内外较流行的观点有三种:(1)公共关系具有管理的职能,公共关系属于管理学的范畴,因此公共关系学是管理学的一部分;(2)公共关系是一种社会关系,本质上是一种社会组织的行为,因而公共关系学是与组织行为学交叉的;(3)公共关系是一种沟通传播活动,公共关系过程是一个交流、沟通、劝说、引导过程,所以公共关系学该归属传播学这个大范畴。

上述三种观点各有侧重点,分别强调了公共关系的管理职能、组织主体行为和传播过程这三方面,都有一定的合理性。而且,由于公共关系的管理职能、组织主体行为和传播过程三者之间有着必然的联系,这三种观点本身既是交叉的,又是统为一体的。然而,这种交叉统一性实际上揭示了一种学科性质,即简单地把公共关系学归属于某一学科,是有悖于该学科的交叉统一性这一特征的。公共关系学横跨诸多学科这一显著特点,决定了我们必须从这些学科各自的学科角度对公共关系现象和规律进行研究,任何单一学科都不可能独立完成对公共关系的交叉综合研究任务。综上所述,以公共关系理论、应用和发展历史为研究对象的公共关系学必定是一门综合性的边际交叉学科。

把公共关系学看作一门综合性的边际交叉学科,并不是说公共关系学是上述各门学科的简单撮合,而没有公共关系学自身的独特专业理论和应用业务。恰恰相反,公共关系学需要研究社会组织的一般行为,但重点是研究组织的交流、沟通、劝说、引导行为;公共关系学需要研究组织的一般管理职能,但重点是研究组织的沟通传播管理和信息管理职能;公共关系学需要研究一般传播活动,但重点是研究组织与其特定公众是如何交流信息的,如何沟通意义的,如何劝说态度的,如何引导行为的。事实上,大凡一个体系尚在发展、边界尚在扩展的新兴边际学科,其理论研究的相当部分总是要横跨多门学科,公共关系学尽管已有百年历史,但也不例外。作为一门自成体系的独立学科,它的理论、应用和历史必定有自己的独特内核。公共关系学自身的理论内核,就浓缩在前面所述的公共关系的定义中。围绕公共关系定义所进行的理论研究,如公共关系的基本构成要素和基本类型,基本功能和基本原则,以及相关的职业伦理规范等,是任何其他学科所不能替代的。总而言之,公共关系学已经发展成为一门具有自己的理论、自己的应用范围、自己的历史的较为成熟的边际交叉学科。

作为一门独立学科的公共关系学,发端于20世纪20年代的美国。1923年,美国著名学者伯内斯撰写了《舆论之凝结》(又译《舆论明鉴》)一书,并率先在美国纽约大学开设了公共关系课,公共关系学从此诞生。此后,有关公共关系的研究文献和学术专著不断问世。1947年,美国波士顿大学成立公共关系学院,并授予公共关系专业学生硕士和博士学位。1948年,美国公共关系协会成立,该协会规定,会员必须是"有信誉的"公共关系专业人员。1952年,伯内斯完成了《公共关系学》教科书的编写工作,标志着作为一门学科的公共关系学已经基本形成。一个世纪,弹指一挥间,美国的公关从业大军已经执掌了全球公关的牛耳。如今美国有多家专业的公共关系周刊:其中包括《奥德威尔每周通讯》《公共关系记者》和《公共关系新闻》;还有数家专业杂志,其中包括《公共关系月刊》和《公共关系季刊》;还有不断更新的《奥德威尔公关公司名录》。在此特别要重提专事提供公共关系和市场营销信息的奥德威尔公司,这家坐落于纽约麦迪逊大街上的公关信息服务公司,多年来一直向全球的公关从业人员全面、及时、较为客观地提供着全球公关行业的信息,预测公关行业的发展趋势。本书读者如想了解全球公共关系行业的情况和发展趋势,请浏览奥德威尔公司的网站[①]。

美国对公共关系教育的重视值得我们思考和借鉴。1973年,美国新闻教育协会公共关系部成立了公共关系教育委员会,1975年8月,新闻教育协会正式通过公共关系教育委员会起草的《公共关系教育大纲》。到20世纪末期,美国已有400所大专院校开设了公共关系学课程,61所大学有学位授予权,37所大学开设公共关系专业硕士研究生课程,13所大学设有攻读博士学位的公共关系专业研究生课程。美国公共关系专业课三分之一设于商学院、管理学院,其余大多在新闻或传播学院开设。美国新闻学院的公共

---

① www.odwyerpr.com.

关系学生人数越来越多,并有超过新闻编辑专业学生人数的趋势。世界上其他国家的公共关系教育虽没有美国这般规模,但也设置了不少的公共关系课程,只是公共关系专业的设置还有待进一步开发。一般而言,公共关系的教育和研究,市场经济发达的国家比市场经济不甚发达的国家要普及得多、深入得多。

从目前的学科水平看,美国的研究较为充分,并已形成多个学派。但美国学者构造的公共关系学体系一般比较注重实用,超前的理论建树并不多见。

三、中国的公关实践与学科发展

中国的公共关系实践和公共关系学研究起步较晚,1983年8月新华社成立中国内地第一家大型公共关系公司,同年9月深圳大学公共关系专业开始招生。但中国公共关系事业这么多年来风雨兼程,伴着中国改革开放、市场经济不断完善的前进鼓点,取得了喜人的成就。

从20世纪80年代开始,职业公关伴随着外资企业、合资企业在中国内地悄然登陆。1983年,广州白云山制药厂成立了公共关系部,这是第一家设立专职公共关系岗位的内地企业,在中国拉开了公共关系这场大戏的序幕。30多年来,经过大批公关职业人士、高校教师、理论研究者以及公关、广告和咨询类企业的不懈努力,公共关系专业知识逐步推广、普及,公共关系职业人员这一"岗位"及其作用逐步被中国企业所接受,被各级政府所认可,也受到社会公众的欢迎。作为一种劝说沟通活动和管理职能的公共关系,在各种组织继续顺应改革开放大势、努力共创和谐社会的新时代,发挥着愈来愈重要的作用。

中国公共关系实践30多年的曲折发展,经历了三大发展阶段,它们是20世纪80年代初至80年代中期的初创阶段、80年代中期至90年代中期的普及阶段和90年代中后期开始的实践阶段。自21世纪始,公共关系进入了一个春光明媚的成熟期。跨入21世纪,各种政策、法规进一步与国际接轨,经济增长继续保持快速稳定发展,高新技术和现代通讯产业得到了突飞猛进的发展,这一切无不为中国公共关系产业的健康快速发展和整体水平的提高提供了良好的环境。

当前,公关实践的空间迅速扩大。国际前十大公共关系公司已全部进入中国公关市场。国际公共关系公司无论是营业额和员工队伍均保持稳定发展,比如全球最大的提供公关行业咨询的爱德曼国际公关公司(Edelman Public Realtions Worldwide)。当今中国公关市场,已经不是外资几家独大一边倒的局面,比如中国本土一线公司索象,不仅连续三年问鼎"中国前10",而且在2017年,营业额高达8.21亿元,同比上涨21.52%,是中国前10公关公司中涨幅最大的。我们来看一下2018年中国公关公司前10名的排名:奥美公关、蓝色光标、索象、万博宣伟、博雅公关、爱德曼、伟达、罗德、宣亚国际和明思力。第二、第三名的蓝色光标和索象都是本土一线公关公司[①]。中国国际公共关系协会(CIPRA)2018年发布中国公关传播行业财富50强排行榜,蓝色光标以152亿的营业收入遥居榜首[②]。

随着中国公关事业的发展大势,公关职业得到了政府和社会的普遍正式认可。作为一种职业,公共关系已被国家劳动和社会保障部列入必须持证上岗的职业之内。正规化公共关系职业教育正式启动至今已近20年,成千上万名公关职业工作者参加了职业

---

① 参阅中国财金公关网:www.financepr.com.cn。
② 参阅中国公关网:www.chinapr.com.cn。

资格考试,大多通过并获得了初、中、高级职业资格证书,标志着公关业已正式走上了专业化和规范化的道路。

与此同时,国内企业和各类组织的管理高层进一步注意到公共关系职能的重要性。国内具有较大规模的企业几乎都已设立了独立的公共关系部门,包括部分政府部门在内的愈来愈多的社会公共组织也先后设立了公关部或类似部门。

我们看到,全国各地信息化工程的迅猛发展为公共关系的发展提供了强大的需求和持续的推动力。

与公共关系实践从无到有、从小到大直至今天获得这样长足发展的过程一样,公共关系的教育和学科发展同样也经历了一个引进、吸收、不断深化、不断成熟的过程。

有专家指出,中国公共关系学研究一开始就具备某种鲜明个性,在研究的初级阶段便有两个引人注目的"中国特色":一是把公共关系实践、公共关系学研究同中国改革开放结合起来;二是越来越注重研究如何在国际舞台上塑造中国的形象,特别在各省的中心城市,企业、政府及各种事业单位都较早地重视国际公共关系的开展。随着中国公共关系实践的普及和深入,公共关系教育、教材建设和理论研究也获得了可喜的进步。

目前,公共关系学历教育已经形成了大专、本科、硕士和博士教育的相对完整体系。教育部把原由高等职业学校开设的公共关系职业教育推向普通高校,公共关系自学考试由部分省、市开设升格为全国统一考试,使公共关系专业教育具备了更广阔的空间。许多全国重点高校密切结合公关实践,调整充实教学计划、教学方法,以加强素质教育,培养创新型公关人才为目标,并使课堂教学和专业实习相结合,为国际和本地公共关系公司输送了大批具有扎实基础知识和国际眼光、理论联系实际、合格的公共关系专业人才。

在经过了20世纪八九十年代公关教材建设的引进、吸收阶段后,公共关系教材和专著的出版进入了新一轮的深化、提高和拓展阶段,在数量和质量上都取得了长足进步。其特点是系列化教材建设初具规模,专业纵向发展(从公关理论到公关实务系列)、行业横向拓展(跨行业公共关系研究)出现了相结合的态势,出现了优秀教材一版再版和几十次印刷、专著比例逐年提高、译著比例相对下降的可喜局面。

业内专家指出,要提高中国公关业的竞争力,有赖于广大从业人员素质的提高,当务之急仍然是公共关系学科研究素质的提升和普及教育的发展。从教育状况来看,当前公关教育仍多以基础知识教育为主,培养的学生难以满足专业公关公司的需要;我们的公关理论研究还需与公关实践更紧密地结合起来。中国公共关系学发展的当务之急是要建立一套更为合理、更为完整的专业公关教育和职业培训机制,要努力创建出真正既能与国际接轨又具有中国特色的公共关系理论和应用体系来。

第三节 ◇ 研究公共关系学的现实意义

公共关系是现代公众社会和市场经济发展的产物,而它的出现又推动了现代公众社会和市场经济的发展。就这个意义上说,任何处于现代公众社会和市场经济发展阶段的国家,其公共关系学研究都有一定的现实意义。同世界发达国家相比,中国的公共关系研究则有着更为特殊的现实意义。

在中国,长期以来,"关系"一词名声不佳,它往往同"关系网""关系户""拉关系"等带有贬义的话语联系在一起,一谈"关系"研究,就会引起搞庸俗关系学的嫌疑。其实,关系作为一种客观存在,是再正常不过的事,就像人的衣、食、住、行一样。世上只要有人,只要人生活在现实社会中,只要社会处于商品经济的环境中,就注定摆脱不了种种与人、与社会、与商品经济密切相关的"关系"。就其本体意义而言,"关系"一词本身没有也不应该有贬义,只是由于历史的陋俗旧习,社会生产力的相对落后,市场经济的不发达,以及少数人的见利忘义、见钱眼开,才使"关系"一词蒙上了不白之冤。既然关系是客观存在的,就得正视它、研究它。公共关系学开宗明义,直言它不过是一个社会组织或公众人物在一定职业伦理规范指引下为谋取有关公众的理解和合作而从事的一种交流、沟通、劝说、引导活动。专事研究现代公众商品经济社会的这种"交流、沟通、劝说、引导"活动,其现实意义是不可低估的。

一、公共关系学研究与市场经济的发展

公共关系学研究的深入是与市场经济的发展密切相关的。我们必须清楚地看到:第一,中国现今的经济依然是新旧体制并存,旧的经济体制仍在起作用,新的市场经济的体制和秩序还没有完全建立起来;第二,长期的计划经济培养出经济工作人员的计划经济意识,要使这种计划经济意识转化为市场经济意识还需要一个过程;第三,计划经济的习惯势力和小农经济意识的长期影响,使得中国的市场经济还带有诸多早期商品经济的幼稚做法。因为新旧体制并存,鱼龙混杂现象一时难以革除,有些组织和个人就可以钻政策的空子,出现了以搞公共关系之名,行庸俗关系之实。因为受传统的计划经济意识的影响,有些经济工作者凡事仍然一切按计划按指令办事,而对市场调节的杠杆机制和公共关系的润滑作用不闻不问;由于市场经济带有早期的惯性牵引,有些经济组织和个人就容易见利忘义,做不仁买卖,甚至销售伪劣商品,完全不顾公共关系信誉。凡此种种,都是公共关系讲伦理、讲规范的障碍。

因此，开展公共关系学的研究和教育，树立和普及公关从业人员的公关意识，是以市场经济发展为己任的各类组织必须补上的一课。

中国市场经济的发展与公共关系的发展有一定的同步性，这是中国公共关系发展的有利条件。西方市场经济发展的初期，并不具备公共关系产生和发展的条件。这是因为：第一，西方市场经济发展初期，人们对市场经济的规律还不了解，不懂得开展公共关系的重要性；第二，在市场经济发展初期，人们对各种见利忘义行为对社会，尤其是对组织和个人的危害还没有足够的认识，而只有当人们认识到见利忘义行为对自身的危害时，才会注意到开展公共关系的重要性；第三，西方市场经济发展初期，科学技术尤其是沟通传播手段还很落后，所以也不具备充分开展公共关系的物质条件。而今天，市场经济经过了百年以上的发展，人们对它的规律也已有了比较充分的认识，再加上今天先进的沟通传播工具，我们已经完全具备了开展符合职业伦理标准的公共关系的条件。因此，当发展起来的市场经济拒绝无视市场机制作用的做法和观念时，有了自主权的经济组织开展公共关系活动就成了水到渠成的事了。

市场经济和公共关系发展的同步性说明，市场经济越发展，公共关系在经济活动中的地位和作用就越重要；反过来，公共关系在经济活动中的作用发挥得越充分，市场经济就越容易取得成效。这已为近几年来的市场经济实践和公共关系实践所证明。然而，尽管如此，国内目前对公共关系真正了解的经济组织和经济工作者并不很多，这里有这样三种情况：第一，许多经济组织和经济工作者虽然早已在从事公共关系的实践活动，但对公共关系还缺乏理性认识的高度和深度；第二，有些经济组织虽然设有公共关系部等专门机构，也从事接待工作，也配有专事接待的"公关小姐"，也谙熟如何向来宾得体地微笑、得体地让座之类的一般礼仪，可惜管理部门常常把公共关系看作一般的接待工作和待客礼仪了;第三,有不少已有自主权的经济组织,很少主动积极地开展公共关系活动,个别的甚至从事"反公关"的行为,做了"搬起石头砸自己的脚"的事,这说明国内的公共关系活动还远远不够普及,已开展的公共关系活动也不够自觉,水平也比较低下。好在业内已有共识:在大力发展市场经济的同时,需要大力增强组织的公共关系意识,提高公共关系活动的水准,而要达到这样的目的,离不开对公共关系学的深入研究。

二、"关系经济"和"关系政治"为公关发展带来机遇

美国经济自 1991 年走出衰退,到 2000 年泡沫重起,两年后迅速反弹,到了 2007 年年底 2008 年年初又出现了次级房贷的危机,过了 10 年,到了 2019 年,美国的经济又到了生死关头[①]。真可谓走了一条落了再涨,涨了又落,接下去不知是涨还是落的曲折道路。但是就在这么一落一涨、一涨一落的起伏波动中,有一种新的经济现象出现了。这种新的经济现象一度超出了主流经济学的解释能力。在这种新的经济形态的发展中,信息产业的发展和传统产业的信息化发展,成为一些高增长经济体的两个驱动轮。当年人们形容汽车工业对于美国经济的巨大推动作用时称美国是"轮子上的国家";现在,人们则说美国是"网络上的国家"。领先于全球的美国信息产业对其整体经济运行产生了广泛而深刻的影响,成为美国经济整体扩张和持续增长的内在动因。我们把这种新的经济形态叫作"关系经济",一种用网络、用现代信息和传播技术把世界包裹起来、把人和组织联结成各种各样关系的并时时刻刻都

---

① 本书作者迄今尚未读到或听到令人信服的对美国经济今后走向的预测。

依托着这些现实和虚拟关系的经济形态,一个为进一步了解"关系经济"的新的经济概念①。

"关系经济"的诞生和发展必须以网络为基础。网络,加上信息基础设施的完善,为全球大大小小的经济体提供了一条前所未有的虚拟空间通道,既看不见又摸不着,但无处不在、无时不有。由高速通信网络、计算机、数据库以及各类电子产品组成的网络,使人们可以在任何地方、任何时间进行通讯联系,使社会公众不受时空限制都能平等地获取所需信息,使政府机构、企业和个人可以通过电子方式实施多媒体信息交换,并使教育、商业、日常生活、家庭娱乐乃至全部社会经济生活方式发生根本性的变革。

"我们人类所做的一切努力中,最伟大的一件事可能就是这个全球范围的网络了,它把我们的生活、思想和所作所为统统编织在一起。""我们社会的机制,特别是新经济的机制,将逐步服从于网络逻辑。"②

人类正在迈向由关系经济规则支配的时代。技术创新、网络化和速度将构成这个时代的主要特征。中国也不例外。

"关系经济"完全可以被看成是继农业、工业、服务业之后的第四次产业革命带来的经济文化成果。这一次产业革命已经触及并将全面、深刻地影响全球的每一个角落、每一个过程和每一家企业。

中国的改革开放历程适逢推动全球经济和社会深刻变革的新经济的浪潮,中国企业面临着严峻的冲击和挑战,对中国从事公共关系研究、教学和实际工作的人员来说,同样是一次挑战和机遇。数字化和网络将推动中国企业从根本上改变经营思想和管理模

---

① 参阅居延安、胡明耀:《关系管理学》(第二版),复旦大学出版社,2017年,第五章第一节"关系经济的要素构成"。
② [美]凯文·凯利:《网络经济的十种策略》,萧华敬、任平译,广州出版社,2000年,第14—16页。

式,由此进入一个崭新的发展时期;中国的公共关系也将由此在理论和实践两方面跃上一个新台阶。这主要表现在以下三个方面。

第一,现代企业生存和发展的环境已经发生了重大变化。经济全球一体化极大地推动了资本、商品、服务、技术和人才的跨国界流动。以信息产品的开发和利用为核心的知识经济,正在引发全新的市场模式、企业管理模式和价值创造模式。可持续发展成为企业自觉的社会责任和社会经济功能。

第二,面对不确定性的选择只有学习、学习、再学习。经济发展从未像今天这样充满活力、充满不确定性,企业的未来从未像今天这样扑朔迷离。不变革等于死亡,一个社会、一个组织只有加速变革,才不至于被淘汰出局。

第三,信息时代的一大特征,就是不可预测的日新月异的变化。急剧变化中出现的问题要求的恰恰是新的关系系统、新的商业经营模式。企业欲求生存和发展,但没有任何现成的模式或战略可循。它们必须建立和完善自身的组织应对能力,不断地找出新的关系组合、新的商业经营模式。

由此可见,以网络化和数字化为基础的"关系经济",已经向公共关系学提出适应"关系经济"及其理论框架和概念体系的迫切要求了。"关系经济"这一概念指出了互联网及各新媒体是如何为关系经济的发生和发展奠定基础的,是如何为关系经济提供了工具并展示了广阔的空间的。在此,我们将重提"关系政治"这一既旧又新的公关概念。关系与政治简直是一对联体婴儿,同生同存。但这并不是我们这里要说的"关系政治"——我们不说政治本身。我们要说的是如何让政治用现代公共关系的思路、视野和手段,来疏通、协调和优化与各界公众的关系,特别是疏通、协调和优化与中外媒体的关系、与公众的关系,甚至与各种敌对政治力量、组织和群体的关系,而不是用简单的宣传说教、用行政手段、用施压、用武力乃至暴力来使人就范。

"关系政治",无论哪个国家,无论哪个政府,无论哪个政党,无论哪一种政治力量,都是要用的,而且多多少少都是会用的。但是要指出的是,我们自己的各级政府、我们自己的政府官员,这么多年来,用得并不太好。公共关系学从引进到发展,一直到学科的建树、产业的普及,漫漫 30 余年,"关系政治"在公关领域初露端倪,显示了中国公关事业迅速走向成熟。

三、公共关系学研究与时俱进

中国从 20 世纪 80 年代初开创的改革开放新时代,及时给公共关系这一新兴学科、新兴行业注入了勃勃生机。在经济体制缺乏活力、政治生活尚不透明、思想观念保守僵化的年代,公共关系无论作为行业还是学科,非但没有必要,甚至是大逆不道的。公共关系依赖于改革开放,改革开放也呼唤着公共关系,改革开放与公共关系从一开始就形成了两相推动的互补关系。中国公共关系学的研究始终是与时俱进的。

公共关系是随着中国经济体制的改革而起步并迅速发展的。经济体制改革要解决的是经济体的活力问题,而要提高经济组织的活力,就必须扩大经济组织的经营自主权。1988 年 11 月,中国《企业法》正式生效。1993 年,《公司法》颁布实施。《企业法》规定,企业的所有权和经营权分离。《企业法》《公司法》颁布实施以后,企业作为一个独立的经济实体、一个开放系统,立即遇到了一系列前所未有的挑战:第一,企业再也不能仅仅为完成国家计划而生产,而要以满足消费者的需求为首要考虑,企业的目标再也不是仅仅对企业自身负责,而必须同时对顾客负责。为此,企业就必须把视线转向作为公众的消费者,要去了解他们的要求、愿望和情绪,也要让他们理解和支持自己。这就需要公共关系了。第二，企业再也不能单纯地根据上级的指示进行决策，而要根据瞬息万变的市场信息，随着消费者的需求意向而运筹帷幄。这就需要公共关系了。第三，企业再也不能只是坐等国家计划调拨的原材料，再也不能依赖于国家的所谓统购统销来推销自己的产品，而要靠自己去开拓原材料和产品的供销渠道。这就需要公共关系了。第四，企业再也不能继续摆官商的架子，而要通过包括广告在内的各种劝说活动来获取公众的理解和支持。这同样地需要公共关系了。

我们还可以举出更多的理由来说明经济体制改革与公共关系的关系，以表明公共关系研究的重要现实意义。

中国从中央到地方，从沿海到内地，各行各业的公共关系都是与对外开放紧密相连的。中国的对外开放政策至今已经实施了40多年，成效卓著，举世公认。40多年来，对外开放已发展成经济开放、市场开放、旅游开放、文化开放和信息开放的全方位开放。在这种对外开放的历史大背景下，公共关系，特别是国际公共关系，就成了一个重要的、孕育着巨大潜力的工作领域，中国公关界和广大公关职业人士对国际公共关系的一贯重视，是理所当然的。

对外开放是要调动一切可以调动的力量，开拓一切可以开拓的渠道来进行国家和地方的现代化建设，要在前所未有的规模上、在空前众多的领域内发展中国与外国的交流、合作关系。国际交流、合作的一个必要前提是做好信息交流、意义沟通、价值劝说和行为引导，这就需要进行极具职业水准的国际公共关系活动。很自然地，中国的公共关系首先出现在对外开放的前沿地带（经济特区和沿海开放城市）与前沿领域（民航、宾馆和旅游业等）。可以说，国际公共关系从一开始就起了我国公共关系领头羊的作用。要指出的是，领头羊的路不好走，走得并不轻松。40多年来，对外开放的实践在飞速发展，而我们的国际公共关系依然常常摆动于

"官方化流程"与"职业化呼唤"之间。我们的对外宣传依然多为"单向宣传",而缺少劝说力度。恰如有一本《公共关系手册》所指出的,一个国家、一个组织在对外关系上出现危机,十有八九不只是出于利益的冲突,而是导源于语言、文化、传统等方面的隔阂。我们许多组织的国际公共关系,就像别的国家的不少组织一样,同样地受累于"语言、文化、传统等方面的隔阂"。国际公共关系如何与时俱进,如何走出一条职业化的路,努力克服"官方化流程",一直是中国国际公共关系的重要研究课题。

中国的公共关系与政府管理制度的改革也是同步的。政府管理制度改革的目标是管理制度的逐步健全和逐步民主化,而建立高度透明的管理制度的一条重要途径,就是要在政府与各利益公众之间建设起一座信息交流的桥梁,以增强政治的透明度和公开性以及公众的参政议政意识。政府与社会公众的信息交流,实际上是一种公共关系行为。在公共关系学看来,政府亦是一种社会组织,政府常用的"人民群众"一词,指的是公共关系意义上的各"利益公众",政府如何通过各种交流、沟通、劝说、引导活动,来达到与各利益公众相互理解、相互合作的目标,是政府公共关系活动的主要内容。

政府管理制度改革的一项重要内容是建立社会协商对话制度。根据"从群众中来,到群众中去"的工作方法与原则,各级政府一直在寻找和实践这种方法的具体操作流程。许多政府部门的领导和公务员已经开始从一种"传道、授业、解惑"式的单向传播方式,转向平等的、双向的"交流、沟通、劝说、引导"模式。现代的大众和分众传播工具,不再是仅仅用作政府政策的解释工具,而正在发挥着政府与各利益公众之间交流沟通的功能。已经行使多年的社会协商对话和新闻发言人制度,从公共关系学角度来看,是一种公共关系活动的范例。

第二章

公共关系的渊源、兴起与发展

公共关系是现代公众社会交流、沟通、劝说和引导需求的产物,它带有现代社会组织与公众的关系趋向更为相互依赖的明显印记。与任何一门学科或一个研究领域一样,公共关系作为一种有章可循的交流、沟通、劝说、引导活动,一个有法可依的行业,一门有理论可支撑的学科,也有一个从诞生到成熟、从低级到高级的发展、演变过程。因此,我们有必要对公共关系的渊源、兴起与发展进行阐述,以弄清其来龙去脉,并在此基础上探求它的一般发展规律,用以指导我们的公共关系实践。

第一节 ◇ 现代社会以前的类公共关系

公共关系的发展经历过一个漫长的类公共关系阶段。从某种意义上说,现代公共关系的理论和实践是古代类公共关系理论和实践的继承和发展。

尽管古代的类公共关系在本质上与现代公共关系不可同日而语,但从学术研究角度来看还是很有意义的。通过对它的考察与研究,一方面可为现代社会的公共关系工作提供有益的借鉴和参考,另一方面也有助于探求公共关系自身的内在发展规律,从而提升对它的理解和运用水平。考察一下现代社会以前的类公共关系观念及活动,对我们全面学习和认识现代公共关系是大有裨益的。

一、公共关系概念的时代性

要了解什么是古代的类公共关系,必须首先对具有时代规定性的现代公共关系作个简要讨论。现代公共关系作为一个行业或学科概念,是到了现代公众社会才产生的。它有着明显的时代条件规定性。本书自开卷以来就反复在"社会"一词之前加了"公众"这一修饰语,这包含两层意思:一层意思是英语里的 public relations,其实可以读作 *publics* relations 的,就是说,现代公共关系的对象是一个个具体的"公众"群体;另一层意思是,我们所说的现代社会,特别是在工业时代,是指建立在现代大生产基础上的人类生产和生活方式。大生产不是小生产,小农经济时代的小生产主体是"个体",大生产的主体是群体,一个特殊的或一串联结为网络的"公众";小生产的消费对象主要是生产个体自身,而大生产的消费对象是具有不同消费需求和能力的"消费公众"。因此,现代社会就是时时处处都必须与"公众"打交道的一种公众社会。这样的"公众社会",必须以高物质文明与高精神文明的相互协调为前提,而这种协调必须是以自觉的公众信息发布、公众信息沟通、公众信息劝说及公众行为引导为依托条件的。如果没有这样的社会依托条件,那就既无公共关系产生的基础,也无公共关系发展的可能了。

然而,人类社会又是一条纵向发展的历史长河。公共关系既然是人类社会中一种协调社会组织或公众人物与目标公众间关系的管理职能或艺术,那么,顺乎这一逻辑,古代社会一定也有类似的公共关系——亦即"类公共关系"——的观念与活动了。

研究现代社会以前的公共关系可以从两方面着手：其一，考察古人对类公共关系的认识，诸如人际关系相互协调的原则和作用等；其二，考察古人的类公共关系实践活动，诸如信息发布、沟通和劝说的方式、范围及程度等。

二、古人对类公共关系的认识

古代社会存在着各种血缘相连或利益驱动的个体和群体，相互之间也需要有一定的联系和合作，尽管这种联系和合作会受到种种客观条件（比如联系手段）和主观条件（比如合作动力）的制约。古代社会的信息发布、沟通、劝说和引导手段相对来说比较原始，但不影响古人出于各种需要运用他们的智慧，来从事某种类型的公共关系活动。古代社会类公共关系的实践经验和教训都有值得借鉴之处，古人对类公共关系实践的认识也有总结的必要。

我们先看看中国的古代社会。早在西周末年，周厉王施政酷虐，百姓怨声载道，于是就出现了这样的名句："防民之口，甚于防川，川壅而溃，伤人必多，民亦如之。是故为川者，决之使导；为民者，宣之使言。"[①]这是在说阻止百姓批评的危害，比堵塞河川引起的水患还要严重，认为社会舆论的好坏直接关系到政权的稳固与否，强调了重视民意、调整施政的重要性。

春秋战国时，诸子百家争鸣，他们从各自的学派立场出发，就如何处理各种人文关系进行了论述。比如，老子提倡"鸡犬之声相闻，民至老死不相往来"的小国寡民思想；墨子主张"兼爱""非攻"的与人为善的交往原则；兵家认为"攻城为下，攻心为上"，推崇"不

---

① 《国语·周语上》。

战而屈人之兵"为最高境界；法家以"性恶论"为其理论根据，向帝王宣扬"法""术""权""势"的治民之道；纵横家则鼓吹"远交近攻""纵横捭阖"的政治、外交政策。

毫无疑问，以孔、孟为代表的儒家在维系人文关系方面提出了更为系统成熟的箴言性见解。《中庸》曾对孔子宣扬的"仁"作了高度概括："仁者，人也。"认为"仁"是人际交往的最高道德原则，且是与人际交往俱生的，无交往也就无从言"仁"。此外，孔子还主张"己所不欲，勿施于人""己欲立而立人，己欲达而达人"的"忠恕"之道，并强调人际交往中必须讲究信义，认为"人无信不立"，"人而无信，不知其可也"。孟子鉴于他的民本思想对人文关系亦有不少论述，最卓著者莫过于他提出的"得人心者得天下"的观点："桀纣之失天下也，失其民也；失其民者，失其心也。得天下有道，得其民，斯得天下矣。得其民有道，得其心，斯得民矣。"①孟子明确指出民心向背直接关系到政权的安危。关于君臣关系，孟子认为："君之视臣如手足，则臣视君如腹心；君之视臣如犬马，则臣视君如国人；君之视臣如土芥，则臣视君如寇仇。"②孟子对舆论劝说也很注重，认为"仁言不如仁声之入人深也，善政不如善教之得民也"③，意思是，仁德的言辞不如仁德的声望更加深入人心，好的政令不如好的教育更能赢得民心。

孔孟之后，儒家学说又有发展，至汉武帝"罢黜百家，独尊儒术"，儒家思想的影响更为深远。比如唐魏徵与李世民论及人民与帝王关系时所说的"水可载舟，亦可覆舟"这句传世名言，便是早期"君轻民重"思想的进一步发挥。

以上所述，我们可以看到中国古代思想家对人(关系的主体或

---

① 《孟子·离娄上》。
② 《孟子·离娄下》。
③ 《孟子·尽心上》。

客体)及人文关系的处理提出了至为深刻的见解,有不少见解带有超越历史、超越疆界的普遍意义。经过千年历史长河的冲刷和荡涤,其中的精华已融入了优秀的历史传统,成为中华民族文化的深层内核积淀。由于以孔、孟为代表的儒家在人文关系认识及处理上的深刻和成熟,更由于其人文思想为历代皇朝所用,起到了维系社会分层结构、维护皇权统治的作用,儒家当之无愧地成为中国历史上的主流学派,并由此形成了以"和"为中心、富有中国文化特色的人文关系观念体系,诸如"和为贵""两和皆友,两斗皆仇""一团和气"等观念,世代相传,深入人心。但毋庸讳言,中国古人对于人文关系处理的认识相对局限于"形而上"的人文关系上,尽管在理念上较发达和完备,但在"形而下"的层次上缺乏对规范化操作方法的探究。众所周知,儒家学说偏重政治和道德范畴,对社会的生产和经济活动甚少提及。

与中国古代社会不同,古代西方人——这里主要是指古希腊和古罗马人——对人文关系不仅有理念上的论述,也注重现实的运用,所以无论在"形而上"方面还是在"形而下"方面都有相当的研究。这一差异的形成与古代西方国家"原始民主"政治体制早早决定了"政与民"关系的格局有关。

古代西方为原始民主政体实验的推行,曾在演讲、修辞、逻辑等人文领域有过认真的研究,着眼于如何"劝说"他人的技巧和方法便成为重要的认知课题。例如古希腊苏格拉底的辩证法、亚里士多德的《工具论》《逻辑学》和《修辞学》,古罗马西塞罗的演说词,统治者(如恺撒)的文告和战记等程序性的仪式,都体现了古代西方人在民主政体和人文关系上的认识成果。

亚里士多德在《修辞学》一书中,就怎样运用语言来影响听众的思想与行为进行了精心的阐述。按其观点,一个人的修辞能力是参与政治活动的一个重要条件,否则政治家的思想就无法有效地传递给民众,也就难以得到民众的理解与拥戴。因此,西方公共关系学界对这本《修辞学》评价甚高,认为它称得上是一本最早探讨类公共关系学理论的专著。

恺撒对如何与民众沟通也很重视。他认为要获得民众的支持,就必须以自己的思想观念去劝说他们、影响他们,手段之一就是散发传单去劝说和鼓动。据说,恺撒最后能在政治上获得成功,与那本记载了他战绩的纪实著作《高卢战记》有关。

对照中国古代社会类公共关系的认识和活动,我们就可看到古代西方对于人文关系的处理有以下几个显著特点:

第一,在具体的历史条件下,古代西方的认识大多立足现实基础,充分调动人的主体性,以积极求实的姿态来对待关系处理。

第二,他们的认识成果主要表现在操作层次上的体系建立及规范和程序的制定。

第三,他们都十分关注对关系的具体处理,较早地认识到"劝说"是一门极具应用性的学问。

综上所述,古代东方和古代西方对当时社会客观存在的人文关系都有所认识,有所研究,只是由于社会形态和历史背景的不同,在对人文关系处理的认识重点和偏向上存在着差异。

三、古代类公共关系活动实践

本书的理论框架是建立在第一章提出的公共关系工作定义之上的,我们的工作定义确定了公共关系是由组织、公众、劝说和职业伦理这样几个要素构成的。依据这几个要素,我们发现古代的中国和西方社会中存在着许多类公共关系的实践活动。

先以古代中国为例,远在商周时就有过较有代表性的类公共关系活动。如商代的盘庚迁殷、周代的公刘迁豳,皆在迁居前对其部族进行过宣讲、动员、劝说,至今留存的《书·盘庚》与《诗·大雅·公刘》中,对当时这两位部落领袖的活动、演讲曾有具体生动的记述和描写。

春秋战国时期,百家争鸣,群雄争霸,类公共关系活动更为活跃。例如晋国为了有效管理国家,将刑法具体条款铸于鼎上,公之于众,周告四方。又如商鞅在秦国变法时,为取信于民,在都城咸阳城门前立柱一根,同时张贴通告,言扛走柱者可得奖赏若干。据记载,商鞅所作承诺果然如实兑现,从而树立了政府法令的权威。

秦汉以降,类公共关系活动从未间断,在有些历史时期曾呈现创新、活跃的情景。比如秦末刘邦率军攻入咸阳时,便与关中父老"约法三章",云"杀人者死,伤人及盗抵罪"。这样言简意赅的法令,既宣传了自己的政治主张,又赢得了人心,可谓古代类公关最佳案例之一。这与楚霸王项羽在关中的烧杀行径相比,实在堪称一项极为明智的类公关策略。又如明末李自成领导的农民起义军,为了争取人民拥护,曾派人四出张贴政治性标语、口号,宣扬了诸如"吃他娘,穿他娘,开大门,迎闯王,闯王来了不纳粮"之类顺乎民心、劝说归顺的政策取向,其类公关效果也是相当成功的。在中国古代,一个政权、一支军队占领一城一地之后及时张贴"安民告示"这样的做法,就更是尽人皆知了。那些安民告示的内容不外乎向老百姓公开宣传其安民政策、法令,呼劝民众拥戴新政权,以达到缓和社会矛盾、安定民心、建立社会新秩序的目的。

在古代西方社会,我们同样可找到许多准公共关系活动的实践事例。例如,古代雅典统治者曾在民众大会中实施过一种特殊的投票法——贝壳放逐法。做法是,每年初召开民众大会时,公民可将他认为有可能危害民主政治的人的名字记于陶片(一说贝壳)上,如某人票数过半,就被放逐国外。这无疑表明了统治者对民众舆论的重视。又比如,古罗马共和国曾将其法律刻在十二块铜板之上(史称"十二铜表法"),向全国民众公开发布。其目的当然是维护少数奴隶主贵族的利益,但法律中也对贵族权力的限制作出规定(如借贷利息),这也是罗马统治者公开争取民心的一种手段。

西方天主教会与教徒之间关系的类公关处理方法可能是更为典型和完备的。拿我们的现代"公关三要素"来衡量,西方教会的宗教活动可称得上应有尽有、一应俱全了。从第一要素"组织"来说,天主教会是一个自成体系、遍布各国的宗教组织,既有教皇、主教和教士,又有教区和教堂,系统极为严密。就第二要素"公众"而言,遍布各地的教徒甚至全部国民都是教会意欲施加影响的对象。我们再来看作为公关第三要素的"劝说过程",教会除广为散发的宣传品《圣经》外,还通过礼拜、弥撒等传经、布道活动来宣扬其教义,扩大其影响。本书第一章提出的工作定义补充强调的"职业伦理",在天主教的类公关劝说活动中,也是天主教会及其教徒公众们津津乐道的。

从史实来考察,天主教会在通过宣传手段影响教徒方面也堪称招数了得。例如11世纪末,教皇乌尔班二世以异教徒占据耶路撒冷为由,别有用心地在教徒中进行煽动蛊惑,呼吁夺回圣地,结果导致了一场历时近200年的史称"十字军东征"的侵略战争。又如马丁·路德为创立一种基督教新教,于1517年发表抨击教皇出售"赎罪券"丑行的《九十五条论纲》。其后,为了更有效地争取教徒,他又多次发表演说,并将《圣经》译成德文,广为传播。在教徒中进行的一系列宣传活动,使得马丁·路德的宗教主张终于有了相当的市场,进而推动了当时的宗教改革运动。

以上案例,不论其历史意义进步与否,可称为古代西方社会出现过的准公共关系的范例。由此我们也不难理解基督教为何历时2000年而不衰,并至今仍是现代宗教学以至世界人文科学研究的一种重要信仰体系。

毋庸讳言,古代中国与古代西方、古代中国人和古代西方人,长年以来他们对社会及人文关系的认识和处理,可谓泥沙俱下、鱼龙混杂,有些因其有普遍意义、永恒价值而可直接采纳继承,有些则需在今天的条件下批判性地吸收。古代的类公共关系活动,产生于与现代社会经济基础、社会结构和传播媒介完全不同的环境之中,受到历史条件的限制,自然不能跟现代公众社会的公共关系活动同日而语、等量齐观。古代的类公共关系无论从理论建树还是操作技巧上,都是比较原始、随意、粗糙和未成"体""统"的。与之相反,现代公共关系则源自现代公众社会和现代组织运行的职业要求,是一种有理论指导、有操作规程、有行业伦理约束的交流、沟通、劝说和引导活动。

第二节 ◇ 公共关系在美国的兴起

一、公共关系形成的历史条件

公共关系是以现代公众社会为基础的,离开了这一社会背景也就无公共关系可言。因此我们有必要考察、分析一下现代公众社会为公共关系提供的三个必备条件:民主政治条件、商品经济条件和沟通传播技术条件。

1. 民主政治取代封建专制政治是公共关系发展的政治前提。相对于资本主义商业社会来说,古代社会(主要指奴隶社会与封建社会)统治者在政治上施行专制独裁或强权高压。早在古罗马,统治者就自封为独裁者(dictator)。法国国王路易十四也是一个著名的专制君主,他曾公开声称"朕即国家"。而中国的皇帝则自称"天子",宣扬"溥天之下,莫非王土;率土之滨,莫非王臣",享有九五之尊,"君要臣死,臣不得不死"。自资产阶级革命以后,英国的《自由大宪章》、法国的《人权宣言》和美国《独立宣言》等划时代纲领性文件的传扬,民主观念逐渐深入人心。资本主义商业社会的民主政治体制在客观上促成了社会各公众群体有必要维持一种相互倚赖、彼此合作的关系。

2. 资本主义商品经济为公共关系行业提供了必需土壤,这是公共关系发展的第二个必备条件。古代社会也有商品经济,但其水平不高,在整个社会经济中所占比重也很有限。古代社会的封建经济,包括我们常说的小农经济与庄园经济,是一种以自给自足为目的的自然经济。自然经济的自给自足决定了它的封闭性,以此为基础的社会人文关系也只能局限在"血缘"与"土地"的经纬之中,活动天地极为狭小。小农经济最突出的形象代表就是一幅男耕女织图,他们自给自足,有吃有穿,"鸡犬之声相闻,民至老死不相往来"。古代庄园经济亦然,一座庄园就是一个小社会、一个独立王国,往往农、林、牧、副、渔应有尽有,也不必与外界发生联系。发达的资本主义商品经济与自然经济大不相同,它建立在社会化大生产基础之上,通过市场与分工两个支点,由竞争杠杆进行调节,从而形成了一个极其活跃的开放性关系网络。商品社会的内在运行机制决定了支配这个关系网络的只能有一个法则,那就是平等交换、互惠互利。以这一法则为内在驱动,高度发达的商品经济出于自身调节的需要,开始大声呼唤公共关系的降生。顺应现代公众社会的召唤,公共关系也找到了自己大显身手的广阔天地。

3. 包括互联网、物联网、大数据、云数据和人工智能在内的现代信息传播技术亦即"关系技术"的飞速推进为大规模开展公共关系提供了技术手段。在生产力水平低下的古代社会,交通条件落后,信息传播只靠舟楫车马,口口相传,我们都知道古希腊人是从马拉松跑步到雅典传送消息的。信息传播的闭塞,使得社会处于一种相互隔绝的状态,可谓"山高皇帝远,世外皆桃源",人对外部世界的了解,既没有传播工具,也没有内在动力。一旦工业革命和世界市场形成,传播技术和交通工具迅速发展,汽轮、火车、报刊、电话、电报、电视相继问世,一直到互联网的横空出世,使得地球一下子变小了。交通与信息传播条件一个接着一个地从梦幻变成现实,为国家、地区、组织、个体间的联系和沟通创造了前所未有的有利条件。公共关系正是依靠了信息传播手段的电子化、数字化和网络化,才得以兴起、兴旺和快速发展的。

二、公共关系在美国的肇始

现代意义上的公共关系首先在美国发端,原因有三。

1. 相对于欧洲资本主义国家来说,美国的民主政治体制有其自身特点。美国是资本主义国家中的后起之秀,又没有过于厚重的传统包袱,所以能较好地借鉴其他国体和政体的治国管理经验。经过独立战争、南北战争(废奴运动)和以后的工业革命,美国式的三权分立民主政治体制到20世纪初已在北美大陆得到了较为稳固的确立。

2. 美国是个多民族移民国家,国民中具有较强的平等意识与群体观念。从17世纪开始,西方殖民者开始向美洲移民。最早到达北美这块土地上的是一批在英国受迫害的清教徒,他们于1621年乘坐"五月花"号船踏上了后来被叫做新英格兰的大西洋西岸地区。其后,欧洲其他民族中的不满现实者以及非洲、亚洲的移民也相继迁居美利坚。由于原先的平民背景或曾受宗教迫害的历史,这些人中的大多数都具有较强的平等意识,他们都期望在这块新天地建立新的家园,不再被人任意宰割。由于民族不同、语言不同、习俗不同,彼此间又自然地产生一种相互依靠、相互帮助的观念。

3. 美国南北战争之后,北方的工业经济与南方的种植园经济置于同一政府的有效管理之下,国内市场体系逐步发育健全。19世纪末至20世纪初,美国的生产性经济开始向市场经济过渡,从此,一个企业的成败不仅在于产品质量,而且,更重要地,要看它能否为市场所接受,要看它能否获得各类消费群体的首肯和赞誉。消费公众对市场运行的牵引和制约,成了现代商品市场生命线的一个重要因素。

美国现代公共关系的胚胎,正是在这样的社会背景下,开始孕育的。我们来具体地描述一下。

19世纪30年代,美国出现了一场较大规模的"报刊宣传代理"(Press Agentry)运动。这一运动由《纽约太阳报》首倡,开始主要是为了争取读者,扩大发行,但很快受到了企业和各种组织的关注,以为雇佣专职人员代为自己宣传是个好主意,以为可在报刊上制造新闻,以达到不花广告费就能劝说消费者的效果。靠制造新闻来忽悠公众不是宣传,因此好景不长。报刊转换枪口,开始揭露不法公司的阴暗面,利用舆论予以抨击。这就是美国近代史上著名的"扒粪运动"。这一运动的出现,迫使越来越多的企业开始重视报刊舆论的重大作用。

在美国政治活动中,当时也出现了现代公共关系的雏形。例如南北战争时,北方为了争取更多民众的支持,以动摇南方控制区的民心,林肯总统于1862年9月22日公开颁布《解放黑奴宣言》,并通过报刊、传单广为宣传,从而有效地争取到了国内外广大公众的支持,使内战形势迅速向有利于北方的方向转变,并最后获得胜利。又如1888年美国总统竞选,针对美国人民对垄断资本的不满情绪,两党候选人皆以反对托拉斯为口号开展竞选活动,力图打扮成平民代言人的形象去笼络选民,争取选票,从中积累了许多有益的"劝说"和"引导"经验。

以上情况说明,在现代公共关系正式诞生以前,美国的经济活动与政治活动中均已出现了现代公共关系的幼芽,不少企业家与政治家都已程度不同地知道利用新闻传播手段去扩大自己的影响,争取公众舆论的支持。有了这一坚实基础,现代公共关系即将在美国蓬勃兴起可以说是瓜熟蒂落、水到渠成了。

三、公共关系创始人艾维·李和伯内斯

1904年,美国《纽约时报》记者艾维·李(Ivy Lee)在纽约创立了世界上第一家"宣传顾问事务所"①,这是现代公共关系诞生的标志。

艾维·李是牧师之子,早年先后就读于普林斯顿大学和哈佛大学,后相继在《纽约日报》《纽约时报》和《纽约世界报》做过记者,他的公共关系思想核心就是"说真话",这与他的记者生涯不无关系。他认为,一家企业或公司唯有将本身的真情实况告诉公众,方能赢得良好声誉,如果披露真相对自身生存发展不利,那就应该及时调整或改变自身的行为。

艾维·李的"宣传顾问事务所"进行的业务是专门为企业或其他组织提供传播和宣传服务,并协助它们与公众和新闻界之间建立和维持良好的关系。他强调他工作的公开性,说要向公众提供真实新闻。他经常向报社提供免费的新闻公报,并总是在公报后标明作者或他所代表的组织的名称。此种做法使他在新闻界和公

---

① 参见 Cutlip and Center, *Effective Public Relations*; Newsom, Scott and Turk, *This Is PR: The Realities of Public Relations*; Ray Eldon Hiebert, *Courtier to the Crowd: Ivy Lee and the Development of Public Relations in America*。

众中获得了好评。他还反复向客户灌输如下信条：凡是有益于公众的事业，最终必将有益于组织自身。

1906年，艾维·李在给报界的一份《原则宣言》中，明确陈述了公共关系的职业目标。他说，公共关系的职能是代表企业或组织，将对公众有影响且为公众所喜闻乐见的课题或信息向报界和公众提供，并保证传播的准确和迅速。他还认为，公众需要了解与他们利益有关的情况是合乎情理的，而向报界提供有关情况以供发表，则是他的责任。在《原则宣言》中，他还呼吁企业不要唯利是图，应实现企业管理人性化，并倡导公共关系工作应进入企业最高管理层次。

艾维·李事务所的第一个客户是深受"扒粪运动"之苦的洛克菲勒财团，他当时被人称为"强盗大王"，企业内外的公众都怨恨他，罢工运动更使他一筹莫展。艾维·李劝洛克菲勒应认真调查核实造成罢工的具体原因，将真情公之于众，并建议请工人领袖与资方一道协商解决劳资纠纷。此外，艾维·李还建议洛克菲勒一方面提高工人薪金及福利，另一方面多从事一些社会公益事业（如建学校、医院和公园）。其后，洛克菲勒果然摆脱了窘境，改善了自身的形象。艾维·李因此名声大噪，美国电话电报公司、铁路公司等企业也纷纷聘请他充任公共关系代理人。

艾维·李依靠自己的努力，使公共关系在社会上产生了巨大影响并获得承认，公共关系因此而正式成为一门职业，他也被称为"公共关系的鼻祖"。艾维·李一生致力于造福大众的事业，又有"大众公仆"之誉。

继艾维·李之后，在美国早期公共关系活动中有重大贡献的是伯内斯[①]，他多被誉为"公共关系学之父"。伯内斯1891年出生

---

① 英文名为 Edward L. Bernays (1891—1995)，详见 Larry Tye, *The Father of Spin: Edward L. Bernays and The Birth of Public Relations*。

于奥地利,次年随父母移居美国。相对艾维·李来说,伯内斯更注重公共关系的理论研究,并努力使之形成一个独立的科学体系。这一点据说是受其舅父影响,其舅父是著名的奥地利心理学家弗洛伊德。

1913年,伯内斯被聘为美国福特汽车公司的公共关系部经理。他为该公司筹划并实施了一系列旨在发展公众福利及社会服务的计划,大大地提高了该公司在公众及社会中的影响,为促进福特公司的发展起了重大作用。第一次世界大战爆发后,伯内斯参加了"美国公共信息委员会",其具体工作是向国外的新闻界提供有关美国参战情况的背景及解释性材料。

"一战"后,伯内斯主要从事公共关系的理论研究及教学。1923年,他开始撰写《舆论之凝结》一书。同年,他在纽约大学首次开设并主讲公共关系课程。1928年,《舆论之凝结》一书脱稿。1952年,他编纂了教材《公共关系学》。该书从理论上对20世纪美国的公共关系实践进行了概括和总结,并使之系统化。伯内斯在建立公共关系学科体系上有较大建树,他的公共关系思想在从业及研究人员中都有较大影响。他认为,企业不仅要为社会及公众所了解,而且更重要的是必须获得公众的谅解和合作。他进而认为,企业只有获得公众的谅解和合作,方能得到稳定而持续的发展,才不会被意外事件所击溃。关于公共关系的具体策略,他的立足点是"投公众所好"。他主张,一个企业或组织在决策之前,应首先了解公众爱好什么,对企业或组织有什么要求或期望,在确定公众价值取向与态度之后,再有目的地着手劝说工作,以迎合公众需求。

尤其要指出的是,伯内斯正式将公共关系的职能从原先归属的新闻传播领域里分离开来,为它成为一门独立而又系统的学科奠定了基础。同时,他还将1897年美国《铁路文献年鉴》中出现的

"公共关系"一词与艾维·李的公共关系思想结合在一起,使这一词首次有了学科价值,并很快流行开来。由此人们也很自然地将伯内斯视为公共关系学先驱性学者。

第三节 ◇ 公共关系在现代公众社会的发展

一、公共关系在世界范围内的发展及其特点

20世纪30年代,美国开始向西欧国家输出公共关系,最先进入英国,而后走向其他国家。在第二次世界大战前,公共关系的开展还局限于英语国家。"二战"后,随着美国实力在世界范围内的膨胀和扩展,公共关系很快扩展到世界其他语系国家,影响也越来越大。

1946年,公共关系在法国迅速流行,同时出现专门性的公共关系机构。同样,荷兰出现了首批公共关系事务所,公开承接有关企业、公司的咨询和宣传业务。其后不久,公共关系学会先后在加拿大、比利时、意大利、挪威、瑞典、联邦德国和芬兰等国成立。另外,日本、澳大利亚、南非、中国香港、新加坡和巴西等国家和地区也出现了专门从事公共关系业务的机构。进入20世纪七八十年代以后,各种公共关系活动和业务已普及到世界各国和地区,其势头至今方兴未艾。

这些年来,世界范围内的公共关系的发展呈现出四大特点。

1. 公共关系自身的职业化、行业化。公共关系在美国初兴时,还是从属于新闻业这个大范畴的,缺乏自己的鲜明个性。上文提到的"报刊宣传代理"运动、"扒粪"运动皆由报刊与新闻记者于其

中策划运筹、推波助澜，因此从严格意义上说只是一种新闻活动。至于以艾维·李和伯内斯为代表的那类公共关系活动，也未能完全跳出新闻的窠臼，且不说他们从事过新闻职业，即使在他们改行后，其主要工作也只是着眼于向报刊提供真实的消息，所以也只能被看作受雇于有关企业并为之代言的自由撰稿人。而且，当时以公共关系作为职业的从业人员还寥寥无几，远未形成一种独立的行业，他们只是从属于某一企业或组织的。当今世界公共关系的活动方式和规模已经大为不同，一方面各国公共关系的从业人员数量猛增，另一方面独立的公共关系机构也如雨后春笋，蓬勃生长，已经成为一种成熟的被社会所认可的行业。

2. 公共关系在理论概念上的规范化、国际化。公共关系刚刚兴起时，隶属这类活动的策略和招数少有约定俗成的叫法，更无活动范围、方式、对象和原则等范畴的统一标准。由于只是草创阶段，从事这一活动的人常常囿于一隅，少有横向交流，自身的实践活动也无深广可言，经验总结与理论概括的水平也是平平。在很长时间内，公共关系活动主要集中在美国，规范化、国际化的趋势还无从谈起。然而，"二战"之后，西欧诸国开始引入美国公共关系行业的操作方法和程序。1955 年，国际公共关系协会宣告成立。1959 年，欧洲公共关系联盟组织问世。它们的宗旨之一就是倡导并促成公共关系的职业准则、职业内容的标准规范化，并主张世界各地的公共关系活动计划化、会员之间的联系交流网络化、定期化。至 20 世纪的最后 20 年，这一目标已渐趋实现。公共关系作为一门学科的理论框架和概念体系也广泛传播开来。20 世纪 80 年代是公共关系"激情燃烧"的年代，各国为赶上甚至超越美国而跃跃欲试，中国随着改革开放的深入，正悄然积聚着对听来新奇、不可不试的一种活动的期待和热情。90 年代，地球骤然变小了，包括中国在内的各国公关机构和人员的互动和交流趋向频繁。公共关系快速地走向规范化、走向国际化了。一直到 21 世纪第二个 10 年的后期,中国国家名词委员会重新修订了中国公共关系名词和术语大全,本书作者应邀参与了这次属于迄今最高级别、最高水准的修订审定工作①。

3. 公共关系活动主体的多元化。早期公共关系活动的主体组织就是企业与公司,它们的主体性体现在从自身经济利益出发,用目的性极强的公共关系活动——搞好内部职工的关系,提高在公众中的信誉,树立良好的社会形象——来创造并促进自身发展的有利条件。现今公共关系活动的主体组织已发生了很大变化,充当公关活动主体的不仅是企业、公司了,已经扩大到各级政府、事业团体、教育机构、宗教部门和慈善组织等各类组织以至许多社会公众人物。需指出的是,这些组织和公众人物在他们开展的公共关系活动中充当主体的动机、目的虽有差异,但在如何通过传播媒介使自己与公众相互之间达到双向沟通以便精诚合作这一基本点上还是一致的,也就是说,他们的交流、沟通、劝说和引导的大目标是一致的。目前,国际上已形成了公共关系的三大公认应用领域:一是各级政府和各类政治机构;二是包括各行各业在内的经济实业界;三是非营利性组织(如教会、博物馆和学术团体等),它们代表了当今公共关系活动主体组织的多元构成。

4. 公共关系正从短期效应模式走向以关系管理为目标的战略发展模式。由于 20 世纪 90 年代末新经济的问世以及随即出现的网络泡沫、美国公司相继爆发的腐败案件,一直到 21 世纪初有人提出的真正以顾客需求为导向的"后经济"时代的到来②,公共关系

---

① 本书作者和上海外国语大学资深教授张咏华被授权审核了新闻学、传播学和公共关系学等二十余门学科的名词和术语。
② 参阅 E. Ettenberg, *The Next Economy: Will You Know Where Your Customers Are?* NY: McGraw Hill, 2002。

又向自己提出了挑战：如何从几十年来一贯遵循的以短期效应为公关主旨的运行模式转向以关系管理为长期目标的战略发展模式。这是国际上公共关系的一大发展动向，值得中国公共关系从业人员和从事公共关系学教学和研究的人员的关注[①]。

二、公共关系在中国的兴起与发展

我们承认，与公关大国美国相比，我们仍然愿意做个小学生。本书作者1982年至1983年在美国纽约州立大学研究生学习期间开始接触这一学科的时候，还不知梨子是甜的还是酸的，完全处于一种懵懂状态。现代公共关系是随着中国改革开放而开始进入中华大地的，并随着改革开放的逐步深化而获得不断发展、蔚为大观的。此前中国的港澳台地区当然也有公共关系活动，但由于众所周知的历史原因，皆未对中国内地产生太大影响。公共关系传入中国内地以后，自然有一个接受、消化、扎根和发展的过程。

1. 公共关系实践。我们是先做起来再学、一边做一边学公共关系的。积极的——即便是粗糙的——公共关系实践是我们走的第一步。1980年，国家批准在广东省的深圳、汕头、珠海建立经济特区。不久，在深圳开办的一些"三资"企业（如酒店、宾馆等）先后设立了公共关系部。这种从未见过的海外管理的新模式，逐渐引起一些内地企业的好奇与关注。在虚心学习国外先进管理经验的思想指导下，1983年9月，内地国有企业第一家公共关系部在广州白云山制药厂诞生了。这是公共关系正式引入中国内地企业的标志。此后，随着国家改革开放的深入，特别是邓小平1992年南方谈话之后，中国的社会主义市场经济强劲发展，公共关系更是在长

[①] 参见居延安、胡明耀：《关系管理学》，复旦大学出版社，2006年。

江南北迅猛推进。今天,从沿海到内地,从哈尔滨到海南岛,哪家中国企业没有开展过公共关系活动或准公关活动?哪位企业主管没有过公共关系成功或失败的亲身体验?令人欣喜的是,公共关系活动已经全方位地扩展到了政府部门、事业单位、社会团体及社会公众个人等领域。这么多年来,公共关系在中国的发展虽然还存在地区上的不平衡,具体操作也有水平高低的差距,但总的趋势是都在不断进步和提高之中。可以说,北京、上海、广州、深圳、武汉、成都这些地区组织的许多公共关系活动,无论在创意、策划理念上,还是在具体的操作手段上,其水平都不亚于国际水平了。30多年来,中国的公共关系实践已有长足进步,取得了巨大成效。

2. 公共关系的教学和培训。与公共关系实践相伴前行的是中国的公共关系教学和培训。自从20世纪80年代初公共关系传入中国内地后,社会上特别是企业界便很自然地产生录用专业公关人员的愿望。于是,1985年,得改革开放风气之先的深圳大学传播系便率先创办了国内第一个公共关系专业,同时招收了首届公共关系专业的大学生。同年,复旦大学新闻系也专门开设了公共关系课程,由本书作者率先主讲公共关系学入门,竟然人满为患。在以后的几年中,中国科技大学、同济大学、中国人民大学、中山大学、杭州大学、国际关系学院、兰州大学、中南财经大学等高等院校相继开设了公共关系课程。据《传播》杂志报道,中国开设公关本科专业的高校,较有影响的有中山大学、上海外国语大学、东华大学(原中国纺织大学)和中国传媒大学(原北京广播学院)。复旦大学等高校还开办了公共关系硕士专业。就这些高校公关专业设置的课程来看,既有公关专业必修的一些带共性的课程,也有因其所在院系以及拥有的师资背景而带有特色的课程,如中山大学的公关专业设在政务学院公共传播学系,东华大学将其设在人文学院公共管理系,中国传媒大学将其设在广告学院公关系。

鉴于公共关系学科的交叉学科性质,这些院系的行政管理、经济学、广告学等方面的课程对公关专业学生的培养起到了一定的方向性影响作用。但归结起来,这些公关专业的课程设置无非是走两条路,一为传播,二为管理。这与国际上近年来公关教育的发展是接轨的。值得注意的一个现象是,国内有些高校虽未设公关本科专业,但通过其他专业附属的公关方向培养公关人才,也取得了很好的效果。国际关系学院作为国内较早培养公关人才的院校,曾先后在新闻系和管理系招收并培养公关方向的学生,由于学院特有的国际关系背景和外语教学强势,毕业的公关方向学生中有一大批活跃在中国公关行业,有的还位居外资公关公司的高级管理层。近年来中国公关教育的发展中更值得看好且更为重要的是公关方面课程为很多其他专业学科所吸纳,尤其是在研究生层面,不少 MBA、MPA 课程中均有公共关系的内容,而这恰恰是国际公关教育界多年来一直孜孜以求的目标。另外,公关职业资格的认证虽然在中国推出时间不长,尚处于进一步完善的阶段,但其在高校学生中有着较大的市场,这对推动中国公关教育、普及公关知识,也起到了一定的作用①。

3. 公共关系学研究与著述。我国公共关系的丰富实践和一直蓬蓬勃勃地开展着的教学培训活动,像两只巨大的手臂,不断地推动着中国公共关系学的研究与著述。1984 年 2 月,《经济日报》在报道广州白云山制药厂开展公共关系的经验时,专门配发了一则题为"研究社会主义公共关系"的社论,由此揭开了国内公共关系学研究与著述的序幕。30 多年来,在全国范围内,除陆续发表了公

---

① 参见郭惠民的《再谈中国的公共关系教育》及《公关教育,在高校步步走高》系列报道(《传播》2004 年第 2 期)。

共关系研究论文外,还不断有公共关系著述出版。据粗略统计,包括教材、专著、译著、案例、手册、辞典、论文集在内的各种公共关系著述几近上千种,范围涉及公关理论、公关策略和招数、公关传播媒介、公关语言、公关礼仪、公关实务、公关调查、公关策划和公关心理学等各个方面,其中较有代表性的著作有:居延安的《公共关系学导论》[1]、居延安主著的《公共关系学》[2]、廖为建的《公共关系简明教程》[3]、张云的《公关心理学》[4]、翟向东主编的《中国公共关系教程》[5]、李道平的《公共关系协调原理与实务》[6]、叶茂康的《公共关系写作教程》[7]、郭惠民、居易的《公关员职业培训和鉴定教材》[8]、李熙宗、孙莲芬等的《公关语言学》[9]、居延安和胡明耀的《关系管理学》[10]、吴友富主编的《中国公共关系20年发展报告》[11]。

4. 公共关系协会与行业报刊。公共关系学的成长还需感谢全国各地区、各行业的公共关系协会与行业报刊,感谢他们为中国公关事业的普及化、规范化、职业化所作的贡献。1986年11月6日,中国内地第一个省、市级公共关系组织——上海公共关系协会成立。次年5月,中国公共关系协会成立。此后,几乎各省、市、自治区及一些大中城市也都陆续成立了同样的群众团体。正是在此基础上,中国的公共关系事业日益走向普及化、规范化、职业化,并积

---

[1] 上海人民出版社1987年版。
[2] 复旦大学出版社1989年初版,2001年二版,2005年三版,2008年四版,2013年五版。
[3] 中山大学出版社1989年版。
[4] 复旦大学出版社1992年初版,2003年三版,2010年四版。
[5] 中国商业出版社1994年版。
[6] 中国商业出版社1997年版。
[7] 复旦大学出版社2003年版。
[8] 复旦大学出版社1999年初版,2004年三版。
[9] 东方出版中心2004年版。
[10] 复旦大学出版社2006年版。
[11] 上海外语教育出版社2007年版。

极推动了公共关系在实践工作中的发展。1988年年底在杭州召开全国首届省、市公共关系组织联席会议,研讨"公共关系热"。其后,公共关系普及化、规范化、职业化的问题,引起了大家的关注。1989年9月,在西安召开的第二届全国省、市公共关系组织联席会议,就拟订出《中国公共关系职业道德准则(草案)》,并在1992年于武汉召开的第四届联席会议上正式通过,中国公共关系协会则在促进公共关系学术水平提高方面发挥了积极作用。30多年来,中国公共关系协会连续在北京、上海、广州、深圳、武汉、成都、福建、山东、陕西、广西等地召开了公共关系学术研讨会,每次会议都有一个中心议题,如公共关系与社会发展、公共关系与社会开放、公共关系与经济建设、中国公共关系特色、公共关系教学等,对公共关系学科建设起了很好的推动作用。作者注意到,2019年元月,中国国际公共关系协会(CIPRA)学术工作委员会,于广西召开学术年会暨第四期中国公共关系研究工作坊。此次会议以"大时代、新公关"为主题,"新公关"如何新法,本书在各个章节将有自己的独特阐述。

在中国公共关系发展史上,公共关系的行业报刊也起过不可忽视的作用。其中最早问世的一张公共关系专业报纸,是由浙江省公共关系协会主办的《公共关系报》,1988年1月31日在杭州创刊。该报在普及公共关系知识和开展公共关系理论与实践研究方面产生过重大影响。次年创刊的《公共关系导报》也以其清新的风格赢得了业界的青睐,并被评为1992年经济类十佳报纸。不过,这两份报纸因经营问题后均相继停刊。

相比之下,公共关系类杂志的生存状况则比较乐观。创刊于1989年的《公共关系》月刊至今仍在出版,1993年创刊的《公关世界》杂志也坚持至今。进入新世纪后,由经济导报社出版的《传播》杂志也曾在业界发挥过重要影响。由国际公关协会主办的《国际公关》杂志也于 2005 年正式出版,向国内外公开发行,是传播中国公共关系理论、实践以及行业发展、交流的信息平台①。

与此同时,一些经济类报刊对公共关系也给予了特别关注,比如《中国名牌》和《中国经营报》等。此外,各地公共关系协会还出版了一大批内部报刊,其中比较有影响的有现已停刊的《上海公关》和仍在出版的《公关信使报》等。需要提一笔的是,中国财经公关网也是公关从业人员和研究、学习公共关系学的人士获取公关市场信息的重要来源②。

世界已进入新千年的第三个 10 年,中国的改革开放也正在向纵深发展,完全可以相信,在这种崭新的历史大背景下,中国的公共关系事业和学科一定会持续发展,走向更高水平。

三、现代公众社会:公共关系持续发展的基础

第二次世界大战以后,就整个世界范围来说保持了一个较长时期的和平环境,这是公共关系之所以可能在世界各地大规模推广应用的基本前提。在此期间,以美国为中心,日本、西欧为两翼的世界市场形成,刺激了经济在世界范围内的高速发展,中国在 20 世纪 90 年代蓬然崛起并在世界经济中扮演越来越重要的角色,世界市场进一步网络化、整合化、一体化。全球经济的高速发展和战后兴起的新技术革命,以及伴之出现的现代管理思想与技术,成为推动社会前进的一股主要力量。但犹如剑有双刃一样,在全球经

---

① 《国际公关》杂志是经国家主管部门批准的全国性公共关系专业期刊。国际公关协会设有官方网 www.cipra.org.cn 和中国公共关系行业官方门户网——中国公关网 www.chinapr.com.cn,并开通新浪官方微博@中国公关网 chinapr 及官方微信 CIPRA_2013。

② 参阅 www.financepr.com.cn。

济高速发展和新技术革命突飞猛进的同时,世界范围内也出现了许多在人类生存层次上产生直接重大影响的问题,诸如环境污染问题、生态失衡问题、水资源与矿物资源短缺问题等。此外,人类也面临着正影响整个国际社会秩序的一些重大问题,比如冷战结束以来的东西方对话、南北双向交流、南南合作、领海与大陆架、南极考察与开发、国际社会的数字分割、恐怖主义、经济渗透与政治影响、局部战争不断及太空竞争加剧等一系列问题。这一切都迫切需要通过多边的协调来加以解决,以求建立国际社会新的和谐关系。公共关系正面临着前所未有的挑战,同时也迎来了千载难逢的机会。

随着地缘政治的动荡和国际格局的重新洗牌,现代"公众"社会也在发生"公众质地"的变化。从人口学角度分析,现代人口的一大特征就是人口素质一边在提高一边下降的悖论现象。一方面,世界总人口中受过教育乃至受过高等教育的比例增加很大;另一方面,"二战"后出生的一代在人口结构中的比重也大为增加。伴随着社会的进步,新知识、新观念的传播,新的生产工具、交通工具和以互联网、大数据为驱动力的通讯工具和技术等的不断创新与应用,现代人口的素质总体来说是提高了。世界范围内的和平环境与人口素质的提高,使由人口不断提供后援的各类特定公关"公众"具有以下新的特点。

第一,各类公关公众尽管在不断地分化、解散或重组,但他们的自主独立意识都普遍增强,不再被动地盲从环境(社会环境——包括国家、社区及所在组织的环境,自然环境,经济环境等),为其左右,而是养成了不同程度的自觉反思习惯,有的还有了改造环境的愿望与行动。

第二,各类公关公众群体交流的个性化正在形成趋势。这种以具有独立意识的个人为主体的交流,尽管仍然以某个"公众"的名义来发言,但他或她的个性注入已经使传统意义上的"公众"概念发生了质的变化。如何具体地对待各个"公众"中的个体成员,已经成为公共关系主体工作的新挑战。而各种公众规模的群体交流越来越成为公众社会生活的一个重要内容,它们在社会运行中可能对社会整体产生影响。因此,如何在微观层次上看待各类公众中的个体作用、如何看待各类公众对整体社会的影响,已成为现代公众社会的全新课题。

第三,公众的自发活动已形成一股潜在的、独立的社会势力,其能量和作用足以与组织对峙,并有可能对有关组织的经营决策产生直接影响。

不断变化的各类公众,在新的现代公众社会环境中对公共关系的需求,跟社会组织与社会公众领袖一样,将不断地主客换位,彼此充满期待和热情,因为公共关系已经成为现代公众社会中组织与公众间的双向以至多向交流、沟通、劝说和引导所必不可少的一种活动。公共关系离不开现代公众社会,反之,现代公众社会也离不开公共关系。公共关系持续发展的基础不在书本里,不在会议里,也不在研究和从业人员的 powerpoint 文本上,而是在现代公众社会的土壤里。

第三章
社会关系和公共关系

公共关系作为社会组织与公众之间的关系,无论在哲学层面还是在操作程序上说,都是一种社会关系。它既有社会关系的一般属性和一般特点,又具有自己特殊的形态特征。社会关系需要协调和平衡,而协调和平衡则需要一定的调节手段和机制。如前面章节所述,当组织与公众之间的相互作用处于相对静止的状态时,公共关系可视为两者之间的一种静态关系,而当"相互作用构成了运动"时,它就表现为组织与公众之间的交流、沟通、劝说和引导过程,这就是所谓处于动态中的公共关系。在公共关系的实务操作上,静态公共关系可被理解为一种处于相对静止状态的社会关系,而动态公共关系则可被看作一种调节社会关系的手段和机制。公共关系作为社会关系的一种调节机制,是由两种既有内在联系又有不同操作规程的方法来实现的。一种是即时的、以实现短期传播效果为目标的战术招数,一种是延时的、以达到长期关系管理为宗旨的战略实施。长期以来,公共关系实务操作更多地着眼于战术招数的运用,常常是"打一枪换一个地方",多以获得直接的、即时的劝说和引导效果为满足。随着信息传播技术(亦即"关系技术")和新媒体的迅猛发展,全球经济的一体化和国际政治格局的新变化,一个新兴的、与公共关系同亲同宗的"关系管理"领域崭露头角,引起国内学界和各实际工作部门的注意。用"关系管理"的视野去审视公共关系中各种关系的建立、维系、发展或终止,努力克服"一切从即时效果出发"的短视公共关系行为,将是公共关系学术研究和实务操作的新的发展方向①。

第一节 ◇ 社会关系的一般属性和形态

社会是一个系统,社会关系也是一种系统。英语系统 system 这一词汇来源于古希腊语,是"由部分构成的整体"的意思。系统论是美籍奥地利人、著名理论生物学家贝塔朗菲提出来的②,他把系统定义为由若干元素以一定结构形式联结构成的具有某种功能的有机整体。这个关于"系统"的定义包括了系统、元素、结构、功能四大构建部分,"系统"的特征是它的整体性、关联性、层级性、平衡性和时序性。

系统论的核心思想是系统的整体观念。任何系统都是一个有机整体,而不是各个部分的简单相加,系统的整体性体现的是各元素在孤立状态下所没有的一种新质,这就是亚里士多德所谓的"整体大于部分之和"的意思。系统中的各元素不是孤立地存在的,每个元素在系统中都处于一定的、并在不断变化中的位置上,起着各自特定的作用。元素之间相互关联,构成了一个不可分割的整体。

由此推论,社会关系是由社会中的人——社会的基本元素——以一定结构形式联结构成的具有各种社会功能的有机系

---

① 参阅居延安、胡明耀:《关系管理学》,复旦大学出版社,2006年。
② 系统论之父贝塔朗菲(Ludwig Von Bertalanffy)于1968年出版专著《一般系统理论:基础、发展和应用》(*General System Theory: Foundations, Development, Applications*),该书是系统论的代表作。

统。之所以说社会关系是一个有机系统,是因为作为社会基本要素的人与人之间、由人组成的组织与组织之间、人与组织之间,都存在着各种各样的相互联结,这种联结就成了社会关系,或社会关系系统。社会关系有不同于一般自然关系的属性,又有与自然关系不同的特殊的关系形态。

一、社会关系的一般属性

关系既然是事物与事物之间以及事物内部各元素之间的客观联结,那么这种客观联结就是一种自然关系。社会关系,就其作为一种客观联结而言,也是一种自然关系。但社会关系特指作为社会基本元素的人与人之间的有机联结,所以它与一般自然关系又有本质的不同。作为公共关系学范畴的关系,是专指社会组织或公众人物与其特定公众之间的关系,说到底,也是一种人与人之间的社会关系。因此,在考察公共关系的属性之前,有必要先对社会关系的一般属性进行分析。对社会关系的一般属性,从不同的学科角度可以进行不同的研究,从公共关系学的角度出发,必须注意到社会关系的如下一些一般属性。另外要强调的是,我们不仅可以参照贝塔朗菲的科学系统论的原理,而且需要时常温习马克思主义经典作家的教诲,以期获得关于社会关系这一重要概念的全面而又科学的认识。

1. 必须注意到社会关系发生及人与人有机联结的必然性。人类的社会关系是由猿类的群体关系发展而来的,但前者与后者相比,有着更巩固和更广泛的特点,两者之间有根本的区别。马克思说:"动物不对什么东西发生'关系',而且根本没有'关系'。"[1]马克

---

① 《马克思恩格斯选集》第 1 卷,人民出版社,1995 年,第 81 页。

思在这里说的"关系",就是社会关系。社会关系是人类特有的关系,它的发生具有必然性。远古时代,在残酷无情的自然力面前,人类祖先的全部活动都必须是以群体形式来进行的,他们不得不"以群的联合力量和集体行为来弥补个体自卫能力的不足"①;而劳动的发展不仅需要而且必须使这种群体的联系越来越广泛,越来越密切,于是各种各样的社会关系相继产生和发展起来了。可见,人类的生存和发展与社会关系的产生和发展具有必然的同步性。

社会关系是以社会生产关系为基础的一切物质和精神关系的总和。马克思在论述人的生产关系时指出:"人们在自己生活的社会生产中发生一定的、必然的、不以他们的意志为转移的关系,即同他们的物质生产力的一定发展阶段相适应的生产关系。"②所谓社会关系发生的必然性,即指社会关系是不以人的意志为转移的一种必然存在,也就是说,只要有人类存在,就必定有社会关系发生。因此,马克思给出的关于人的本质的经典性定义就是:"人的本质并不是单个人固有的抽象物。在其现实性上,它是一切社会关系的总和。"③这就是说,人的存在离不开社会关系,社会关系制约着人的存在、规定着人的本质。如果说,17世纪英国小说家笛福的《鲁滨孙漂流记》中的鲁滨孙确有其人,并且虽在荒岛依然是人的话,那么这只是因为他并没有完全脱离社会关系。他带到荒岛上的工具和武器,他头脑中的文明观念,都清楚地表明他同当时的文明社会仍保持着千丝万缕的联系。完全脱离社会关系的生物,即便它具有人的生理特征和自然属性,也不能把它理解为严格意义上的人——"狼孩"就不是"人"的孩子了,或者说"狼孩"可以有"狼"的群体性,但不会具有"人"的社会性。总之,人与社会关系具

---

① 《马克思恩格斯选集》第4卷,人民出版社,1995年,第30—31页。
② 《马克思恩格斯选集》第2卷,人民出版社,2012年,第2页。
③ 《马克思恩格斯全集》第1卷,人民出版社,1995年,第60页。

有直接同一性,社会关系的发生或连接与人的存在具有必然的联系,只要有人存在,社会关系就必然会发生。

2. 还需关注社会关系不断协调和平衡的必要性。人之所以要与他人发生关系是其生存方式所规定的。原始社会由于生产力水平低下,几乎不存在任何社会分工,我们的祖先住同样的茅草"屋",吃同样的充饥"饭",穿同样的蔽体"衣",干同样的苦力"活",相互的关系比较平等、融洽。但即使这样,社会矛盾依然存在,社会关系的协调和平衡仍然是必要的。不难想象,如有哪个氏族公社破坏它的平等融洽的社会关系,那么这个公社就必然会分崩离析,无法继续生存下去了。一般说来,原始社会的社会关系的协调和平衡是自然发生的,是一种自在的现象。

随着生产力的发展,人类社会出现了一次又一次的社会大分工。如恩格斯所说:"到目前为止的一切生产的基本形式是分工,一方面是社会内部的分工,另一方面是每个生产机构内部的分工。"[①]分工打破了原始氏族社会的平等关系,产生了城镇与乡村、工业与农业、脑力劳动与体力劳动的差别。由于这些差别的存在,社会各阶层和集团之间的利益和要求就会发生冲突,在阶级社会中,这些冲突集中地表现为阶级的对立。统治阶级为了维护自己的统治,一方面借助于国家机器等暴力机构镇压被统治阶级的反抗,对其实行高压政策来调节社会各阶级利益的冲突,以至于权术家马基雅维利把政治关系归结为强权政治;另一方面,统治阶级为了长治久安也需在最低限度上照顾到被统治阶级的利益和要求,对他们采取所谓"怀柔"政策来调节社会各阶级利益的矛盾冲突。这就是说,统治阶级为了维护自身的阶级利益也要协调平衡各种社会关系。这种协调和平衡在一定程度上起到了保持社会安定和

---

① 《马克思恩格斯选集》第3卷,人民出版社,1995年,第640页。

持续发展的作用,是具有历史进步意义的。很难设想,一个社会如果始终处于统治阶级不断镇压、被统治阶级不断反抗那样不尽的争斗中,还能持续地向前发展。因此,就是在阶级利益根本冲突的阶级社会中,社会关系的协调和平衡也是十分必要的。当然,这种协调和平衡与原始社会不同,它不是自在的,而是自为的、自觉的。

中国社会的发展,尤其改革开放以来的经济发展,是毋庸置疑的,但三大差别和社会分工依然存在。因分工不同而组成的社会集团和阶层之间虽然已不存在根本对立的利害关系,但矛盾仍然存在,并且如果处理不当,这些矛盾也会激化。在中国社会变革不断深化、各项事业快速发展的历史进程中,妥善处理方方面面的利益关系,把一切积极因素充分调动和凝聚起来,同心协力,共建和谐社会,将是一个极其重要和紧迫的历史使命。

随着改革开放的深入和经济文化的发展,中国白领、蓝领、农民工和新一代打工者的队伍不断壮大,素质不断提高,成了推动中国先进生产力发展和社会全面进步的根本力量。在社会变革中出现的民营科技企业的创业人员和技术人员、受聘于外资企业的管理技术人员、个体户、私营企业主、中介组织的从业人员、自由职业人员等社会阶层,都是中国特色社会主义事业的建设者。我们社会对为国家富强贡献力量的社会各阶层都要团结,对他们的创业精神都要鼓励,对他们的合法权益都要保护,对他们中的优秀分子都要表彰。我们欣喜地看到,社会正在努力形成全体人民各尽其能、各得其所而又和谐相处的局面。

人人皆知,社会的安定团结是发展生产力的基本保证。就当今而言,社会关系的协调和平衡比任何时期都更为必要、更为重要。在这里,社会关系的协调和平衡指的是社会全体成员的正当利益和要求都能得到最大程度的满足和照顾的理想状态,它同其他阶级社会中被统治阶级的利益和要求只在最低程度上被照顾,而统治阶级的利益和要求在最大程度上被满足的那种协调平衡关系是完全不同的。当然,要达到这种协调平衡的理想状态,最根本的是社会生产力的高度发达;而要发展生产力,又需要社会关系的协调和平衡。可见这两者是互为因果、相互促进的。公共关系正是在其中扮演着重要的双重角色。

在国际关系上,协调和平衡不仅十分必要,并且极端重要。和平与发展仍是当今时代的主题。维护和平,促进发展,事关各国人民的福祉,是各国人民的共同愿望,也是不可阻挡的历史潮流。世界多极化和经济全球化趋势的发展,给世界的和平与发展带来了机遇和有利条件。当然,在当今世界,不公正、不合理的国际政治经济旧秩序没有根本改变,影响和平与发展的不确定因素在增加,传统安全威胁和非传统安全威胁的因素相互交织,恐怖主义危害上升,霸权主义和强权政治有新的表现,民族、宗教矛盾和边界、领土争端导致的局部冲突时起时伏,南北差距进一步扩大,世界还很不安宁,人类面临着许多严峻挑战。

本书作者以为,正是因为国际关系风云变幻,不安定的因素还大量地存在,各国政府和人民才都已开始认识到协调和平衡的重大意义,也为国际公共关系实践提供了广阔的舞台。

3. 必须十分关注社会关系的复杂性和多变性。社会本身是一个开放性的关系网络,社会的丰富性和多样性使每个社会成员成为不同的关系角色,每个角色之间的关系构成极其复杂的形态。人处于社会之中,要同各色各样的关系打交道,并要协调和平衡各种关系。社会关系的复杂性,使得这种协调和平衡具有相当的难度,要把握和驾驭各种社会关系,需要相当高的艺术。古今中外,很少有人能把这种艺术发挥到极致,哪怕是伟人和精明的外交家也很难成为这种艺术的完全的驾驭者。这也从一个侧面说明,对包括现代社会的公众关系在内的社会关系进行科学的研究是至关重要的。

社会关系协调和平衡的困难还在于它的多变性。任何形态的社会关系都是以人为其主体,人的最重要的特征之一是他的主观能动性。从人类整体上说,人的主观能动性主要表现为创造历史的能力。恩格斯认为,"历史是这样创造的:最终的结果总是从许多单个的意志的相互冲突中产生出来的"[1],许多单个人的意志力形成了许多平行四边形的合力,推动着社会的发展。正因为每个人都参加了创造历史的活动,所以历史的发展结果并不完全符合所有人的意愿。恩格斯关于历史发展变化的精彩论述同样适用于社会关系的发展变化。作为人的生存环境的社会关系是一种客观存在,这种客观存在制约着人的存在,但人却可以根据它的规律来能动地使它发生变化,以让它达到自己理想的状态。但由于人们所处的地位不同和对客观存在的认识不同,因此他们要达到的社会关系的理想状态也不同;尽管许多人都在为协调和平衡社会关系作努力,但要完完全全达到自己的理想王国的目标也几乎不可能。因此,要准确协调和平衡整个社会关系的变化发展就变得难乎其难了。

混沌理论对复杂关系进行了深入而有趣的研究,其中关于"蝴蝶效应"的描述颇富隐喻色彩:"亚马逊河流域的一只蝴蝶扇动翅膀,会掀起密西西比河流域的一场风暴。"这个最初对自然界中普遍存在的一类复杂关系的描述,后来也应用到了社会文化现象等的研究,其成果对我们不乏启迪意义[2]。

就人类个体而言,人的主观能动性常常表现为一种主动选择的能力。由于主动选择有相对自由和一定的随意性,因此由选择

---

[1]《马克思恩格斯全集》第4卷,人民出版社,1995年,第697页。
[2] 参见[美]约翰·布里格斯、[英]戴维·皮特:《混沌七鉴:来自易学的永恒智慧》,陈忠、金纬译,上海科技教育出版社,2001年。

引起的社会关系变化同样是比较难以把握的。因选择而发生的社会关系角色的变化以及力量对比的变化都会不同程度地引起社会关系的变化。这样，就使社会关系的协调和平衡增加了难度，光凭日常经验显然是不能完全做好这项工作的。

总而言之，社会关系的复杂性和多变性使得社会关系的协调和平衡十分困难，正因为如此，协调和平衡社会关系就成了一个专门的研究领域。在这个专门的研究领域中，由于学科研究视角不同、研究人员的兴趣不同，可以产生许多不同的理论、方法和操作程序。公共关系学的研究，毫无疑问地应努力劝导研究人员把研究重心落在组织与公众关系的协调和平衡上，并要精心设计有效的策略和招数，进行有效的交流、沟通、劝说和引导活动，使这种关系朝着有利于双方利益和社会进步的方向发展。

二、社会关系的形态

马克思指出，人与人的社会关系是在人与人的具体交往过程中实现的。社会关系尽管复杂多变，但从分析人与人的具体交往着手，仍然可以从总体上把握社会关系的格局及其变化规律。

社会学从多种角度对社会关系的类型进行了区分。第一，从结成社会关系的主体角度来分，可有个人与个人的关系——它是全部社会关系的起点，是社会中最基本的关系；有个人与群体的关系，如一个职员与公司的关系；有群体与群体的关系，如组织之间的关系，它更集中地体现了社会关系的基本倾向；还有社会现象之间的关系，这是高层次大范围的社会关系，如失业现象与犯罪现象的关系。第二，从社会关系存在的形态上可分为静态关系与动态关系。前者指社会关系的构成模式，亦称社会结构，如家庭结构、阶级结构、职业结构。后者指社会关系的相互作用模式，亦称社会互动,主要形式有暗示、模仿、顺应、同化、交换、合作、竞争、冲突和强制等。第三,从交往的密切程度上可分为初级关系与次级关系,亦称首属关系与次属关系。前者指建立在感情基础上的社会关系,它反映人们之间广泛、深入、直接的交往,如夫妻关系、朋友关系等。后者则与此相反,它是以事缘为基础的社会关系,如同行关系、上下级关系等。第四,按社会关系矛盾的性质可分为对抗性关系和非对抗性关系。前者指交往双方的根本利益不一致、发展方向完全相反,如压迫与反抗压迫的关系,战争中敌对双方的关系等。后者指交往双方的根本利益一致、发展方向大致相同,但局部和眼前利益尚有不一致之处,如市场经济社会中竞争者之间的关系。第五,从社会交往的方向与选择上可分为垂直关系与平行关系。中国古代社会的君臣、父子、夫妻之间的关系主要是垂直关系,现代社会的夫妻与兄弟之间主要是平行关系。第六,从社会关系规范化程度上可分为正式关系与非正式关系。前者指已经制度化、比较稳定、有一定程序、受一定原则文本制约的关系,如法律关系等。后者指未制度化、无固定模式、不受原则文本制约的关系,如恋爱关系、朋友关系等。第七,从社会关系建立的基础上可分为血缘关系、地缘关系和业缘关系[①],对此,社会学作了较深入的研究,其中的地缘关系和业缘关系也是公共关系学需要深入研究的内容。

现实的人际交往过程及其特点决定了社会关系的形态,有多少种人际交往形式,就有多少种社会关系形态。根据人际交往的不同特点,从大的方面来说,我们可以对社会关系作如下一些划分。

1. 主体性的社会关系形态。这是根据社会交往的主体特征对社会关系形态进行的一种划分,所以也可称作社会关系的主体

[①]《中国大百科全书》(社会学卷),中国大百科全书出版社,1991年,第300页。

形态。

（1）个人的社会关系形态。这是主体性社会关系的微观形态，在社会学研究中一般称为人际关系形态。这种形态是最基本的社会关系形态。马克思说："任何人类历史的第一个前提无疑是有生命的个人的存在。"①个人活动是人类社会集体活动的前提和基础。所谓集体活动，就是由处在一定具体关系中的个人活动所构成的系统的活动。虽然集体活动的结果并不是个人活动结果的简单相加，但是离开了个人活动，集体活动就是一个没有内容的概念。正因为这样，个人的社会关系形态才是其他社会关系形态的基础，其他形态的社会关系说到底总是通过个人活动来实现的。承认个人的社会关系形态及其地位和作用，对于公共关系学研究来说具有重要的意义。公共关系学虽然只是以社会组织与公众的关系为研究对象，但它决不能脱离个人的社会关系来抽象地研究这种关系，所以公共关系学也要研究个人的社会关系活动。

（2）组织或集团的社会关系形态。这是主体性社会关系的中观状态。公共关系主要表现在这一层次上，换言之，公共关系学主要以这一层次的社会关系形态为重点研究对象。社会关系的组织或集团形态与个人形态的区别主要在于，它不仅指一个组织或集团同其他组织或集团的关系，而且还指组织或集团内部每个成员之间的关系。组织或集团作为社会关系的主体，首先必须自觉地意识到所有成员的共同利益，处理好成员之间以及成员与组织或集团之间的关系，以便形成统一的、共同的目标，这样它才能真正处理好同其他组织或集团的关系。诚然，组织或集团的目标归根到底要通过个人的活动来实现，但这里的个人活动已不完全是本来意义上的个人活动，因为组织或集团的共同目标制约着个人的

---

① 《马克思恩格斯全集》第 1 卷，人民出版社，1995 年，第 23 页。

活动。可见,组织与集团的社会关系形态与个人的社会关系形态固然有必然的联系,但彼此之间亦有质的不同。

(3) 国家或民族的社会关系状态。这是主体性社会关系的宏观形态,对这种关系形态的了解将有助于国际公共关系理论和实践两个方面的推进(国际公共关系主要指组织的跨国、跨文化公共关系)。相比之下,这种社会关系形态有它独特的复杂性,比如它至少涉及三种交往关系:第一,一个国家或民族同其他国家或民族之间的关系;第二,国家或民族与组织或集团的关系;第三,国家或民族与个人的关系。国家或民族有着比一般组织或集团更高的统一目标,要实现这种目标,需要处理好上述每一种关系,所以这三种社会关系形态都有着密切的关联。

上述三种社会关系形态总是相互联结的,高层次的形态包括低层次的形态,制约着低层次的形态;反过来,低层次的形态是高层次形态的基础,高层次形态活动需要通过低层次形态的活动来实现,因此公共关系学对三个层次的社会关系形态都要研究,但重点在中观形态。

2. 缘由性的社会关系形态。这是以社会交往发生的缘由为根据对社会关系形态所作的一种划分,所以也可以称作社会关系的缘由形态,它指的是社会交往缘起的依据或状态。社会关系的缘由形态一般可分为亲缘关系、地缘关系、业缘关系和泛缘关系这四种形态。

(1) 亲缘关系形态。亲缘关系是以血亲为联系纽带的交往,包括家庭关系、亲属关系、婚姻关系等。它是恩格斯所说的两种生产的必然结果[1],同时亦是其他缘由社会关系存在的前提。原始氏族经济和小农自然经济一般以亲缘关系组成社会生产组织,当时并

---

[1] 参见《马克思恩格斯全集》第 21 卷,人民出版社,1965 年,第 29—30 页。

没有严格意义上的公共关系,但是这并不能成为不予以研究的理由。现代社会的组织——包括社会学家韦伯早期研究的组织——有不少就是以亲缘关系为基础的,因此,公共关系研究人员是不可不关注一个国家、一个地区、一些组织的亲缘关系网络的。比如,对有些组织的领导者来说,亲缘会直接影响到他的社会形象,如国家"第一夫人"形象怎样,对于国家元首形象的良好与否具有很重要的作用。读者要留心的是,公共关系与亲缘关系常有着某种奇妙的关联。

(2) 地缘关系形态。地缘关系是以人们生存的地理空间为背景的交往,包括邻里关系、同乡关系、社区关系、城乡关系等。由于人一生下来就必须在一定的地理环境中生活,所以地缘关系也是最早的社会关系形态之一。一般说来,生产力越落后,交通工具越不发达,地缘关系就越牢固,其社会作用也越重要。在现代社会,有些领域的地缘关系的社会作用不仅没有减弱,反而加强了(如美国每四年一次的总统选举,竞选人对地缘关系的调动是其获得政党提名和在正式选举中获胜的关键),因此从公共关系的角度看,地缘关系是一种非常值得重视的关系,比如美国通用汽车公司的公关宗旨之一,就是参加社会事务的每一个环节。社会组织如何搞好与邻里的关系、与所在社区的关系,在中国同样是各类组织公共关系的重要内容。有的企业不顾周围居民的利益和生态环境,胡乱排放废气、废水、废料,严重损害了自己的社会形象,这是缺乏起码的公共关系常识和职业道德的表现。

(3) 业缘关系形态。这是以从事的事业、行业、职业、学业为基础的交往,包括同事关系、同学关系、战友关系、上下级关系等。如果说在人类社会早期和小农自然经济的社会形态中,亲缘和地缘关系是主要的社会关系形态的话,那么在发达的现代社会中,业缘关系可以说"后来者居上",登上了极为显赫的地位。业缘关系是公共关系最为倚仗的一种关系形态。说得更为直接些,组织与公众的关系在很大程度上也就是业缘关系的"公共关系化"。公共关系中的员工关系、消费者关系、媒介关系、政府关系等,都是倚仗各种业缘关系进行劝说和引导活动的。因此,业缘关系是公共关系学研究的最为重要的对象之一。

(4) 泛缘关系形态。这是以特定的时间和空间为条件而遇合的交往,包括朋友关系、路人关系和各种"突发关系"。偶然性和不确定性是它的基本特征。一个"事不关己高高挂起"的人,一般很少有甚至根本没有泛缘关系,但却不可能没有亲缘、地缘和业缘关系。然而对于一个具有强烈的公关意识的人来说,泛缘关系往往会成为开展公共关系活动的契机。如某厂厂长在旅游途中偶然与一日本客商相遇,他就利用这位日本客商对围棋的爱好,主动与他进行"手谈",生发了感情上的联结,结果很快就同日本客商成交了一笔生意,并为该厂同日本方面进行直接贸易打通了道路。可见,泛缘关系虽然有偶发的特点,但正如在科学发现中会有机遇出现一样,泛缘关系也常常会成为公共关系活动的重要机遇。

总之,公共关系学以业缘关系为主要研究对象,但也注意对其他缘由性社会关系形态的研究。

3. 需应性的社会关系形态。这是根据社会交往的动机而对社会关系形态所作的又一种划分,它指的是以某种物质和精神需要为内在动机的交往形式。人的需要是人的本性,没有需要就没有生产,也就没有社会关系。需要作为一种内在动力,促使人们产生各种各样的动机,从而采取各种各样的行为和交往,形成社会关系。公共关系是由于社会组织和公众双方共同利益的需要而建立起的关系,所以公共关系可以说是一种需应性的社会关系形态。

需要具有多样性,对这种多样性可以进行不同的划分。从宏观哲学高度来看,需要可以分为物质需要和精神需要两类。从社会心理学角度谈人的需要的,最有名的可推美国社会心理学家马斯洛(Abraham H. Maslow,1908—1970)了,他于1943年发表的著名论文《人类动机论》,提出人的需求是分层次的。马斯洛需求层次论认为,需要有五个不同层次,由低层次需求向高层次需求逐级提升,它们是生理需求、安全需求、归属需求、尊重需求和自我实现的需求。

公共关系是从人们交往的动机中来区分需求的。在公共关系学看来,需应性社会关系形态一般可划分为需求型关系、给应型关系和交换型关系三种形态。需求性关系是以满足自身需要为出发点的交往形式;给应型关系与之相反,它是以满足对方需要为动机的交往;交换型关系则是两者的结合,同时兼备需求和给应两种动机的交往。显而易见,公共关系从总体上说,是一种交换型关系。在具体活动中,公共关系有时表现为需求型关系,有时则表现为给应型关系,最经常的还是表现为交换型关系,因为公共关系必须考虑组织和公众双方的需要才能形成正常的交往。

第二节 ◇ 社会关系的调节机制和调节手段

社会关系的主体是人,而人是能动的,这就决定了社会关系的多变和易变。一般说来,社会关系的协调和平衡是相对的,而协调和平衡的失去和破坏是绝对的。要在不协调中寻找协调,在不平衡中求得平衡,从而使社会关系处于相对稳定的动态性协调和平衡之中。这在主观上要求人在社会交往中遵循交往法则。交往法则是指社会关系角色在交往中所应有的基本态度和基本表现,只有采取正确的态度和表现形式,人的能动性才能在交往中显示出积极效应。而想求得动态性协调和平衡,在客观上就又产生了调节机制和调节手段的要求。

一、社会关系调节机制的运用原则

社会关系调节机制的运用须遵循三个原则。

1. 要调节社会关系，就需要寻找和确定关系双方的共同点。关系双方的共同点是调节双方关系的基石，缺乏共同点，便没有建立关系的可能。从客观上讲，人的各种社会关系，是出于人们生存和生产的共同需要而建立的。这种共同需要在不同的历史阶段表现为不同的形态。在阶级社会中，尽管对立阶级有根本的利害冲突，但双方之间也还存在着某种共同需要。正是这种共同需要的存在，才使奴隶阶级与奴隶主阶级、农民阶级与地主阶级、无产阶级与资产阶级能够共处一个社会体之中，并进行哪怕是最低程度的合作，从而使生产力在一定程度上得以维持和发展。在阶级社会中，阶级之间的对抗形式经常掩盖了它们的共同需要。在现代公众社会，各阶层、各组织、各集团之间即便有严重的利害冲突，也能在同舟共济这一点上找到根本的共同点。在具体的社会关系上，关系双方还有其他许多共同点，只有找到和确定这些共同点，双方关系才能在调节过程中求得最大程度的协调和平衡，即所谓"求大同，存小异"。反过来，如果关系双方不在寻求共同点上下工夫，而只注意双方的矛盾所在，那么关系就很难协调和平衡起来。矛盾有大有小，小有口舌不慎、邻里纠纷，大有财富分配、贸易摩擦，它们的协调都离不开共同点的寻求和确定。公共关系的格局无论大小，都是以组织与公众共同利益的调节和维护为起始、为终结。

2. 调节社会关系要有好的调节态度和手段。关系双方共同点的确定与调节手段的选择，是一种相辅相成的关系。由于共同点是在调节过程中确定的,所以调节不仅仅是一种手段,而且更重要的是一种态度,要做到有理有节,又要学会谦让大度。

3. 运用社会关系的调节机制,可以选择三种基本处理取向。第一种是补偿性取向,即通过补偿关系的一方或几方在精神上或物质上的损伤或损失来达到关系的协调和平衡,补偿性的常用方法是赔礼道歉或经济补偿。第二种是惩治性取向,即通过法律法规来求得关系的调节和平衡,做到有理有节。第三种是补偿、惩治性取向,即补偿和惩治并用。

公共关系作为组织与公众之间的一种调节活动,其调节机制上的处理取向大多是组织向公众进行补偿,但有些社会组织——如某政府部门——对公众中的害群之马,也会予以惩治,以此来补偿最大多数的公众成员的损失或损伤。总的说来,公共关系的主体方——社会组织(在某种情况下也可能是社会上的某个"公众"群体)出于自身社会形象的考虑会做出各种让步。

二、社会关系的一般调节手段

社会关系的协调和平衡需要相应的调节手段。社会关系是多样的,其调节手段也必须是多样的。有高压手段,也有仁慈手段,更有威德并用的手段;有政治手段,也有经济手段,还有法律、道德、行政等手段并用或交替使用;有正常的手段,也有非常规的手段。调节手段按其灵活性程度还可分为刚性手段和柔性手段两种。

1. 刚性调节手段。所谓刚性手段是指弹性较小的调节手段,一般都有强制性的特点,其结果也常常具有不可逆转性。刚性手段一般是在关系双方矛盾表现得较为尖锐突出时所采取的,也可能是在柔性手段调节失败时采取的手段。具体说来,它包括经济手段、行政手段、法律手段和政治手段。

(1) 经济手段。这是刚性手段中运用最普遍的手段,它是通过现金或物品的补偿或剥夺来解决关系双方矛盾的一种方法,如罚款、赔款等。经济关系是社会生活中最基本的关系,社会关系双方的矛盾经常是由经济原因引起的,解决这种矛盾最常用、最有效的方式显然也是经济手段。在商品经济社会中,经济纠纷层出不穷,经济手段在社会关系的调节中具有十分重要的地位,甚至有些不是因经济原因发生的纠纷,也可用经济手段来解决。

(2) 行政手段。这是中国目前运用较多的一种刚性调节手段,它是通过相对固定的行政关系格局来表示提倡、肯定或反对、否定的取向,以保持社会关系平衡的一种方法。在产品经济体制下,社会经济组织的许多活动是按行政命令来推行的,因而由此产生的社会矛盾也常常通过行政手段来解决。当今中国,产品经济体制仍在起着作用,行政管理部门依然普遍存在,所以行政手段仍是调节社会关系的最重要手段之一。就公共关系的本体而言,它不是行政关系,是不能依靠行政命令来调节社会组织与公众的关系的,但是鉴于中国目前行政手段在社会关系调节中的重要地位,它终究还是成了公共关系的左膀右臂。

(3) 法律手段。这是在现代法制社会中普遍运用的一种刚性调节手段,它通过法定的行为准则来判定是非,并强制执行裁决,以达到社会关系的协调和平衡。法律的强制性特点比其他刚性手段更为突出,所以它是在其他调节手段不起作用的情况下才采用的方法。公共关系活动本身并不表现为法律手段的运用,但两者会产生互补的效应。比如,当组织的名誉和利益受到非法损害,其他调节手段又失效的情况下,便可诉诸法律,以修补名誉和利益,就功能而言也能起到调节组织与公众之间关系的作用。

(4) 政治手段。这是一种刚柔并举的调节手段。政治手段可以是柔性的,如我们通常所说的"思想政治工作"。政治手段也可以是刚性的,它可以通过强制手段甚至武力来赢得关系的协调,比如国际上的某些武装冲突,就是以这种非常手段来调节国家或地区之间的关系。无疑地,公共关系是很少采用武力来"劝说"或"引导"的,但在国家层面,公共关系,特别是国际公共关系,在特定语境中也要考虑到政治调节手段的选择和运用。

公共关系是用言语或其他象征符号来交流、沟通、劝说、引导的,但公共关系必须懂得刚性手段运用的必要性和潜在的危险性,以便更好地发挥自己的柔性调节手段的作用。

2. 柔性调节手段。所谓柔性手段是指伸缩余地比较大的调节手段,交流、沟通、劝说、引导是它主要的方法,通过交流、沟通、劝说和引导,来表明赞同或反对,来调动沟通和传播对象的感情和理智,以达到调节和平衡关系的目的。柔性手段还经常通过影响社会舆论的走向而起到调节社会关系的作用。道德手段、心理手段、礼仪手段等都属于柔性调节手段。

(1) 道德手段。这是社会关系调节中运用最广泛的手段。道德调节具有非强制性的特点,它是通过内心注意、社会舆论和传统习惯等来促使人们自觉地遵守"公共生活准则",以获得调节社会关系的效果。在公众社会中,道德同样具有阶级性,不同的阶级有不同的道德观,但由于"统治阶级的思想在每一时代都是占统治地位的思想"[①],统治阶级的道德观总是支配和调节着整个社会关系。中国清代的思想家戴震曾激愤地鞭挞道貌岸然的理学家们是在"以理杀人",表明了统治阶级的道德伦理思想确有着巨大的调节作用。在任何社会,道德是调节社会关系的主要手段之一。社会道德准则是一把衡量各种道德行为的尺子,社会总是通过舆论来肯定符合这个准则的道德行为,或者谴责违反这个准则的道德行

---

① 《马克思恩格斯全集》第 1 卷,人民出版社,1995 年,第 98 页。

为,来达到调节社会关系的目的。

(2) 心理手段。这也是调节社会关系的常用手段。心理调节是关系双方或几方建立和维系感情的重要方法,它的工作机制是互相"设身处地"地体验和理解对方的感情。它可以通过社会舆论(如广告、宣传等)来达到组织与公众的互让互谅,也可以通过直接接触(如谈心、对话等)来建立和维系彼此间的感情。心理调节的关键在于关系双方或多方的相互理解和信任。

(3) 礼仪手段。礼仪调节既以尊重双方或各方为前提,又是尊重双方或各方的外在表现。中国素有"礼仪之邦"的美称,可以想见,中国古代社会人际关系的稳定,部分地是得益于礼仪的调节作用。不同的文化有不同的礼仪,但古今中外,"微笑"作为一种共享礼仪,其调节社会关系的作用对谁都是一种常识。现代服务性行业都要求工作人员做到"微笑服务",公共关系职业人员都该有一张甜蜜的笑脸,许多一触即发的纠葛往往消融于微微一笑之中。但是,礼仪调节的重要性,在"礼仪之邦"已被许多人忘却,社会上因失礼而引起的纠纷随处可见,人们对此也常感慨不已。礼仪是一种成本最低的柔性劝说手段,公共关系机构和人员应该牢记:一张笑脸、一个鞠躬、一声"对不起",会让你走得很远很远。

第三节 ◇ 公共关系的形态特征和调节法则

公共关系是一种特殊的社会关系,它既具有社会关系的一般属性,又有自己的独特界定。作为一种社会组织与公众之间的交往形式,公共关系当属于前述主体性社会关系的中观层次,即组织或集团的社会关系形态;作为一种专门的职业,公共关系又当归于缘由性社会关系中的业缘关系;作为一种社会组织与公众的双向活动,公共关系本身又是一种交换性社会关系形态。由此可见,公共关系具有上述三种关系形态的综合特点,它不仅有自己的形态特征,而且有自己的调节法则。

一、公共关系的形态特征

一般说来,社会关系活动的主体是组织,客体是公众,但在整个公共关系运行的过程中,这种主客关系是可以转化的,也就是说在某种情况下,组织成了客体,而公众则成了主体。另外,公共关系双方的联结和互动,主要是通过关系主体与客体之间开展的交流、沟通、劝说和引导来实现的。"公关三要素"是公共关系形态特征的基本构成。

1. 公共关系以社会组织为主体。社会组织在维系与公众的关系中起了主导作用。在市场经济社会,由于中央政府的权力相对减弱,社会组织有了更大的主动性。与此同时,随着商品社会的发展,社会关系状态也日趋复杂,由此也要求组织在与公众的关系中更居于主导地位,承担起关系主体应承担的任务。现代市场经济的重要特点是分工的精细化,所有的社会经济活动都必须具有一定的组织性,而且往往是组织性越强,活动成效就越大。一般意义上的公共关系活动实际上是一些大小不等的系统工程,本身需要一定的协调指挥和组织形式。但作为公共关系客体的一方——公众——往往处于相对松散的结构之中,一般会受制于组织化的影响,而社会组织或集团有着更严密的组织形式和工作程序。这样,公共关系活动的企划就顺理成章地落在了组织身上,这也是我们把社会组织看作公共关系的主体的主要理由。

当然,在大众传播媒介大规模的造星运动推动下,一些如政治家、体育明星、知名演艺人员等公众个人,也常成为公共关系的主体,他们所进行的公共关系活动,也常会无可避免地、顺理成章地采取组织的形式。

2. 公共关系以特定公众为客体。作为公共关系主体的社会组织,其工作对象是特定的公众。"公众"在社会学的日常用语中,指的是与"个人"相对应的人群集合体,经常与"大众""群众""民众"等词语混用。但作为公共关系学范畴的"公众"(public)一词,有其特殊的含义,它是指任何与组织发生直接或间接联系的、正在或将会影响到它的形象塑造和组织目标实现的那种特定的社会群体。公共关系意义上的"公众"一定是特定的、具体的,在更严格的意义上,public relations 应该叫作 publics relations。

社会群体成员之间的联系,有的紧密,有的松散,根据这种联系的松紧程度可以将公众分为三类。

(1) 社会组织。社会学的研究表明,社会组织是有组织、有计划地建立起来的一种社会机构,有明确的工作目标和一整套工作制度,并有专人领导工作,成员间有明确的分工和职责范围,等等。公共关系的主体是社会组织,但一个社会组织也可成为另一个社会组织的公众,成为公共关系的对象。

(2) 群体组合。这是指通过一定的固定联系纽带而形成的有较亲密关系的群体,包括由亲缘关系、地缘关系、业缘关系,甚至泛缘关系以及兴趣爱好或共同职业关系而形成的人群,如家庭、沙龙和某些协会等。

(3) 初级群体。这是指因一时面临共同问题而聚集形成的人群。初级群体成员内部不存在必然的联系,其联系的松紧程度取决于所面临的问题的解决难易程度,其联系的存在与否取决于问题的解决与否。

以上三种社会群体能否成为社会组织公共关系意义上的公众,就在于它们是否正在或将会影响到它的形象塑造和组织目标的实现。

（4）公众人物或意见领袖。因身份或处境特殊且能影响舆论的走向而对整个公众可能产生较大影响的公众人物或意见领袖，也是公共关系不能忽视的工作对象。

3. 公共关系以 communication 为过程。这是一种交流、沟通、劝说、引导活动①。如果以为公共关系可以解决社会组织面临的所有问题，那是不切实际的想法。公共关系的活动是有限的，它只是运用信息交流、意义沟通、价值劝说和行为引导手段来协调组织与公众的关系的，目的无非是求得双方的理解和合作。举例说来，如有一个企业与公众发生经济纠纷，该企业诉诸法律，最后法律判决以赔款解决问题。那么，该企业在这里采取的是法律手段和经济手段，而不是公共关系的交流、沟通、劝说、引导方式和程序。

4. 社会组织与公众之间的交流、沟通、劝说和引导，必须遵循一定的职业伦理规范。信息交流和意义沟通必须是双向的、平等的，单向的宣传、自上而下的灌输，不是交流和沟通，是宣传和灌输。劝说也是要讲究规矩和章法的，就是说劝说要讲诚信，要晓之以理、动之以情，而且常常要经过一番耐心的、艰苦的，甚至是长时间的劝说过程。毫无疑问，"劝说"的目的是为了"劝服"，"劝服"是"劝说"的题中之义。公共关系的"劝说"有时并不能达到预期的"劝服"目的或"劝服"效果，但这并不意味着"劝说"的失败。这恰

---

① 40 年来，communication studies 一直被译为"传播学"，intercultural communication 被译为"跨文化传播"，organizations communication 被译为"组织传播"，但就 communication 这个英文单词的本义和内涵而言，并不是"传播"的意思。这些"世纪误译"始终未能被矫正过来（除了 interpersonal communication 已经不再译为"个人传播"，而终于改译为"人际沟通"）。公共关系以 communication 为过程，这是一种交流、沟通、劝说、引导活动。本书作者来了一个矫枉过正，把它演绎为"交流、沟通、劝说、引导"，让 communication 坐正了自己的位置。communication studies 研究的不仅仅是"传播"，公共关系学三要素中的 communication，讲的是"信息交流、意义沟通、价值劝说、行为引导"，也不是极为笼统的"传播"二字所能涵盖的。

恰说明了"劝说"的过程性和过程的艰巨性。公关过程有了信息交流、意义沟通和价值劝说,还必须有行为引导,行为引导才是公关过程的最终落点。

二、公共关系的调节法则

一般说来,社会关系的调节法则是由关系形态所决定的,这就是说,有什么样的关系形态,就有什么样的调节法则和调节手段。社会关系的一般调节法则有理解法则、互补法则和从善法则。这是因为:第一,社会关系的主体是人,人是一种理性动物,社会关系的协调平衡都是一定程度上的自觉活动,诉诸理性的相互理解是关系协调平衡的重要条件。无疑地,相互理解有程度上的深浅之分,但任何社会关系的协调平衡,总是建立在最低程度的相互理解的基础上的。在公众社会,人们更应在充分理解的前提下来协调平衡各种社会关系。第二,人是由共同需要而结成社会关系的,因此,社会关系的协调平衡本身就有关系双方需要互助互补的要求,如果关系双方的需要不是互补互助而是你死我活的,那么协调就成了多此一举。第三,人的需要有善恶之分,社会关系的调节要从善弃恶,才能做到真正的协调平衡。当然人们对伦理行为和"善恶"这一对伦理学基本范畴有不同的理解。大致的共识是:善者,指的是对社会、对他人有益无害的人;恶者,指的是对社会、对他人有害无益的人。但在黑格尔那里,通常人们认为的"恶",竟然"是历史发展的动力借以表现出来的形式"[①]。善恶的最终分界,就在于行为结果是否有利于社会历史的发展。因此就从善法则来看,

---

① 参见[德]恩格斯:《路德维希·费尔巴哈和德国古典哲学的终结》,《马克思恩格斯全集》第21卷,人民出版社,1965年,第330页。

任何社会关系的协调和平衡都应当建立在有利于社会生产力发展的基础上,事实上,也只有在这个基础上,社会关系才能真正得到平衡。

作为一种社会关系形态,公共关系应当遵循上述一般社会关系的调节法则;作为一种特殊的社会关系形态,公共关系又有自己的调节法则。公共关系是一种以社会组织为关系主体的需应交换型的关系形态,这种关系形态决定了公共关系的三个调节法则,即互惠互利法则、主动法则和承诺法则。

1. 互惠互利法则。公共关系活动的目的是要使社会组织和公众相互了解、和谐合作,从根本上说,公共关系的驱动力是双方的利益要求,因此,公共关系活动要使关系双方在相互了解、精诚合作的基础上使双方利益要求都得到满足。公共关系的互惠互利法则,不可理解为公共关系仅仅是组织与公众之间的一种利益关系,无需情感的交流和道义上的相互帮助。恰恰相反,公共关系正是要建立一种情感融洽、富有职业道德的相互了解、相互合作的关系,只有在这种关系状况下,才能真正做到互惠互利。可见,公共关系的互惠互利法则本身就含有情感交流的内容和职业道德的要求。

2. 主动法则。社会组织是公共关系的主体,是关系调节的主方,处于关系主导地位的组织必须在关系调节中积极主动。一般的人际关系双方互为主客,积极主动是关系调节中对双方的要求。但公共关系不一样,公众一方常在客位,主动法则主要是对组织而言的。根据主动法则,作为公共关系活动的信息交流、意义沟通、价值劝说和行为引导等事宜,须由社会组织来主动策划。当然,公众成员也可以主动了解社会组织或让社会组织了解自己,这也是题中应有之义。

3. 承诺法则。这个法则同样是对社会组织而言的,就是说,社会组织要具有满足公众合理需求的承诺勇气和应承能力。比如产品的"三包"承诺，必须说到做到。否则，公共关系就会走向反面，非但不能调节好关系，反而会破坏原有的平衡。有的组织或个人，常常信口开河，乱开空头支票，到头来所有承诺都成了一张废纸。承诺不能兑现的后果，要么迎来一场官司，要么失了公众的信任。这种违背承诺法则的做法是职业公共关系的大忌。

第四章

公共关系三要素

就本书对公共关系所作的工作定义而言,公共关系的构成要素就是:第一,作为主体的社会组织;第二,作为客体的公众;第三,将主体与客体联结起来的交流、沟通、劝说和引导这一过程。在公共关系的静态存在和动态操作的每时每刻,这三个要素都是浑然一体、密不可分的。但是由于研究的需要,可以而且必须对它们进行分别的讨论。在前几章中,我们对这三个要素已有初步的接触和了解,为了更好地理解组织与公众发生关系的一般过程、范围和特点,本章将对它们逐一进行阐述。

第一节 ◇ 公共关系第一要素:作为主体的社会组织

对社会组织,不同的学科可以从不同的角度进行考察。社会学总要探讨社会组织的一般属性和一般类型,组织行为学感兴趣的是社会组织的一般行为及其规律。而这里我们要讨论的是社会组织与公共关系有密切关联的一些话题,包括社会组织的运行及其关系因素,社会组织的形象以及组织的公关目标等问题。由于公共关系学是一门综合性的边际交叉学科,这里对社会组织的探讨难免会与其他学科有重叠之处,但探讨的立足点和着重点还是同其他学科有明显的区别的。

一、社会组织的运行及其关系联结

社会组织是人们为实现特定目标而建立的共同活动的群体,在社会学里常称为次级社会群体。人类社会进入工业社会以后,社会生产力飞速发展,社会分工越来越精细,社会生活和社会关系越来越复杂,这种初级社会群体在很多方面已无法适应社会发展和社会活动的需要。因此,完成特定目标和承担特定功能的社会组织的大发展就成为近现代社会发展的必然趋势。

让我们先来了解社会组织有几个基本特征。第一,每个组织都有自己的若干特定目标,这些特定目标集中体现了一个组织的存在理由。第二,每个组织都有一定数量的固定成员,最小的组织系统也至少由两人或两个以上的人组成。第三,组织结构的制度化。组织是通过自己构建的权力结构体系,来协调上上下下及各个职能部门或个人之间的活动的。第四,组织成员行为的规范化。组织通过自己建立的奖惩制度,制约组织成员的活动,维护组织活动的统一性。第五,每个组织都是开放的系统。社会组织每时每刻都在与外部环境和内部环境互动,并相互制约着彼此的存在和发展。

社会组织的类型,按照组织规模,可分为小型、中型和大型组织;按照组织成员之间关系的性质,可划分为正式组织和非正式组织;按照组织的功能和目标,可分为生产性组织、政治性组织和整合性组织;按照组织对成员的控制类型可划分为强制性组织、功利性组织和规范性组织。国内有些学者将社会组织分为经济组织,政治组织,文化、教育、科研组织,群众组织和宗教组织等类型。

组织类型的划分是相对的,人们可以从研究和分析的需要出发,选择恰当的分类标准。许多公共关系学著作将社会组织分为营利性组织(如企业)、非营利性组织(如政府)和第三类组织(如慈善机构)。

在现代公众社会,人们常能以群体的形式组合在一起,来加强满足自身需要的能力。建立在社会分工基础上的专业组织,将具有不同能力的人聚合在一起,从而更加有效地满足人们的多种需要。大小不同、功能各异的社会组织构成了现代公众社会的主要基础。关于组织的知识和研究,已发展成为一个独立的综合性学科,称作组织社会学。

公共关系学侧重于研究社会组织如何围绕其目标,在运行过程中实行对公众关系的管理。目标是相对过程而言的,社会组织完成工作目标的过程就是通常所说的社会组织的运行,社会组织只有通过运行才能达到工作目标。比如工厂只有通过有组织、有计划的生产运行程序,才能生产出产品;学校只有通过按教学大纲而组织的课堂教学、课外辅导等具体运行活动,才能培养出人才等。因此,运行是社会组织的一种本质属性。一个组织如果停止了运行,就会处于瘫痪状态或名存实亡。社会组织的运行又是在一定环境中实现的,它必然要涉及多方面的因素,其运行过程也必然是一种不断与环境诸因素发生种种联结的过程。比如,工厂在运行过程中,必然会涉及工人、政府、消费者、传播媒介、所在社区等因素并与之发生联结;学校在运行过程中,则同样会涉及教职员工、学生、政府主管部门等因素并与之发生联结。

社会组织在行动过程中要发生关系联结,虽然它发生在各个方面,但概括起来,不外乎人的联结和人以外的各种因素的联结两大类。人的因素包括人力(智力和体力)、人情、民意等。人以外的因素有物和信息,包括材料、设备、能源、自然环境和各种资讯。特别要指出的是信息对公共关系的极端重要性①。由于公共关系说到底是一种人与人之间的关系,公共关系的着重点当在组织运行中人这一因素的联结上。但人以外的因素对人的因素有重大的影响,因此,组织在其运行中也要十分重视同信息及物的因素的关系联结。公共关系要协助处理好这些物或信息与人的关系因素,因此公共关系具有管理的职能。

对公共关系来说,组织运行过程中涉及的因素还可以作另一种划分,即可把它们分为外部环境因素和内部组织因素。这是与上述信息及物的因素和人的因素的划分相互交叉的一种划分。比如,物的因素有一部分是外部环境因素,如自然环境,另一部分则是内部组织因素,如设备;同样,人的因素也可分为内部组织因素(如员工)和外部环境因素(如公众意向)。公共关系要协助处理好这种内外关系因素,因此,人们常说公共关系是"内求团结,外求发展"的一门艺术。

信息及物的因素和人的因素、外部环境因素和内部组织因素的相互联结、相互作用,就构成了组织运行的环境。在一定意义上说,组织的运行是受其环境制约的。但是,这并不意味着组织在其环境面前是无能为力的被动的社会实体,这也并不意味着组织的运行完全是消极适应环境的活动。事实上,社会组织的工作目标就是为了在适应环境的过程中同时改变环境,社会组织为实现目标而进行的运行是它与现实环境关系状态发生变化的根本动力和原因,这正如人的实践活动是人与环境的关系状态发生变化的根本原因一样。一个工厂要同工人、消费者等因素改善关系,一个学校要同教职员工、学生等因素建立和发展关系,除非运行,别无他法;而如果运行不当,彼此之间的关系就会走向反面以至

---

① 关于信息及其沟通问题,将在第三节进行专门的讨论。

恶化。

总而言之，社会组织的运行是组织的一种本质属性，组织在其运行过程中必然要同由物与人、内与外诸因素组成的现实环境发生关系，而这种关系的形态变化也只有在组织的运行中才能发生。可以说组织与环境的相互作用过程就是组织的运行过程，而社会组织的工作目标也只有在这种运行过程中才能实现。

值得指出的是，"运行"与"作为"是紧密相连的两个概念。一个组织无论是"有所作为"还是"无所作为"，只要存在一天，就必须运行一天。运行正常，可能是"有所作为"，也可能是"无所作为"或"无为而无不为"。一个组织无论是"有所作为"，还是"无所作为"，或者是"无为而无不为"，都是一种组织意志或状态直接或间接的表现。因此，公共关系部门应该靠着预警机制，时刻关注组织的生存发展环境和社会公众对组织的期待，及时调整组织与环境的互动状态，以便"有所作为"，或"无所作为"，或"无为而无不为"，以实现与环境的和谐共处。

二、社会组织的外观形象和内在精神

社会组织为了达到自己的工作目标，必须不断地运行，以不断地保持和改善同现实环境诸因素的关系。在这个过程中，组织自身的形象也会随之而处于动态变化之中。

组织的形象是指它在运行过程中显现的、在公众心目中形成的行为特征和精神面貌，它既指组织的外观形象，又涵盖了它的内在精神。所谓外观形象，是指组织在实现工作目标时所展示的各种象征系统，如组织成员的行为模式、话语风格、服务规范、企业标识、产品设计以至厂房造型和制服选择等所有看得见摸得着的东西。内在精神是内在的，看不见摸不着，但内在精神是可以通过外观形象来表现的。组织在运行中可以通过各种象征符号来显现自己的价值指向、职业道德水准、待人处事的基本行为准则等内在精神。一个组织的外观形象总是根植于并能反映出它的内在精神的。

　　社会组织的内在气质与外观形象的结合就是它的管理高层及公关职能部门公关意识的实现。当组织的内在精神与外观形象相一致时，它的公关意识的实现就比较完美；反之，当两者相互背弃或分离时，组织的公关意识的实现就有了问题。公关意识不能得以实现，情况大多不外乎这几种：要么内在气质败落了，要么外观形象的设计错位了，要么内在精神积累有余而外观形象表现不足，要么外观形象过于张扬而内在精神太过虚弱。一个组织的外观形象与内在精神始终会表现出各种程度的不平衡性，这就要求我们的公关职业部门和人员不断地审视自身，找出组织上下公关意识实现的缺口。有的组织不惜工本大肆包装，而忽略了内在精神的培养，时间一长，盛名之下其实难副。有的组织念念不忘员工内在精神的培养，而对各种象征系统的管理不闻不问，以致弄得金玉其内而败絮其外。努力实现组织外观形象与内在精神的完美结合，是一个组织的管理高层、一个自觉的职业公关人员应追求的目标。

　　社会组织外观形象与内在精神之间的协调和平衡，是它在整个运行过程中必须关注的问题，因为稍有闪失，就会对组织工作目标的完成造成负面影响。在现代公众社会中，一个组织的内在精神和外观形象是其最重要的无形资产。拿一个企业来说，如果它在公众中声誉卓著，那就能招揽更多的顾客，吸引更优秀的人才，增强内部的凝聚力，获得更可靠、更划算的供销渠道，还能受邻里和所在社区居民的拥护和帮助。可见，社会组织的内在精神和外观形象的良好与否对组织是件生死攸关的大事。

三、公共关系的工作目标

社会组织的工作总目标是组织生存的根本原因,因此,组织内部的所有分工部门及其成员的一切工作都必须围绕这个总目标展开。谁离开了组织的总目标,谁就在事实上脱离了这个组织。公共关系是组织在完成工作总目标过程中派生出来的工作内容,因此它必然服从和服务于组织的总目标。一方面,公共关系的工作目标相对于组织总目标总是处在从属的地位;另一方面,公共关系工作目标的制定和实现也会直接或间接地影响组织总目标的调整和执行。

公共关系必须服从和服务于组织的总目标并不意味着公共关系是可有可无的。在现代公众社会中,一个没有公共关系的社会组织,要想与各公众群体达到相互理解和精诚合作,是不可想象的。这是因为社会组织在完成工作总目标的运行过程中,必然要与现实环境诸因素发生关系并会不断遇到关系变化的挑战:关系的变化又必然引起组织自身形象的变化,而自身形象的变化又会直接影响组织的运行及其工作总目标的实现乃至它的生存。以树立和改善组织形象为己任的公共关系工作对任何一个组织都有十分重要的意义。

社会组织的形象变化要么变好,要么变坏。如果组织的形象变化是不利于组织工作总目标的完成的,那么就是一种非良性的甚至是恶性的变化;如果它的变化是有利于组织实现自身的工作总目标的,那么就是一种良性变化。具体地说,公共关系工作的目标可粗略地分为三种:第一,当社会组织的形象发生非良性或恶性变化时,尽可能地促使它朝相反的方向转化,至少要阻止它继续恶化的势头;第二,当社会组织的形象产生良性变化时,保持它的发展趋势,并进一步把它引向深入;第三,在社会组织的形象比较模糊时,尽可能建立起一个相对清晰的良好形象。

由于组织的形象是一个复杂的多维度动态概念,因此,为改善这种形象而工作的公共关系也必然包括多方面的具体工作内容。从理论上说,公共关系的工作内容就是对组织运行所要涉及的关系状态及其变化进行信息处理[①]。在此基础上研究组织形象及其变化趋势(包括组织形象的评估、分析和控制等),并作出相应的调整,这实际上也就是公共关系的理想性工作目标和工作要求。

必须指出的是,公共关系工作目标的实际贯彻在组织的具体运行过程中,还会受到其他因素的牵制。首先,社会组织的运行是一个历史过程,在它的运行中,一些职能部门不仅有自己的"份内"工作,同时又会承担部分属于公共关系工作范畴的工作,这样就有可能与专业的公共关系部门出现某种不协调。有些新成立的公共关系部,冷冷清清门可罗雀,有的成立伊始就有被撤销的危险。究其原因,常常是公共关系部门与广告部门、计划部门、销售部门等职能部门的协调出了问题。其次,社会组织的总体运行水准往往决定了它的公关水准。一个组织倘若规模小、历史短、资金紧缺、管理水平低下,就很难开展对自身形象的研究,更无能力建设自己的信息库,它的公共关系工作就只能维持在低级层次。解决此种现状的好办法是根据组织的实际情况,恰当地确立容易实现的公共关系目标,以与组织运行的总体水准同步进行。

一个组织的公共关系水准与公关专业人员的素质有着密切的联系。如果公共关系专业人员缺乏对组织形象及其变化趋势的研究和把握能力,那么他们的公共关系工作就只能停留在低层次的信息处理的水平上了。如果公关人员只知敬烟倒茶、寒暄应酬,忙

---

① 包括信息收集、整理、分类、统计、分析、归档、反馈和产生行为等。

于迎来送往,那么他们做的就只是一般的接待工作了。

四、社会组织的代言人:公众人物

2001年6月,时任美国总统布什和俄罗斯总统普京在卢布尔雅那举行首次会晤,俄罗斯《消息报》在会晤当天发表了短文,标题为《不同星球的人》,用对比手法描述了两位总统在生活习惯、个人喜好和工作风格上的巨大差异,说他们就像是来自不同的星球似的。总爱迟到的克里姆林宫主人注重细节,事无巨细,都必钦定;遵守时间的白宫主人喜欢战略大计,忽略小事。前者是个"夜猫子",上午10点以前从不到克里姆林宫、从不安排会晤;后者是个"百灵鸟",晚上10点前就上床睡觉。两人各有两个女儿,年龄大致相仿,都是他们的掌上明珠。一个不干涉女儿们的生活,另一个根本就不让女儿们公开露面。他们的信仰大不相同,普京经常去教堂,但从来没有像布什那样每天早晨做祷告。普京特别喜欢柔道,在体育馆做半小时热身运动后才开始自己的工作日,有时这也是结束工作日的方式。布什酷爱棒球,在得克萨斯生活的时候还积极参加棒球队的活动。早晨,如果有时间,他会看体育报刊。与普京不同,布什从内心不太相信电脑和互联网,但有时却爱玩电脑游戏,还喜欢打扑克。

俄、美两位总统的个性特征及其差异跃然纸上。其实,两位总统的个性细节早已通过总统身边的发言人和全球的大小媒体传播得尽人皆知。不难理解,普京和布什已经不再仅仅代表他们本人,因为各自代表了俄罗斯和美国,他们的个性特点不仅是引人注目的新闻素材,同时也是公众关心的公关材料。在这里,普京和布什都是公众人物。上面我们说过,公共关系的一般目标就是改善组织的形象。随着传播技术、传播手段的多样化发展,随着组织形象设计和传播的多方向、多层次展开,公关的主体除社会组织之外,必然还包括社会组织的代言人。这些代言人已经不再是自然人,而已成了对社会组织形象会产生重大影响的公众人物。

总统、王室成员是国家、政府和王室的公众人物,上市公司的首席行政执行官和董事长是企业的公众人物,作为某组织形象代言人的模特、体育或电影明星就成了该组织的公众人物。企业领导人的公众人物形象有时能为企业的公关活动带来意想不到的成效。从杰克·韦尔奇的管理格言,到菲尔·耐特钟爱耐克鞋;从可口可乐总裁在电视上大喝可口可乐,到500强首脑聚会《财富》论坛,都是组织公众人物试图吸引公众注意的范例。

在亚洲金融危机期间的1997年11月24日,日本著名的山一证券因不良债务缠身而宣告破产,社长带领证券公司高层领导召开新闻发布会。面对众多媒体记者和一大片摄像机镜头,社长宣读完破产决定后,站起身来对着镜头鞠躬谢罪,哽咽着说山一证券的破产责任全在于公司最高管理者,和员工没有关系。山一证券的7 000多名员工个个工作努力,全是优秀的员工,希望其他公司能够帮助他们重新就业。说到动情处,社长泪流满面。没有想到,这组镜头成了破产新闻发布会上最大的新闻,经过电视台反复播放,帮助山一证券员工重新就业立刻成了社会公众关心的话题。在公司破产的最后一刻,社长成功扮演了公众人物的角色,赢得了公众的好感。有消息称,其实是公关公司事先安排了社长最后的这段讲话,但公关策划人员没有想到社长真情流露,激动得流下了眼泪。

博雅公共关系公司曾就企业领导人在企业发展中所起的作用,调查了美国35个行业350多家大型跨国公司的2 500多名高级经营管理人员。调查结果显示,首席执行官的声望占企业总体形象的40%。60%的受访者认为企业领袖的首要任务是将企业的发展方向清晰地与公众进行沟通。75%的受访者相信,在危机关头,人们倾向于信任具有良好声誉的首席执行官所管理的企业。博雅由此得出结论,在今天的商业社会中,首席执行官也需要作为一个品牌而加以管理。美国宾夕法尼亚大学沃顿商学院教授戴维·拉克认为,接受博雅公关公司调查的首席执行官,其声誉每提高10%,就会导致公司股票市值增长24%[①]。

第二节 ◇ 公共关系第二要素:作为客体的公众

社会组织的形象主要是由作为公共关系客体的公众来评定的。社会组织在运行中将面对什么样的公众?其特点如何?对社会组织是如何作出各种反应的?这都与组织的形象能否按预期设想得以树立有着直接的关系。换言之,这将对公共关系工作目标的实现、公共关系活动的成效发生直接影响。可以想象,对公众这一概念的把握,对于公共关系从业人员来说是至关重要的。正如国内外许多公共关系学专家和公关主管们经常指出的那样,公共关系实际上是一种"公众关系"。因此,几乎所有系统地论述公共关系的专著和教科书都必须对公众概念进行透彻的阐述。在这一节我们将主要讨论"公众"的一般含义,在后面的章节中再作更为深入的探究。

一、公众的基本特性

我们在前几章已对公众这一概念进行过初步的讨论,那么如

---

① 参见[美]莱斯丽·盖恩斯-罗斯:《首席执行官资本——构建首席执行官声誉和公司成功指南》,沈国华、刘建明、周建松译,上海财经大学出版社,2005年。

何给公众下一个更为简明的定义呢？根据国内外公共关系学界的通常说法，我们把公众定义为：任何与组织发生直接或间接联系的、正在或将会影响到它的形象塑造和组织目标实现的特定社会群体。作为公共关系客体的公众具有如下四个基本特性。

1. 公众的同质性。公众的同质性指的是公众成员的"同质程度"。一个"特定社会群体"之所以成为某一个社会组织的公众，就是因为他们一起与该组织发生了足以影响到它的形象塑造和组织目标实现的联系。这就是说，这一社会群体的各个成员都面临着相同或相似的问题，对问题抱着相同或相似的看法，在行动上有相同或相似的倾向。正因为有着这么多的"相同或相似"，他们才成为公共关系工作的目标和关注的焦点。从这个意义上说，要识别一个组织的公众，就要看他们就该组织而言有着什么"相同或相似"的问题、对问题有着什么"相同或相似"的看法、在行动上有着什么"相同或相似"的倾向。

2. 公众的相关性。公众的相关性指的是公众与组织之间的"相关程度"。社会群体虽然广泛存在，但不是"每个"社会群体都与哪个社会组织发生关系的。凡不与哪个组织发生关系、不影响该组织形象塑造和组织目标实现的群体，只是一般的"大众"而已，并不构成该组织的公共关系意义上的"公众"。公共关系意义上的公众必定是与该组织"相关的"。所以，要确定一个组织的公众，必须界定该组织目标和利益与若干种公众目标和利益的相关之处，从而确定每一种公众的"相关程度"，并根据这种相关性来制订组织公共关系的相关计划。

3. 公众的特定性。公共关系学里所说的公众必须是特定的。他们处于特定的环境之中，在某个特定的领域里面临某个特定的问题，并由此与特定的组织发生特定的关系。特定组织的特定公众可以来自某特定地区或某个特定的年龄段，有着鲜明程度不一的特定性。比如儿童对于玩具商店,在公共关系的意义上,并非泛指全世界的儿童对于全世界的玩具商店,而常常指某个特定地区、特定年龄段、特定家庭经济背景的儿童对于某家特定玩具商店在特定时期内展示、销售的特定玩具。

4. 公众的可变性。公众的圈定是由组织或该组织的公关部门作出的。组织的公关部或专业公关人员在自身组织的运行过程中,通过对各种社会群体的"同质性""相关性"和"特定性"及各种有关资料的分析,来圈定公众并进而开展工作。由于组织的运行处于动态过程中,因此作为工作对象的公众也必然处在变化中。变化情况多多。第一种情况是,一旦问题解决,公众就自然消失,但随着新的问题的产生,可能又引出了新的公众。第二种情况是,尽管老问题解决了、新问题来了,但公众依然是原来的公众——尽管他们面临的问题变了、与组织的相关程度也变了。第三种情况是,尽管问题的解决指日可待,但公众的期待突然升高了。公众与组织处在同样的大环境中,受到大环境因素变化的影响,不仅组织要有应变,公众也会不断应变。外部、内部因素的变化,一定会导致公众的"同质性""相关性"和"特定性"的变化。可以说,这"三性"均各自包含了"可变性"。

自 20 世纪 90 年代以来,随着互联网络逐渐步入高速发展的快车道,网站和网络用户都在以几何级数的速度增长。作为获取信息和相互沟通最新传播媒体的互联网,日新月异的新媒体和自媒体,快速而全面地介入人们的日常生活,并挟其数字化、多元化、全球化和小众化,唱着实时性、交互性、广容性和易检索的高歌,迎来了一个正改变着人类生产、生活、生存方式的网络时代。作为公共关系客体的公众,自然被赋予了全新的含义,已成为公关学术界和公关行业最为重要的研究课题之一。

中国互联网络信息中心 2020 年 9 月 29 日发布的《第 46 次中

国互联网络发展状况统计报告》,让我们获得了最新的权威统计资料。据统计,截至2020年6月,中国网民数已达到9.40亿人,互联网普及率达67%,中国网络视频(含短视频)用户已达8.88亿人,中国手机网民数已达9.32亿人[①]。

以上统计数据说明了互联网对"公众"——公共关系意义上的公众的影响之大、之深、之广。就当前和今后若干年内而言,我们的"公众"——任何与社会组织发生直接或间接联系的、正在或将会影响到它的形象塑造和组织目标实现的特定社会群体——中成千上万的人,就是已经跨入新千年第20个年头的网民。这些网民本身已经构成了一个"特定群体",他们中相当一部分人已经或将要成为组织的各种"公众"的中坚分子。这个网民特定群体,在公共关系专业人员的职业眼光中,是不能笼统地被称为"网民大众"或"广大网民群众"的。从今往后,作为"公众关系"的公共关系,其生死成败,将很大程度上维系在这些"网民公众"的身上了。

公共关系职业人员用已有的数码技术及相关先进手段,可以在互联网上把这个庞大的、不难界定的网民公众按各类指标分解成成千上万个"个体",各各"请来"——按每个个体的不同需求或特征送上"定制"的劝说话语。举个真实的例子。本书作者在美国广告业权威刊物《广告时代》网站注册登记时,填写了本人对广告和营销战役的最新动态感兴趣,第二天就陆续收到该网站特别编发的短信,均是登记着她或他感兴趣的全球知名品牌最新的广告营销动态,平均每周有5—6条这样的信息。成千上万像本书作者一样的个体,由于面临着相同或相关的问题,自然而然地组合成了

[①] 见中国互联网络信息中心2020年9月29日发布的《第46次中国互联网络发展状况统计报告》。

该广告杂志和网站的公众①。

具有"同质性""相关性""特定性"和"可变性"的"公众"——作为一个特定群体的公众，怎么化解成千万个有名有姓、有头有脸的"个体"呢？公共关系还叫不叫"公众关系"了？难道互联网时代、新媒体时代、数据为王时代的公共关系可以称为"公共个体关系"了吗？或者这样一来，就有了"公众公共关系"和"个体公共关系"两种不同的公共关系了？这些一时难以有个确切说法的问题，难道不是向我们的公共关系研究和从业人员提出了一种全新的挑战吗？

从研究和操作两个角度看，互联网时代的公共关系可以分为"公众公关"和"个体公关"两类。数码信息技术和新媒体的高速发展及互联网日新月异的运行方式，不仅对传统公共关系学理论体系提出了全新要求，而且给公关从业人员和研究人员提供了前所未有的机遇。互联网和数据库，正者可以用来克邪，邪者也能用来乱正。互联网和数据库能使一个组织、一个公众人物一夜之间名扬全球，但也可让他一着不慎，满盘皆输。当一连串数据可以即时地、同时地、精确地做成极具个性的劝说性文本或图片或影视音像节目，传达至千万个个体目标的时候，也是有章法可循的。所谓"个体公关"不过是公众的"同质性""相关性""特定性"和"可变性"的数码化，公众分类的细密化、精确化而已。互联网再发展，数码技术再细密、再精确，世界变得再眼花缭乱，还是有不变的规律的，所谓万变不离其宗。公共关系的学科框架、交流沟通劝说引导的一般过程、公共关系意义上的公众的基本分类，依然未变。变的是环境，是技术，是路径，是公共关系的策略和招法，以及由此引来的新的研究课题和新的成功机遇。

---

① 参阅 www.adageglobal.com 这一网站。

二、公众的分类

就公众的定义和四个基本特性而言,它是一个集合概念,在内涵和外延上有着广泛的指代性和较为复杂的构成。为了研究和操作的需要,对公众进行分类是十分必要的。用一般分类学方法,可以按公众内部的"同质性"种类和程度来划分,也可以按公众与组织的"相关性"种类和程度来划分。纵览国内外公共关系学的权威著作,大多是按照"同质性"和"相关性"以及公众的自身所处状态及发展阶段来对公众做出分类的。同质性、相关性的分类是一种横向分类,按公众的自身所处状态及发展阶段的分类是一种纵向分类,这样横、纵一分,一个组织的公众轮廓就可豁然显现。

1. 公众的横向分类。横向分类的根据是,社会组织在运行过程中会产生各类问题,因问题的不同会形成不同的公众,而属于同一社会群体或组织的公众就构成了"同质性"。因此,横向分类可以叫"同质性"分类(说了同一公众的"同质性",也等于说了不同公众的"异质性")或"相关性"分类。说通俗一点,横向分类又可称为问题导向分类。对因问题的不同而形成的不同的公众进行横向分类,目的是为了更好地理解各类公众在其与组织的关系中不同的角色地位和角色作用,便于公共关系活动有针对性地分别解决各类问题,协调组织与各类公众的关系。根据这种分类原则,公众一般可分为以下几类。

(1)内部公众——组织内部的所有成员。人们对公共关系的公众,常常有一种误解,以为仅仅指组织外部的公众对象,殊不知组织内部员工这个特定群体也是公共关系的公众,不仅如此,内部公众对公共关系来说是一种特别重要的公众。道理很简单,公共关系要树立组织的良好形象,内部公众对自己组织的评价有特殊的意义和作用。因此如何协调与内部公众的关系,是公共关系工作中最重要的环节之一。内部公众不是内部成员的简单相加,内部公众同样可以根据他们所面临的问题的不同而分成好几类,如在一个企业里,就可有管理班子、白领群体、蓝领群体、青年群体、妇女群体等各种不同的内部公众,他们各自具有同质性,与作为整体的组织又有不同程度的相关性。

(2) 政府及各政府管理部门公众——对组织行使管理监督职能的政府及其管理部门。倒过去说,政府及其管理部门作为公共关系的主体的时候,总有着它们自己的公众对象。但对别的组织来说,政府及其管理部门也可以成为他们的公关客体、他们的公关对象。尽管这种对象有一定的特殊性。在中国,由于市场经济规范化需求、儒释道文化及社会制度诸种因素的交叉影响,各组织搞好对政府及其管理部门的公共关系,具有特别重要的意义。

(3) 顾客公众——组织所经营的产品或服务的消费群体。这里的"产品"是个广义的概念,既包括物质产品,也包括精神产品。这里的"消费"也是广义的,包括商品消费、服务消费和信息消费等。顾客公众也常被称为消费者公众。对于包括企业在内的许多组织来说,这类公众是最基本、最相关的公众。组织如何劝说、引导作为特定消费群体的顾客公众,在任何商品经济社会中,将在很大程度上决定它的各种目标的实现、它的生死存亡。

(4) 事件性公众——由某突发性事件、天灾、人祸而形成的公众。2012年,在惹得全国舆论一片哗然的河南周口强制平坟事件中,反对强制平坟的周口百姓无疑成了周口市人民政府棘手的事件性公众。这一事件还引来了《人民日报》、央视新闻、《环球时报》等各大媒体的质疑,这个突如其来的、由事件而生成的"问责媒体群"也成了周口市人民政府必须慎重应对的又一事件性公众。同年11月,贵州毕节市5名男孩因在垃圾箱内生火取暖而导致一氧化碳中毒死亡,消息一经曝光,毕节市人民政府也被迫站在了国内各大媒体所自发组成的事件性公众的面前,遮也遮不住,躲也躲不开,必须积极应对,严肃处理,以维护毕节市人民政府的形象。

（5）媒体公众——专事向社会传递信息、沟通意义、劝说态度、引导行为的组织。在现代公众社会中,公共关系活动必须借助大众或小众传播媒体,以向可能包括政府公众和顾客公众在内的有关公众进行交流、沟通、劝说和引导活动。媒体公众一方面是社会组织的公众,如上述周口平坟事件和毕节5男孩惨死垃圾箱,突然生成了严声问责的事件性媒体公众;另一方面又是组织与其他公众实现交流沟通劝说的中介,其重要性就不言自明了。俗话说,一个公关人员是半个新闻记者,一个新闻记者是半个公关人员。媒体和它们的记者、编辑可以辅助一个组织去交流、沟通、劝说和引导,让一篇文章起到一年的广告费都无法企及的宣传效果;也可以揭你的短、出你的丑,让你声名狼藉,一蹶不振。有远见的组织总是十分注意协调好与媒体的关系,经常、及时地向他们提供具有新闻宣传价值的信息,主动、诚恳地像朋友一样地诉说自己的困难和克服困难的努力。以诚相待,金石为开。做媒体公众工作的最高境界,就是它的记者、编辑成了你的不付薪水的半个公关人员。

（6）社区公众——社会组织所在地方方面面的组织和公众群体。任何一个社区总是由不同种类的公众所组成的。通常说来,一个组织要处理这样几类社区公众:第一,社区内的居民及其家庭,尤其是那些易对组织运行形成影响的活跃分子;第二,本社区中与该组织有着共同利益关联的其他组织或群体;第三,地区政府的各级官员和工作人员。社区公共关系是组织有意识地通过交流、沟通、劝说和引导活动让社区公众了解它、亲近它、支持它,视之为一个可信赖的好邻居,并乐于义务宣传它的良好形象。

（7）同行公众——属于同一行业的组织或业主。此类公众与组织既是竞争对手，又有结成战略伙伴关系的可能。一个组织在同行公众中的口碑具有特殊的公关意义。同行公众的理解、支持和合作在市场地区一体化、全球一体化的背景下可以相互借力、相互促进，即便是竞争也能使双方更快地成熟起来，更上一层楼，对共同开发地区或国际市场是件好事。

尽管以上七类公众并不是横向公众的全部，但这七类公众自身的"同质性"，他们对一个组织的"相关性"，是最为明显的。

2. 公众的纵向分类。纵向分类是以公众的自身所处状态及发展阶段来划分的，而公众的发展过程也就是公众与组织关系相关性不断增强的过程。因此，公众的纵向分类也可以说是根据组织与公众关系的密切程度来进行的。根据公众与组织的相关性和自身的发展阶段，一般可分成四类，即潜在公众、自在公众、自觉公众和行动公众。本书前三版都把"潜在公众"说成比较拗口的"非公众"（部分地是受原来英语影响），把现在的"自在公众"说成"潜在或自在公众"。经过这么多年的反复思考，在第四版建立的四种分法比较通俗，也比较确切。

（1）潜在公众——组织尚未与之发生关联的群体或组织。按我们在前文下的关于公众的定义，潜在公众严格说来是不能算作一种公众的，因为它们既不受组织的影响，又不对组织的运行产生直接后果。有人据此以为潜在公众不能列入公共关系工作的对象范围。但当组织对自身运行的走向和趋势进行估测时，有必要对今后可能与它发生关系的潜在公众中的至少部分团体或成员有提前的认识，即公共关系对公众的确定须有一定的"提前量"。但这并不是说，可以把潜在公众与下一发展阶段的自在公众混淆起来同等看待。事实上，提出潜在公众的概念，就是一来有利于中、长期公关策略的制定，二来帮助减少日常公共关系工作的惰性和盲目性,三来避免情势变化时手足无措。

(2) 自在公众——已与社会组织发生关联、已具若干意识但尚未联成自觉群体的公众。在现实社会环境中,某些社会成员由于组织的某种服务或政策变化而面临了一些共同问题,而且他们中的若干个体或群体可能已经意识到这些问题。这些共同面临的问题已经把他们关联起来,但这些个体或群体仍然零散地存在着,成了一个自在的群体,在公共关系职业人员的眼光里就是一种自在公众。由于自在公众对共同问题的意识是感性的、浮浅的、分散的,还没有形成自觉的群体意识,所以不会付诸任何自觉的行动,他们是自在的。从公共关系策略角度看,对不同的自在公众应当根据具体情况区别对待,有的自在公众应迅速促使其转变为自觉公众,有的则应根据审时度势的原则,让他们自己逐步完成从"自在"向自觉的"知晓"过渡,以防拔苗助长。这绝不是对问题的拖延和掩盖。其实问题不外乎两种,一种是"好问题",一种是"坏问题"①。好问题未必一定要早说,坏问题也未必一定要掩盖。何时促成"自在公众"向"自觉公众"过渡,要视具体情势而定。

(3) 自觉公众——对共同问题已经构成群体性的自觉意识的公众。由于自觉公众已经对共同问题构成自觉性意识,这种自觉意识将或迟或早变成一种声音以至行动。它们对任何与问题有关的信息都会发生兴趣,并能作出及时的反馈。自觉公众一旦形成,组织的公共关系专业人员应积极展开活动,及时向他们发布相关信息,进行沟通或劝说,以期早日达成谅解。特别是当不利于组织的问题暴露时,公共关系活动更要通过媒体,积极主动地向公众解释问题的缘由并提供解决问题的办法。否则,公众就可能采取维护自己正当权益的行动,从而发展为行动公众。

---

① 英文里人们常说的 good problems and bad problems。

(4) 行动公众——对问题的存在已经有了自觉意识,而且正在准备或已经采取行动的公众。行动公众是由自觉公众转化而来的。当公众已意识到问题的存在,而组织又未能及时帮助解决问题时,公众就有可能采取行动或已经采取行动。他们会群体性地发出声音,群体性地诉诸媒体,或群体性地状告到有关政府部门。组织的管理高层或职业公关人员面对行动公众时,应保持头脑的冷静和态度的克制。第一步要了解全部事情的真相;第二步要搞清公众行动的性质;第三步要找到解决问题的方法;第四步就是全力做好交流、沟通和劝说工作,尽快改变行动公众的行动方向,逐渐地或迅速地扭转局势,变被动为主动,变不利为有利。最后,组织的管理上层和职业公关部门应及时总结经验教训,以利今后的工作。

综上所述,从潜在公众到自在公众,从自在公众到自觉公众,再从自觉公众到行动公众,公众与组织的相关性越来越大,影响也越来越明显。如何从公众的发展阶段来分配公关活动的资源和精力,不仅是一种严密的科学,而且是一门巧妙的艺术。

第三节 ◇ 公共关系第三要素: 作为过程的交流、沟通、劝说和引导

公共关系第三要素是它的过程。这是一个象征互动过程,一个交流、沟通、劝说、引导的过程。在这个过程中,作为公关主体的社会组织与作为公关客体的公众,相互交流信息,相互沟通意义,相互劝说态度,相互引导行为,进而达到相互理解、相互合作的目的。尽管从事公关研究、教学、运行的人员从未像今天这样强调组织与公众的象征互动性、主客互换性,但我们依然极端重视作为公

关主体的社会组织的主体公关意识——组织的积极分享信息的主体意识、沟通意义的主体意识、劝说态度的主体意识和引导行为的主体意识。我们在第一章给出的公关工作定义仍然是从公共关系的主体——社会组织——的角度来阐释公关活动过程的：公共关系是一个社会组织或公众人物在一定职业伦理规范指引下为谋取有关公众的理解和合作而从事的一种交流、沟通、劝说、引导活动。说简短些，主体性公共关系的过程就是社会组织对公众进行交流、沟通、劝说和引导的一个过程。

一、公共关系是一种信息交流活动

要理解作为公共关系第三要素的"交流、沟通、劝说、引导"的过程，必须首先理解这个过程的第一基本元素——信息。这是说，沟通是用信息去沟通的，劝说是用信息去劝说的。那么，信息是什么呢？在日常运用中，信息指的是具有新内容、新知识的消息[①]。信息这一概念，是美国贝尔电话实验室工程师、狭义信息论的创始人申农，在1948年出版的《通讯中的数学理论》一书中首先提出的，后被广泛应用到社会科学学科中，成为一个与物质和意识等概念具有同等重要性的范畴。作为一个科学范畴，信息是一个可以度量的概念，因此申农给信息下的定义是"两次不定性之差"。所谓"不定性"，就是人对认知对象的不了解、不确定。"两次不定性之差"，是指人们获得了新知识之后，改变了原有的不定性，增加了确定性，但在总体上说，对认知对象的了解仍是不完全的，所以成了再一次的不确定。申农的这个定义，主要是从通信系统的联系角度来考虑的，被称为狭义的信息概念。

[①]《辞海》"信息"条：信息是对消息的接受者来说预先不知道的报道。

控制论的创始人维纳从控制论的角度出发，提出含义更为广泛的信息概念："信息这个名称的内容就是我们对外界进行调节并使我们的调节为外界所了解时而与外界交换来的东西。"①这里的信息是指人、动物或机器等控制系统与外界相互联系的方式，被称为广义的信息概念。广义的信息概念与狭义的信息概念有所不同，它有这样一些属性：第一，信息量没有客观固定的标准，不同类的信息不能作量上的比较；第二，信息量与意义不对称，不成比例；第三，信息不能独立存在，它必须借助于信息载体才能存在。

狭义的信息本是作为"通信"的因子来界定的，"通信"一词的英语为 communication，常被笼统地译为"传播"二字，也有"沟通"之意，"劝说"和"引导"也在 communication 的大范围之内。所以作为 communication 总过程"第一基本元素"的信息，与意义沟通、价值劝说和行为引导密不可分。由于公共关系的过程主要是通过信息交流来达到意义沟通、价值劝说、行为引导的目标，因此即使以狭义的信息概念而论，信息也是公共关系学中一个最基本的范畴。如果从广义的信息概念考虑，那更可直接看出信息与公共关系的密切联系了。公共关系是主、客体双方的一个信息交流、意义沟通、价值劝说和行为引导过程，而广义的信息概念也喻指着这种含义。所以无论从哪个角度看，信息总是公共关系过程最基本的因素之一。

信息是一个一般范畴，信息方法是科学研究的一般方法，但对公共关系来说，信息方法更具特殊意义。信息方法借助于信息的获取、传递、加工和处理等步骤来揭示研究对象的性质和规律，以实现科学研究的任务。信息方法以信息的交流、传输和变换为切

---

① [美]N.维纳：《人有人的用处——控制论和社会》，陈步译，商务印书馆，1978年，第9页。

入点,通过信息输入、信息加工处理、信息输出和信息反馈等步骤,构成了一个有组织、有秩序的认识过程的信息流。这个信息流的过程也就是公共关系工作过程的基础维面。与一般信息方法不同的地方仅在于,公共关系的主体与客体是特定的组织与特定的公众,而一般信息方法的主、客体却没有这种规定的限制。所以可以说,公共关系工作方法是信息方法的一个特例,是信息方法在组织与公众之间关系疏通中的具体运用。一般认为,人类社会依存于物质、能源和信息这三个基础之上,信息方法的根本意义就在于它为人们提供了准确把握变化中的客观世界的信息情报,从而使人的主观能动作用大大增加。而公共关系活动正是通过对信息的处理和运用来增加组织的主观能动性的,因此从社会作用上看,信息方法与公共关系的意义沟通、价值劝说、行为引导的目标也是一致的。

信息是不能独立存在的,它必须依附于某个特定的载体方能显示和传递。信息的物质载体就是 communication 媒介,凡载有信息的任何物体都可视为 communication 媒介。如此看来,communication 媒介是一个十分宽泛的概念,为了更进一步了解这个概念,也必须对它进行分类。我们可以从媒介的物质形式和它的社会功能两个方面来划分。

1. 按照物质形式的分类。信息的传递要以物质作为载体,物质载体类型的不同就形成了不同类型的传输媒介,一般可把它们分为符号、一般实物和人体三种类型。

(1) 符号媒介。符号媒介指按特定编码程序组织自成一体的系统,如象征符号媒介、印刷媒介和电子媒介等。符号媒介是现代社会运用最广泛的传输媒介,公共关系也最重视这种传输媒介。公共关系的许多活动,如新闻公报的编写、广告的设计和各种话语、图像、影视、音像信息的制作,都要运用符号媒介。语言文字自然是最为常用的一种符号媒介,如果说公共关系工作人员不一定是语言文字专家的话,那么,他们也应是遣词造句的高手。国外许多组织对公共关系从业人员的第一个要求就是运用语言文字的能力,这是很有见地的一招。

(2)一般实物媒介。它通常指为特定目标而制作的实物,如工厂生产的产品本身就是一种典型的实物媒介。有些组织很注意搞实物展览或展销会,这是因为它们看到了一般实体也有运载信息的作用,而且实物的质量可能是一种最过硬的信息。一般说来,一般实物媒介的作用可能不如符号媒介那样广泛和灵便,但常比后者更牢靠,因为公众对看得见、摸得着的产品实物的信任往往要超过对广告和宣传的信任。

(3)人体媒介。这是指人的眼神、手势、举止、行为和服饰等人体非言语信息媒介。网络时代的人际交流越来越虚拟化,"秀才不出门,能知天下事"已经成为活生生的事实。当人们开始梦幻"网络公关"有朝一日独霸天下的时候,也有越来越多的人开始怀念紧紧握手给人的那种坚定、甜甜微笑给人的那种温馨。当我们把公共关系视为注重个体角色关系的"关系管理"过程的时候,我们又有了一次人本回归的省悟:无论社会生活如何地虚拟化,公共关系说到底依然是"人"的关系,而作为人的关系的公共关系是永远离不开活生生的人的。人体媒介将不仅是永远不可或缺的交流、沟通、劝说、引导媒介,而且可能变得更为珍贵、更为昂贵、更不可替代。

2. 按照功能差异的分类。按信息载体的功能差异,我们可把传播媒介分为大众传播媒介、组织自控媒介和作为组织成员的人员媒介。

(1)大众传播媒介。这是指在社会分工中专门负责向社会传播信息的机构及其工作产品,包括互联网、报社、通讯社、电台、电视台、出版部门、电影系统、期刊杂志社和广告经营单位。大众传播媒介的特点是时空跨度大、受众面大、社会影响大,这"三大"使它成为所有公关人员最为青睐的媒介之一。正确使用大众传播媒介是任何一个在社会上有一定影响的组织的一项重要工作。一般说来,有关一个组织的信息在大众传播媒介上出现的次数越多,则该组织的社会知名度就越高,社会影响也越大。因此,公共关系活动是极其重视大众传播媒介的作用的。

分析公共关系的信息传输和传播过程,离不开互联网。作为一支规模庞大的新媒体大军,互联网在公关信息传输、传播中扮演了越来越重要的不可或缺的角色。互联网率先在美国由军用转向民用正式对公众开放之后,其发展速度令人叹为观止。截至2020年6月,仅中国一个国家网民数就达到了9.40亿、手机网民数9.32亿的规模①。互联网上包含了各种丰富的信息资源,从尖端技术到日常生活的衣食住行,应有尽有,无所不包。毫不夸张地说,互联网已经成为无处不在、无时不有、无所不包的人类生存现实,难以想象离开了互联网,现代公共关系的日常作业会是怎样的一幅景象。

(2)社会组织自控媒介。即组织自己直接控制的媒介,除自己的产品外,它还可拥有广播台、电视台、内部刊物、黑板报、宣传橱窗、员工手册、标语牌、对话室和接待信箱等。凡在功能上体现了信息传输、传播特征的这类实体,均可视作自控媒介。自控媒介调节外部公众关系的能力可能远不及大众传播媒介,但它在处理内部公众关系上则可按自己的意愿,运用自如。

借助于互联网专门为政府、企业和其他各类组织建立的组织自控网络即虚拟专用网络(VPN),近年来被越来越多的大型企业、跨国公司所采用。由于VPN可以大幅度削减远程办公费用,具有

---

① 见中国互联网络信息中心 2020 年 9 月 29 日发布的《第 46 次中国互联网发展状况统计报告》。

安全快捷的应用系统和数据库功能,在大大提高企业管理效率的同时,也为企业内部的信息沟通提供了优质高效的传播网络。在大型跨国公司的内部公关作业中,VPN 已经成为使用最为广泛的自控媒介。

(3) 作为组织成员的人员媒介。本书以后会涉及的"全员公关"话题,特别强调了组织中每个员工的并非任命的"兼职公关人员"的作用。要搞好一个组织的公关工作,不仅要靠管理高层的重视和专职公关部门的职业水准,而且要依仗所有员工的公关意识。就像"人体媒介"中所阐明的,公共关系说到底是"人"的关系,而作为人的关系的公共关系永远离不开活生生的人。组织中的每个成员的一举一动都会构成对自身组织总体形象的影响。因此,组织内部员工的职业行为准则、待人处事的基本态度,以至言谈举止都可视作该组织公共关系辅助教育的内容。

二、公共关系是一种意义沟通活动

公共关系是一种信息传输活动、一个信息交流过程。这常常是公共关系活动的第一步,接下去要做的自然地就是为了实现意义的沟通,最终进入劝说和引导的阶段。首先要指出的是,沟通是双向的,劝说者与被劝说者的地位是对等的。尽管我们是从组织角度来谈沟通和劝说的,但大多数的原理原则、策略招数都可为公众所运用。另外要强调的是,沟通是信息意义的共享,劝说和引导是用信息、用言语符号和非言语符号来劝说和引导的。我们先来讨论"意义沟通"。

美国语言学家奥格登(C. K. Ogden)和英国学者理查兹(I. A. Richards)在 1923 年出版的《意义之意义》一书,被誉为"20 世纪英国哲学的语言学时代的开端",曾影响了西方 20 世纪语言学、语义学、哲学的研究和发展。书中提出的"语义三角图",首次阐明了"事物"与指代事物的"符号"是如何由"思想"的中介联结起来的。语义三角图的逻辑走向是:(1)"事物"引起人的"思想";(2)人用"符号"来指代"事物";(3)"符号"引起人的"思想";(4)人又把"符号"还原到"事物"。"意义"就在其中产生并沟通了。奥格登和理查兹所谓的"意义之意义",指的是语言的"约定俗成"的那部分意义。但"意义之意义"并非仅仅是由"约定俗成"的语义构成的;"意义"最终在于运用语言的"人"。这就是我们经常讲的"意义在人"的意思。

既然"意义在人",那么"意义"的生成就不能不受到人的价值——比如她或他的价值观和信仰系统——的影响和制约。因此,我们指的"意义沟通",不仅融合了语言表层结构里的约定俗成的"语义",而且——甚至更重要地——包含了隐藏在语言运用者深层思想结构里的经验积淀和价值取向。正是人的经验积淀和价值取向的加入和纠缠,才使得"意义沟通"变成了一个极具挑战和诱惑的研究领域。

"沟通"二字从本书开篇到最后一章反复出现,涉及大量的沟通理论、策略和招数的文字,全书也有过反复的推敲和验证。"沟通"的内涵极其丰富,由于对"沟通"的研究涉及各种社会人文学科,各学科自身的发展也不断推动着对"沟通"这个古老人文话题的思考。我们关注到早些时候出现的"跨语沟通"理论,认为这一理论可以深化我们对公共关系沟通活动的理解,并在操作层次上帮助从事公关实务工作的人员开阔思路,为他们提供新的操作工具。

从20世纪七八十年代开始,各自然语言中出现了不少带"跨"字的语汇,如跨国经营、跨学科研究、跨文化沟通以至跨国公关等。跨语沟通,古今中外,历来就有。我们现在的语汇中出现和日常运用的那些含有"跨"的词语,已经隐含了"跨语沟通"这个过程要素。

说的极端一点,"沟通"缺了"跨语",那是不可思议的。

跨语沟通通常指两种不同的语言、次级语言系统或言语语体之间的跨越、转换、沟通和吸纳。跨语过程要具备四个要素,它们是"第一语言""第二语言""语境选释"和"言语转换"。"第一语言"指的是言说者所习得和运用的语言及其言语习惯,"第二语言"指的是读听者所习得和运用的语言及其言语习惯。在任何一次对话中,言说者与读听者的角色不断互换,"第一语言"与"第二语言"也总是依次转换的。"语境选释"是指言语人对言语活动情景的选择性解释。言语活动情景,就像任何语境一样,有物质性语境(指情景和场合)和认知性语境(指人对情景和场合及各种因素的解释)两类。"言语转换"就是在特定语境下第一语言及其言语者与第二语言及其言语者之间"意义"的跨越、转化和分享。就公共关系言语活动而言,笼统地说,所谓"第一语言"就是"主体语言","第二语言"就是"客体语言"。"主体语言"与"客体语言"之间的意义分享就是公共关系过程的"言语转换"。

在地球变得越来越小的今天,不同自然语言之间的跨语沟通变得频繁和深入,它们之间的相互吸纳也在广度和深度两个维面上快速向前推进,让人惊喜又担忧。但跨语更大量、更经常地表现在同一种自然语言中不同次级语言之间的跨越、转换、沟通和吸纳之中。比如,作为公关主体的组织说的"主体语言"与作为公关客体的公众说的"客体语言"就可能很不一样,就有个"言语转换"问题。

公共关系的言语转换,对公关主体来说,就是一个试着学点"客体语言"、玩味一下"客体语言"的意义;对公关客体来说,就是一个试着学点"主体语言"、玩味一下"主体语言"的意义。在这个言语转换互动过程中,主体与客体逐步地向对方走去,一直走到言语"意义"的相对一致。跨语沟通的主要目标是"意义"的分享;主、客双方不一定要放弃自己的价值取向或改变自己的利益诉求——只要做到"意义沟通"就够了。沟通其实说到底就是言语意义的沟通、言语意义的分享①。

三、公共关系是一种价值劝说活动

公共关系是一个意义沟通过程,但仅做到意义沟通常常还不够;还必须在意义沟通的基础上实现"价值劝说"的目的。"价值劝说"无疑是为了主、客双方在价值立场上、在利益分配上、在解决问题的方法上取得相互理解、相互协调、相互宽容,最终实现互利双赢。

中国自古以来的劝说方法就是用了两个字,一个是"言",一个是"行",而言和行在现代传播学眼光中,指的就是"言语符号"和"非言语符号"这两种象征系统。孔子说:"言而有信。""人而无信,不知其可也。"孔子又说:"先行其言而后从之。"(这句话是强调"行"的,意思是,先做到了再开口说。)"言可复。"(这是"践言"的意思,就是"说的话"是可以用行为来实践的。)孔子还说:"君子耻其言而过其行。"(意思是,只说不做或说的多做的少是可耻的。)孔子与别的古代先贤一样,一而再、再而三地强调"言"与"信"的关系。许多公关人员奉为座右铭的"言而有信"四字就是从《论语》里来的。孔子所谓的"君子有九思",其中有一思就是"言思忠"(而其他八思都与人的思想行为有关),指的就是说话要讲信,要算数。为了"言必行",就必须"慎言",就是要"敏于事而慎于言",切忌"巧言令色"(这四字同时包含了言语符号和非言语符号),难道"巧言令色"不正是现代公关人员的一个大忌?

---

① 参阅居延安、宋怀强、吴洪林2007年11月20日发表在《文汇报》学术版上的《跨语沟通:一个极具现实意义的跨世纪话题》一文。

老子在"以信劝人"这一点上,与孔子完全是相通的。老子说:"言善信。"老子还说人要"贵言"(就是要珍重自己说的话)。由于一言既出,驷马难追,所以要当心自己的那张嘴。老子同样是讲究"慎言"的,说"希言自然"(是说话不必多,点到为止,让事物按照自己的规律去运行)。他还说:"善言无瑕谪。"(意思是,善于说话的人是不会胡说一通的。)老子像孔子一样,也是提倡言行一致的,说"美言可以市尊,美行可以加人"。老子、孔子和中华的其他先哲除了讲以理劝人、以情劝人的重要之外,强调最多的是以信劝人——汉字"信"本来就是"人"与"言"的组合。

中国先哲关于"以信劝人"的教导,在古希腊亚里士多德和古罗马西塞罗那里得到了跨越时空的呼应:亚里士多德《修辞学》和后来的西塞罗,对于修辞学的发展奠定了西方文明的一个基础。他们的劝说理论和鉴定标准历经中世纪、文艺复兴、启蒙运动和近现代历史风云的洗刷,依然熠熠闪光。当代西方有关劝说理论和技巧的著作很少有不引用亚里士多德和西塞罗的。亚里士多德认为,劝说是一种话语艺术,它要具备演说者的说理能力,要呼应受众的情感诉求,要保证演说者的可信度,还要有独到的遣词造句和话语风格①。作为西方修辞学鼻祖的亚里士多德更为明确地指出了三大劝说要素:以理劝说、以情劝说和以信劝说。无独有偶,东方和西方的古代文明在"人"与"言"的关系上,可谓"英雄所见略同",汇合成了同一个"信"字。

四、公共关系是一种行为引导活动

本书从开篇到此,一直在强调作为公共关系第三要素的运行

---

① 亚里士多德《修辞学》三卷阐述了话语者、受众和演说辞三大要素,在第三卷解说了 logos、pathos 和 ethos 三种 artistic proofs。

过程,亦即 communication 过程,是一个四部曲,分解为信息交流、意义沟通、价值劝说和行为引导①。做这四部曲,一是为了廓清近 40 年来公共关系学界和业界对 communication 译为"传播"这一"世纪误译"的矫正;二是为了在范畴概念上向广大公关专业人员提供层次更为明确和清晰的操作工具;三是强调包括信息交流、意义沟通、价值劝说和行为引导在内的公共关系过程具有自身的本体意义——这种本体"因子"在中国的孔子和老子、古希腊的亚里士多德和古罗马的西塞罗的经典著作中,早已被无可争议地奠定了。尽管"信息交流"的方法可以变,但它的必要性和重要性不变;尽管"意义沟通"的方法可以变,但它的必要性和重要性不变。尽管"价值劝说"的方法可以变,但它的必要性和重要性不仅丝毫未变,而且在伦理诉求上、在理论深化上、在策略和招数的运用上,比 20 世纪的 80 年代和 90 年代提出了更为迫切和严格的要求。作为四部曲第四部的"行为引导",原先是涵盖在第三部曲的"意义劝说"里的。上文提到的孔子说的"言而有信"和老子说的"美言可以市尊,美行可以加人",都强调了言行一致的重要。此次把"行为引导"从"价值劝说"中抽离出来,为的是引起公共关系研究和从业人员注意到公关活动的终极目标是什么,不是交流,不是沟通,不是劝说,而是行为的改变。

无疑地,公共关系是一个信息交流、意义沟通、价值劝说、行为引导逐级递进的过程,但在实际操作上亦可作为单项活动来策划,以实现或信息交流,或意义沟通,或价值劝说,或行为引导的单一目标。公共关系可以是一种递进整合活动,也可四箭齐发、四位一体地来进行。最终目的就一个,那就是瞄准在公众行为和自身行为的改变上。

---

① "信息交流、意义沟通、价值劝说和行为引导"这四部曲,可以说是本书最新亮点之一。

行为学,组织行为学,行为心理学,都是专门学科,有理论,有实践,有学科的发展史,可以中外古今,洋洋洒洒,一讲就是一个学期。就"行为引导"而言,无论是组织去引导公众的行为,还是公众去引导组织的行为,主体去引导客体也好,客体来引导主体也好,最关键的问题是行为的动机。作为公共关系运行的第四部曲,必须首先解决动机问题。人的行为动机,必然与需求有关,最著名的理论就是马斯洛的"需求五层次"说,这五个层次是人的生理需求、安全需求、归属需求、尊重需求和自我实现需求。就公共关系须引导的行为需求而言,当然应该有自己的层级需求,我们鼓励学界、业界按语境和情景广开思路,提出自己的独特的行为需求(动机)理论、模式和操作次序来。

在本章结束之前,我们有必要讨论一下公共关系主体与客体角色互换的问题以及网络公关运行的几个特点。

以互联网、新媒体、数据为王为基础的崭新的信息交流、意义沟通、价值劝说和行为引导运行过程,对传统公共关系学理论体系提出了又一个饶有趣味的话题,那就是"公共关系主体与客体的角色互换"。这一标题显然是通指所有公关活动中主体与客体的角色互换的,在此我们主要要讨论一下网络公关的主客角色互换问题。

如果接着本章第三节提到的"跨语沟通"的话题来说,那么最简单的主、客角色互换就是,一旦公众开始扮演言语主体角色的时候,就是说"主体语言"(或"第一语言")了;反之,一旦组织开始扮演言语客体的角色,那么就说"客体语言"(或"第二语言")了。这种主、客角色互换的过程似乎是很简单、很清晰的,但在互联网时代,公共关系的主体与客体的角色互换就不是那么简单和清晰了。

在互联网时代,公共关系主体与客体的角色互换话题已经具有全新的挑战含义。互联网的无中心、无边界、无孰主孰次、无高低贵贱的跨时空运作方式,使本书作者对自己近40年前提出并被广泛沿用至今的"公关三要素"说进行了检讨。我们坚持认为,公共关系的主体是组织,客体是公众,连接主体和客体的过程是一个交流、沟通、劝说、引导过程。这个过程当然不是机械的、单向的,而是双向交流和双向选择的。这是在互联网产生之前便已存在的互动沟通过程。但是,互联网介入这一运行过程后,由于互联网自身的运行机制,把公关运行的互动性更为明确地推进到主体和客体的角色互换上。

当你走进24小时自助银行在ATM机上取现或转账,当你在电脑终端敲击键盘输入密码并按屏幕提示完成交易后,事实上你已经承担了一个传统银行职员的工作。在这里,是你为主体、ATM机为客体呢,还是自助银行为主体、你为客体呢?这要取决于看问题的角度了。这就是我们要探讨的运行主体和客体的角色模糊和角色互换问题。借助于互联网的远程教育和电子商务也同样如此。对于某项产品,有时组织是教育者,顾客是学习者;但有时组织是学习者,顾客是教育者了。

任何一个组织,无论大小,一旦上了网,就成了这张巨大的网络中的一个节点。该组织的顾客或交流、沟通、劝说、引导的对象可能分布在全国或世界各地,他们代表了千万个独立平行的节点。他们不仅可以与组织这个节点进行一对一的对话,而且还可以在顾客之间平行交叉互动,自由交换信息。此时,谁是主体谁是客体的确已经很难界定了。提出这样一个问题,是为了加深对网络运行规律的了解,帮助我们把公共关系的交流、沟通、劝说、引导工作做得更有效。为了使公共关系的交流、沟通、劝说、引导活动更为有效,必须注意互联网运行的这样几个特点。

1. 把握互联网快速传播的特点。根据网络用户的行为调查显示,同样的内容在传统媒体和在网络媒体上对接受对象产生的作用是不一样的。公共关系从业人员必须充分理解网络快速传播的特点,以适合网络传播接受特点的、简洁的传播手段和表现技巧来保证传播的有效性。

2. 注意网络传播中锁定和转移成本原理。当受众从一个网络节点转移到另一个网络节点的成本(亦即转移成本)比较高的时候,受众就容易被"锁定"。反之,当转移成本较低或成为零的时候,受众就很容易被转移走。借助网络公关运行主体和客体的角色互换,再加上转移成本的低下,受众难以被锁定,这样就对公众传播在内容组织和技巧运用上提出了更高的要求。锁定受众、吸引潜在顾客、低成本、高效率,意味着公关传播要在网络媒体上展开一场艰苦的对抗赛。

3. 使用网络传播的多媒体语言。网络传播可以将声音、文字、图像、动画结合为一体,这种传播方式大大扩展了受众的感官体验范围。但是,多种感官同时参与信息接受,容易导致信息的相互抵消。而网络上随处可见的超链接,又容易使受众脱离预先设定的传播路线。这也是公关人员和网络多媒体语言专家必须留意的一个大问题。

4. 动态轮替和目标受众。网络广告在经历了几年的波折后,逐渐找到了符合网络媒体特色的广告表现形态,其中之一便是"动态轮替广告"(dynamic rotation ads)。与早期的固定版面式的广告不同,动态轮替广告可以让不同的用户在同一页面上看到不同的广告,同一个广告也可以在多个页面上同时出现。动态轮替的技术在网络上已不成问题,它对公关人员提出的挑战在于:如何针对设定的目标受众,利用动态轮替的概念,合理而有效地设计传播内容,有序地控制传播主体和客体的互换,最终取得低成本、高效益的公关效果。

第五章

公共关系的职能和作用

我们在本书第一章将公共关系界定为"一个社会组织或某公众人物,在一定职业伦理规范的指引下,为谋取有关公众的理解和合作而从事的一种交流、沟通、劝说、引导活动"。我们将根据上述这一定义对公共关系的职能和作用进行描述和讨论。

第一节 ◇ 公共关系的职能

由于对公共关系的职能描述在很大程度上受制于对公共关系的总体界定,因此有什么样的公关定义,就有什么样的公关职能的提法。根据我们给出的公共关系的工作定义,公共关系必须具备采集信息、提供咨询、参与决策、协调交流沟通劝说引导这四项职能。

一、采集信息的职能

公共关系按其活动的程序而言,一般是从信息的采集开始的。有三类信息须应特别注意采集:组织形象信息、组织产品形象信息和组织运行状态及其发展趋势信息。

1. 采集组织形象信息。这是指公众对组织在运行中所显示的行为特征和精神面貌所产生的印象和评价。公共关系工作的一个重要目标是建立组织的良好形象,因此了解组织在公众中的形象是公共关系活动的基本内容之一,组织形象信息的采集是公共关系活动过程的重要环节。组织形象信息一般包括以下一些具体内容。

(1) 公众对于组织领导机构的评价。如领导能力、创新意识、办事效率、用人眼光、威望与可信度及机构的完善程度、设置的合理程度等。由于领导机构是组织的指挥中心,因此对领导机构的评价往往在一定程度上反映了公众对整个组织形象的评价态度。

(2) 公众对于组织管理水平的评价。如决策是否合乎社会实际情况、生产节奏是否适宜、内部分工是否合理、对市场变化的反应是否灵敏等。由于组织管理水平直接影响到产品的质量和组织的竞争力,因此这类信息表明的是公众对组织形象的基本把握。

(3) 公众对于组织员工的评价。如员工的工作能力、职业水准、文化程度、整体水平如何等。由于组织的运行必须由员工具体作业,对他们的评价就构成了社会对整个组织形象评价的一个方面。

应当提醒注意的是,这里所说的"公众",不仅仅指外部公众,也包括了组织的内部公众。

2. 组织产品形象信息。这方面的信息一般包括消费公众对产品或服务的价格、性能、质量和用途等主要指标的印象和评价,同时也包括对产品的优点和缺点两个方面的反映和建议。向市场提供产品或服务是组织实现运行目标的最基本的方式,也是组织与消费公众之间发生关系的最根本的原因,产品形象与组织的生存、发展直接相关,因此公共关系必须特别注意这一方面信息的采集。

3. 组织运行状态及其发展趋势信息。这类信息包括内外两个方面。就内部来说，主要是指组织自身运行情况及其与组织预定总目标要求之间的距离，以及可能发展的趋势；就外部而言，包括所有对组织运行及其发展趋势发生或将要发生影响的情况。这类信息反映的是组织运行的现状和将来的发展趋势，对于组织及时调整运行机制极为重要，是组织形象重建的主要依据材料，因此它也是公共关系工作必须优先采集的信息。

信息的采集应当而且必须通过多种渠道和运用各种传播媒介来进行。首先应当重视消费公众的舆论，其次是新闻媒介和公众人物或意见领袖的反映，政府有关部门和上级主管部门以及同行的意见也十分重要。此外，内部公众的各种反馈同样必须认真听取。只有这样，采集的信息才是比较全面的。同时，对于一个负责任的公共关系人员来说，他不仅要收集公众对组织的赞誉信息，更要注意捕捉各类公众哪怕是刻薄的批评意见，尤其要重视公众对组织的各种切中要害的中肯建议。

二、提供咨询的职能

一般意义上的咨询，指的是职业咨询人或组织工作人员如何就某个问题向决策层提供情况说明和参考意见。公共关系领域内的咨询建议，则指公共关系专业人员向组织领导提供有关组织形象和公众动向方面的情况说明和参考意见。为了完成提供咨询建议的任务，公共关系工作人员必须对采集来的信息进行整理、筛选、分类、归档等处理工作，建设信息库，这样在提供咨询建议时就能做到条理分明、有根有据。可以说，信息的处理既是信息收集的结尾工作，又是提供咨询建议的前期准备。公共关系专业人员常提供如下三类咨询建议。

1. 提供关于公众的一般情况的咨询。这类咨询主要提供组织与公众关系状态的一般情况说明，如内部员工的归属感、组织在社会上的口碑、消费公众对组织产品的反映、新闻媒介对组织的社会舆论、同行对组织的评估等。根据不同的需要，这类咨询可以是定期的，也可以是不定期的，目的是要让组织的领导及时了解和掌握公众的一般情况，以便适时调节组织的运行机制，为实现组织目标创造有利条件。因此，这类咨询是任何初具规模的公共关系职业班子的经常性的工作。

2. 提供关于公众的特定情况的咨询。这是指就组织举办的各类专题活动，向有关部门或人员提供情况说明和意见。比如，如果组织要举办关于某个新产品的新闻发布会，公共关系专业人员就可以提供新闻媒介的近期宣传动向、新闻记者对组织的了解程度等情况，还可以建议如何安排邀请出席会议者名单、会场的布置等。

3. 提供关于公众心理、行为变化和发展趋势的咨询。这类咨询是将在长期观察和积累的基础上形成的对公众心理、行为变化和趋势分析的意见，结合组织的中、长期规划，向决策层所作的通报和建议。关于公众的一般情况咨询，主要是对公众现状的分析和说明。但是社会环境处于不断变化之中，公众的心理和行为状态也会随之发生变化。公众的心理和行为变化对于组织的运行可以构成不同程度上的影响，如果公众的心理和行为已发生重大变化，组织仍照旧运行，那就会给组织与公众的双向沟通和合作关系造成负面影响，从而妨碍组织目标的完成。因此，公共关系专业人员必须在对公众信息的长期收集和积累的基础上，对公众的心理和行为变化及时进行分析和作出预测，并向组织的决策层报告。这类咨询常能有效地为组织中、长期战略规划的制定和变更提供重要根据。

提供咨询,实际上是公共关系工作人员有选择、有分析地向组织的领导层转送关于公众的信息的过程,可以说是公众向组织反馈信息的中间环节,因此从根本上说,它仍是一种信息传输和沟通活动。

三、参与决策的职能

决策,通俗地说是指如何来确定组织运行的具体目标及实现目标的方法和步骤。决策是组织对自身条件和外界环境经过缜密思考和比较之后所作出的决定性选择。由于组织的自身条件和外界环境都包含了公众这一因素,因此在组织的决策过程中,公共关系人员的参与是理所当然的。他们不仅要参与,并且应该保持相对独立的地位。他们参与决策的职能表现在以下三个方面。

1. 站在公众立场上审视决策问题。组织的决策者常常面临组织的客观现状与多种选择目标之间的矛盾。无论在哪个组织中,处在不同地位的人都是从不同的立场去寻找问题的答案的。无疑,从各种不同的立场或角度、从不同的方面去进行决策都是无可非议的,但站在公众立场上去寻找决策途径,往往能使问题表现得更加明显和直观,而且这种独特的"公众立场"是任何别的观察视角所不能替代的。一家企业如果从与自身组织目标直接相关的消费公众的角度来思考问题,那么往往更容易找到问题的本源和解决方法。如当它正面临着如何开拓新产品或是否要转产等决策问题时,那么它必须首先考虑它的消费公众的特定需要。显然,一个企业只有把握好了"公众立场",才能作出适应公众需要的市场决策。公共关系人员正是这种能站在公众立场上审视组织决策问题的专业人员。

2. 从公众利益出发确保决策的公正。组织在决策过程中,如没有一定的约束就容易产生只顾自身利益而忽视公众利益的片面性倾向,这在目光比较短浅的组织决策层中表现得尤为突出。组织应当建立相应的约束机制,以便保证决策的公正性。约束可以来自两个方面,外部约束(如社会舆论)和内部约束。公共关系人员参与决策,是一种内部约束。他们可以从公众利益角度,向决策层传递公众的呼声和意愿,从而从组织内部来确保决策的公正。

公共关系要求自身组织在决策中必须考虑公众利益,必须在决策方案中反映公众的利益和需求,从而有效地避免只顾自身利益的片面性倾向。组织如果缺乏公共关系职能部门提供的内部约束,而社会舆论等外部约束因素又暂时未能发挥作用时,它就很难保证不犯只顾自身利益的片面性决策的错误。事实上,国内外的各种企业都会在不同程度上犯这样的错误。在作为现代公众社会一种客观存在的公共关系出现以前,这样的错误情况比比皆是,其结果一方面损害了公众利益,另一方面又阻碍了组织自身的发展。公共关系人员参与决策,对决策层是一种约束,而有了这种约束,组织决策的总体公正性也能得到较大程度的保障。可以说,在现代公众社会中,公共关系参与决策是组织生存和发展的重要条件。

3. 在决策中确立公共关系目标。组织的决策是根据社会组织各部门自身任务和组织总任务的规定来确定的。公共关系人员参与决策,应努力争取组织的各种决策方案中,时时不忘公共关系的战略目标,那就是如何树立组织自身的良好形象。对一个职业公共关系人员来说,只有融入了这一战略目标的决策方案,才是真正完整的方案。只有这样,公共关系目标才能进入组织决策方案,组织的总目标才能与公共关系的目标建立相关性,公共关系职能部门的工作也能比较容易地与其他职能部门协调一致。同时,公共关系也只有在决策方案中形成了自己的具体工作目标及具体的完成措施,才能从整体上真正体现出它的意义。

四、协调交流、沟通、劝说、引导的职能

组织的决策方案一经确立,就进入运行阶段。在运行中,组织必然要与现实环境的各种因素发生关系并产生矛盾,组织与这些因素之间的矛盾之大小、摩擦之多寡,在很大程度上决定着组织的运行是否顺畅,因而也在很大程度上决定着组织的预定目标是否能顺利实现。

根据最基本的矛盾法则,摩擦是必然的,顺畅是相对的,因此在组织运行中协调各种关系,沟通各种信息,做好劝说和引导工作,以减少与现实环境的摩擦,就成了公共关系的又一专门职能。公共关系的协调交流、沟通、劝说、引导的职能,主要体现在组织内外两个层面。

1. 要做好组织内部交流、沟通、劝说、引导的协调工作。组织内部有着各种各样的关系,笼统地说,有纵向的上下级关系和横向的平级关系两大类。公共关系首先应该努力协调好上下级关系。任何组织的上下级关系,大多是上小下大的金字塔结构,下级总占据多数,如上下级关系不协调,就会产生组织重心不稳的现象。而重心不稳,运行顺畅就无从谈起。因此公共关系在这里必须发挥承上启下的作用。一方面,公共关系工作人员要经常"代表"组织的下级人员向上级人员做好交流、沟通、劝说和引导工作,要积极地向上级管理层面反映下级员工的情绪、意见和要求,并提出如何根据下级员工的实际情况调动他们积极性的建议,从而使上级领导不断地了解和把握下级员工的状态,及时地调整自己与下级员工之间的关系;另一方面,公共关系工作人员还要"代表"上级管理层面向下级人员做好交流、沟通、劝说、引导工作,积极做好上情下达,及时向员工介绍传达组织的目标和管理方针政策,解释领导层

的意见和决定,消除可能产生的误会,使上级领导的意图和组织的现状、发展方向能随时为下级员工所知晓和理解,从而能使他们自觉地与上级领导搞好配合。

一个初具规模的组织,总是由若干个职能部门所组成的,如生产部门、销售部门、人事部门等。各部门的横向配合是否默契,对于它们的工作效率具有极大的影响。协调各部门的关系,并不是公共关系专业人员的工作重心所在,但如果是由于信息沟通不畅而造成部门之间的矛盾以至影响了整个组织的外观形象,那么公共关系工作人员有责任去帮助协调各部门的关系。

2. 要做好组织对外部公众的工作。对外的交流、沟通、劝说和引导,是公共关系最经常的工作内容。组织在其运行中,要与许多外部因素产生关联,并与各种公众发生联系。根据上一章对公众的横向分类,在一般情况下,要把与组织目标直接相关的公众作为交流、沟通、劝说、引导的重点对象,因为这类公众作为组织产品或服务的消费者,最有权对组织及其产品或服务作出评价。交流、沟通、劝说、引导的重点和方法多种多样,其中包括:

(1) 当关系处于和谐状态时。此时交流、沟通、劝说、引导的重点应当是通过不断传播组织方面的业绩来保持和强化公众心目中已经树立的良好形象。一家有着良好声誉的公司,一般有着比较良好的公众关系,如果保持和强化自身良好形象的运动开展得法,往往能取得事半功倍的效果。不少声誉卓著的组织都深谙此道,常常开展诸如周年纪念等活动来加强自己在公众心目中的地位。

(2) 当关系处于不和谐状态时。此时交流、沟通、劝说、引导的基点应该首先解剖组织自身,反省自己的所作所为,然后才是客观地分析关系状态,并提出改进关系状态的具体意见和措施。双方关系之所以会产生不和,常有内外两方面的原因。内部原因可能是由于组织自身工作没有做好,损害了公众利益,这当然首先要自责,然后根据关系状态的现状,改进自身的运行机制,同时把自己的改进情况尽快向公众作出通报,以期扭转被动局面。外部原因可能是由于公众的误解或他人的陷害而造成了对组织形象的损害,即便如此,组织也应当首先自问哪些工作还有疏漏,然后在弥补疏漏的前提下向公众进行必要的解释,以澄清误会,匡正视听。

(3) 当关系处于不明状态时。此时交流、沟通、劝说、引导的原则,首先是用善意的态度来表达自己的明确主张,竭力使公众消除紧张或戒备等逆向性心理因素,为双方的信息交流创造良好的心理条件。这样,就可以避免产生误会和偏见。在此基础上,还应当把双方关系格局中含有的双方的利益关系交代清楚,使公众对关系状态的实质及趋势有个"预存立场"。在双方关系不明状态下,作为公共关系主体的组织,要积极向公众交心、交底,使其明了双方关系状况,以利关系的优化和维系。

可以说,唱好交流、沟通、劝说、引导这四部曲,是公共关系最具本体意义的职责,公共关系其他职能的实现事实上也是建立在交流、沟通、劝说、引导活动有效开展的基础上的。我们要反复强调的是,组织的形象是在不断的交流、沟通、劝说、引导中建立和发展起来的。

第二节 ◇ 公共关系的作用

按上一节的阐述,公共关系的职能指的是公共关系机构或从业人员的职责与功能。现在我们要讨论的"公共关系的作用",指的是公共关系机构或从业人员在具体履行职责和功能的过程中所产生的影响和效用。如果说我们对公共关系职能的设定和划分带有少许"主观"色彩的话,那么这里所说的影响和效用就是一种"客观"的结果了。对应于上一节对公共关系职能的阐释,我们将公共关系的作用依次归纳为四大作用:监测作用、凝聚作用、调节作用和应变作用。

一、监测作用

公共关系的监测作用是通过信息的采集、处理和反馈来发挥的,其实质是对信息资源的一种有利有理的运用。我们正处于一个信息量急剧膨胀的"后信息"时代。为了生存和发展,任何一个组织都必须学会对信息资源的有利有理的运用。公共关系工作正是同信息资源打交道的工作,而公共关系监测作用的发挥就是通过对信息资源有利有理的运用来实现的。所谓公共关系的监测作用,就是在对信息资源筛选的基础上,对公共关系主体和客体的行为或态度实行监视和监测所获得的一种结果。所以简单地说,公共关系的监测作用体现在对内监测和对外监测两个方面。

1. 对内监测作用。对内监测是对主体即组织自身而言的。它是通过不断地信息采集、处理和反馈,通过对组织内部和外部的各种细微变化的把握,来对组织运行状态和组织目标实现的可行性进行监测的。对内监测,需要采集和处理组织内部运行和外部公众两个方面的信息。如果只注意收集内部信息,忽视外部信息,那么公共关系至多只能发挥其监视组织自身运行状态的作用,而不能起到预测它运行的发展趋势和各种目标实现的可能性的作用;反过来,如果只注意收集外部信息而不顾内部信息,那么公共关系的对内监测作用就更无法发挥。只有同时注意了内外两个方面的信息收集和处理,公共关系的对内监测作用才能充分发挥。

公共关系的对内监测作用是通过控制论的反馈原理来实现的。所谓反馈,就是把系统的输出信息通过一定的通道再返回输入终端,从而对系统的输入和再次输出施加影响的作用过程。公共关系的监测发挥的是组织的反馈功能。公共关系工作人员把通过采集而掌握的最新信息,源源不断地输送到决策层那里,以使组织作出相应的回应,采取必要的措施,让组织的运行与公众的要求一致起来,以减少公众信息的输入对组织输出的负面影响,使组织的运行维持在相对平衡的状态,最终保证组织目标的实现。举例来说,一家工厂生产了一种产销不对路的产品或有质量问题的产品,公共关系工作人员一旦获得这一信息,立即向决策层报告,工厂领导根据这一"输入"的信息,及时对产品生产作出调整或改进,这样,工厂重新"输出"的产品就变得产销对路或质量良好的了。这就是公共关系对内发挥监测作用的过程。信息反馈过程往往不是一次性的,它通常要经过多次反复才能使输入与输出达到相对平衡状态。同样,公共关系对组织的某一行为的监测也不是一次就能完成的,它也要经过从信息采集、信息反馈到输出更新这样的多次反复过程。

2. 对外监测作用。所谓对外监测,是对公共关系的客体即公众对组织的行为或态度的监测。这种监测必须通过各种信息传播媒介,及时掌握与自身组织有关的各种信息及其走向,以监视和预测公众的态度及其行为变化趋势。这种监测的目的是使组织在自身运行过程中,能及时拿出应变对策,以防当公众意向发生变化时出现心中无数、束手无策的尴尬局面。公共关系的对外监测作用,犹如战斗未发生前的哨兵,要监视环境中的一草一木,预测"敌人"的行动方向。公共关系当然不能把公众比为"敌人",但它的"哨兵"作用是一样的。

社会组织的"哨兵"要监测的范围可能很广,但不能因此而忽视了重点监测目标。这个重点监测目标就是大众传播媒介。大众传播媒介传播的信息不但影响大,而且是一切组织都可以共享的信息资源。同时,从信息沟通的意义上来说,大众传播媒介已成为组织与社会、组织与组织之间联系的重要桥梁。因此,公共关系特别要监测大众传播媒介传播的信息,不但要注意当前与组织直接有关的信息,也要注意今后可能会对组织产生影响的信息。这些年来,报章大量报道企业如何充分发挥公共关系的哨兵作用,如何运用对大众传播媒介的监测而及时获取各类经济和社会消费趋势信息,如何由此增进了效益并提高了知名度。这说明了公共关系的对外监测作用变得越来越重要。

二、凝聚作用

公共关系的凝聚作用是对组织内部而言的。公共关系是一门"内求团结、外求发展"的艺术,因此,它必然有凝聚作用。

社会组织无一例外都由人构成,人的能动作用对组织来说始终存在着正反两方面的效能,从正面来说,正是组织成员的能动作用,组织才能保持活力,运行才能正常发展,离开了人的能动性,组织就会失去活力,变得空有其名了。但同时,正因为组织成员都是具有能动性的人,所以他们也可能内耗不断,以致四分五裂。这就是人的能动性对组织含有的潜在负面影响。公共关系的凝聚作用就在于它能使这种潜在负面影响向正面效能转化,从而使得组织内部上下一心,团结一致,为组织的正常运行扫除内部障碍。

组织内部成员关系的维系,常常是由经济因素决定的,但又并不仅仅受制于经济因素。它还常常依赖于相互之间的情感沟通和心理认同,有时甚至要依靠带强制性的行政命令。公共关系凝聚作用的发挥既不靠行政命令,也不靠经济奖励,它通过信息交流、人际互动来沟通组织成员的心理情感,从而使他们团结起来,同心协力地为实现组织的各项目标而工作。因此,公共关系的凝聚方法常常更具有持久性。

公共关系的凝聚作用与通常意义上的思想政治工作既有相通之处,也有自己的特点。一般说来,思想政治工作和公共关系都是以信息交流为手段,通过"动之以情,晓之以理"的方法来协调组织内部成员的关系,达到团结一致的目的。但是,思想政治工作政治性较强,因而它的立足点也比较高,它注重于提高人们的思想认识和社会历史责任感。相比之下,公共关系的着眼层次要低一些,但也更具体一些,它常把工作的重点落在情感的沟通上,落在组织成员对组织的权利和义务的强调上。可以说,具有中国特色的思想政治工作与公共关系的凝聚作用有着一种相辅相成的关系,所以在行的公共关系从业人员常常把它们结合起来。有人认为,现在思想政治工作效果不好,应用公共关系活动来替代它,这是一种认识模糊的表现。事实上,它们两者各有自己的工作重点,是不能互相取代的。

三、调节作用

对于任何组织来说,确立正确的组织目标是首要的,但光有目标还不够,组织还必须通过正确无误的运行来实现目标。由于公共关系强调直接渗透介入组织运行的每个过程、每个环节中去,因此它不但能在宏观上实现对组织进行监测,并且在微观上也能表现出经常性的调节作用。这种调节作用具体说来表现在以下两个方面。

首先是对各种日常摩擦的调节。任何组织在其运行过程中都必然会产生各种摩擦,公共关系的调节作用具有减少这类摩擦系数的成效,就像"感情互动""上下对话""礼貌待人"等公共关系部门组织的专门活动,能直接减少和避免矛盾的发生,达到防患于未然的效果。又如，上一节所述公共关系提倡的组织行为的规范化和礼貌化，也具有减少和避免内部摩擦发生的调节作用。

公共关系的这种调节功能不仅表现在预先调节上，也可以体现在摩擦或纠纷发生之后。这是说，它能及时地防止矛盾的扩大，最大限度地减少摩擦或纠纷给组织带来的危害。当摩擦或纠纷发生后，公共关系职业人员并不是一味地为自己的组织作辩护，更不是去压服公众，而主要是通过各类沟通活动来争取公众的谅解。事实上，也只有在公关意识的指导下采取的行动和措施，才是妥善解决矛盾的办法。当摩擦或纠纷发生时，公共关系要求组织成员首先虚心地听取公众的意见，然后是在查清事实的基础上，与公众交流彼此的看法，以达成谅解，最后再了解公众对摩擦或纠纷及处理措施的反馈，并把这种反馈信息反映给组织的决策层，还可向决策层提供改进组织运行状况的建议，以免摩擦和纠纷的再度发生。

四、应变作用

由于组织是在复杂的现实环境中运行的，即使是专门以了解信息、传递信息和发布信息为主要任务的公共关系职能部门，也不能对组织运行中可能发生的情况做出完全准确的预见。因此，组织在其运行中就不可能保证自身形象永不受损，也不可能保证自身与公众的关系始终处于最佳状态。事实上，问题不在于保证组织形象永不受损（当然公共关系工作的理想状况是组织形象永不受损，但理想是理想，现实常常是不能尽如人意的），而在于组织形象受到损害，组织与公众关系遭到破坏时，如何进行弥补工作。在这里，公共关系又表现出自己特殊的应变和抵御作用。组织的形象受到损害，或组织与公众关系出现问题通常有两种原因，相应的，公共关系也具有应变和抵御两种作用。

1. 组织因自身原因形象受损或与公众的关系出现问题。为改变此种不良状况，公共关系就要发挥其应变作用。当组织形象受损或与公众的关系出现问题时，公共关系职能部门应首先假定公众是对的。换句话说，在事情真相查清之前，不可让公众先担起责任来，这样在今后的工作中才不至于处于被动状态。"假定"一旦被确认为事实，即公众果然是对的，组织形象受损或与公众关系不佳确系组织自身原因引致，那么公共关系就应及时作出积极应变，以改变组织的运行状况来改善组织形象。公共关系职能部门是组织的"信息窗口"，常常最了解组织形象受损或组织与公众关系不佳的原因，对如何改变组织运行状况也最有发言权。一个明智的领导会特别重视公共关系部门的意见，同时公共关系专业人员也应该主动、经常地向决策层提供咨询建议，以充分发挥自己的应变作用。

2. 组织因外部原因形象受损或与公众的关系出现问题。为改变这种不利于组织的状况，公共关系就要发挥其抵御作用。组织形象受损，常常是由组织外部的原因引起的，如假冒商品的出现，公众中以讹传讹的现象等。当有确凿证据证明组织形象受损或与公众关系不佳的责任不在自身，而导源于组织外部的因素时，公共关系职能部门就应发挥它应有的抵御作用。公共关系的这种抵御作用并不是通过行政、法律等刚性手段来实行的，而主要是采用柔性的信息沟通和传播手段来发挥的。例如当市场上出现了假冒商品，企业就可以而且应该利用各种大众传播媒介来加以揭露，以引起公众的注意和警惕。又如当组织与某协作单位之间发生法人关系纠纷并查明主要责任在对方时，它就可以让公共关系工作人员或领导出面主动要求交换意见，以寻求解决纠纷、重新修好的途径。由于公共关系活动采取的是各种柔性手段，所以在其发挥抵御作用时往往能避免采用刚性手段时无路可退的缺点。用柔性手段常常既能使问题得到合情合理的解决,又不留后遗症。当然,在公共关系的协调失败后,组织也可以诉诸行政、法律等刚性手段来解决问题,以起到强制抵御的作用。

第六章

公共关系的类型

公共关系的类型,按照公共关系活动的主体身份、工作对象、功能体现进行划分,可分为主体或部门公共关系、对象公共关系和功能型公共关系三大类。对公共关系活动进行分类考察,有助于我们从公共关系的主体(即社会组织)、公共关系的客体(即公众)和公共关系的过程(即交流、沟通、劝说、引导)三种角度,把握公共关系的工作目标,制订相应的工作计划,并采取合适的运行策略和方法。

第一节 ◇ 主体或部门公共关系

在公共关系一系列活动中,真正扮演主角、起主导作用的是各个具体组织或部门,而公众则是其工作活动的客体或对象。由于主体或部门间各有差异,他们各自的公共关系工作内容和方式也会有所差异。为此,我们有必要按主体身份的不同,对几种不同类型的、较有代表性的公共关系分别加以阐述,并对其公共关系工作实施的特色进行分析。

一、企业公共关系

所谓企业公共关系,就是以企业为主体的公共关系。企业是当今世界公共关系实务运用最广泛、最经常的门类,企业公共关系也是当今公共关系研究成果最多的类型。中国现代公共关系的实践,最早也是从企业起步的,在目前及今后相当长的一段时间内,企业公共关系仍将是理论研究的重点和实践发展最快的一种类型。

企业公共关系活动的核心,是在公众中树立起良好的形象,以利于组织获得与公众一致的共同利益。这一点是所有类型公共关系的共性,与一般公共关系并无二致。但企业公共关系的工作目标又有其自身特点,企业一般是围绕以下三个方面来展开它们的公共关系活动的。

1. 把树立形象的任务渗透到企业管理中。现代管理学认为,现代企业的运行实质上是管理者对人流、物流、资金流、信息流进行综合调节控制的过程。公共关系工作从企业管理角度看,实际上是对信息流进行综合调节控制的一个职能分工部门。树立企业的良好形象首先就是要在信息的流动或运动中,将所要传达的形象信息(含产品形象、企业自身形象)通过各种运行手段传递出去,并对所有涉及企业形象问题的信息流通环节进行严格把关。

2. 广结人缘。企业要在社会中生存发展,除了要有良好的形象,还要有一个尽可能广泛的横向关系网,以争取尽可能多的支持与帮助。树立企业的形象好比竖立一个标杆,广结人缘则是将公众的视线都吸引到这个标杆的周围。广结人缘既是树立形象的基础,又能使企业的良好形象通过广泛的横向关系网辐射出去。

3. 开拓市场。企业的中心任务是通过向社会提供产品和服务，取得更大的经济效益，但要达到这样的目的，就必须维护和开拓市场。因此，企业在致力于开发产品的同时，需投入人力和财力进行市场营销和策划。这主要包括市场教育、二次（售后）服务、消费咨询、运行培训等公共关系活动。但这些活动大多由企业的市场营销部门负责操作，它的公共关系部门应在整合协调的原则下做好自己分内的信息沟通和传播工作，未必直接参与产品销售。企业公共关系的作用主要是争取和吸引稳定的消费公众和保证本企业的市场占有率稳步上升。

二、商业服务业公共关系

商业服务业公共关系就是以商业服务业为主体的公共关系。严格地说，商业与服务业两者有区别，前者是向消费市场提供物质商品，后者以提供智力或技艺服务来满足顾客需要。但两者又有共性，它们都是以业务人员与顾客的直接接触来开展活动的，常常是你中有我，我中有你。基于自身特点，商业服务业有以下三项公共关系任务。

1. 帮助管理层和员工确立优质服务、顾客至上的原则。具体地说，商业服务业的公共关系部门首先要使每一位工作人员都明白：自己所在组织的经济效益是通过最大程度地满足顾客需要而获得的，而这种满足在很大程度上取决于组织成员日常的面对面的服务经营水平。与此同时，要提醒各职能管理部门千方百计地扩大货源，增加花色品种，保证商品采购的质量，提供种种便利措施（如送货上门、免费安装、包教包会、包退包换等），以吸引顾客不断光顾。

2. 抓住有利时机，开展宣传促销活动。商业服务业的工作是以直接满足社会消费公众的各种需求为中心而展开的，但社会公众的消费需求有着很强的季节性和周期性(如季节转换、节假日、旅游淡旺季、地区性的社会活动等),故如何利用各种时机来及时开展宣传促销活动就构成了商业服务业这一类公共关系的又一重要内容。纵观各类消费市场,商业服务业部门总把推出新项目、新的促销计划作为重点来宣传。这说明抓住时机开展宣传在商业服务业公共关系中是一项重要活动。

3. 捕捉市场信息,率先占领市场。此处所说的市场,既可泛指社会消费公众的消费能力、消费水平、消费质量、消费后备力的总和,又可指某个特定行业在某个特定地区的特定消费群体和消费能力。由于商业服务业的生存发展与社会公众的消费状态密切相关,因此捕捉任何一种足以引起市场变化的公众消费倾向变化的信息,就成了商业服务业公共关系的又一个工作内容。从某种意义上说,这方面的工作效果较易体现,但也最难挖掘,它需要长期实践的积累与科学系统的分析,才能为成功奠定基础。

三、金融业公共关系

金融业公共关系就是以金融业为主体的公共关系。金融业,即经营货币资金融通的行业,具体包括与货币的发行、流通、回笼业务有关的银行及与其关系密切的证券公司、信托投资公司、信用社等。鉴于银行最具代表性,我们就以银行为例来作些讨论。

在计划经济制度下,中国实行单一银行制度,银行业由中国人民银行"一统天下"。改革开放,特别是自20世纪90年代以来,情况有了许多变化,例如,四大专业银行以外的股份制商业银行有所发展,从事存贷业务的信用社等非银行金融机构也艰难地保持着自己的业务,但到目前为止,四家国有商业银行(中国工商银行、交通银行、中国农业银行、中国建设银行)在整个银行体系中仍然占据着垄断地位,其市场份额仍然占据绝大部分。此外,四家国有商业银行在结算业务、外汇业务等方面始终"唯我独大"。

金融业的这种垄断优势,为它带来了比其他社会行业更高的经济收入与社会地位。也正因为如此,我们认为,金融业公共关系的立足点就应更高,它不仅应在吸储社会游资、发放社会贷款、参与社会投资等方面发挥自身的独特作用,还应将参与诚信社会建设、塑造良好的服务窗口形象、赢得广泛的社会信任作为其工作的重点与目标。

随着经济改革的深化,中国的四大国有商业银行的改革也进入了实质性启动阶段。值此中美贸易谈判之时,更多的境外银行有望进入中国开展业务,国内银行之间和国内银行与国际银行之间的业务竞争将更趋激烈[①]。毫无疑问,这种情况也势必促进中国金融业制定高屋建瓴的公共关系策略,开展国际一流水平的公共关系活动。

有鉴于此,金融业公共关系应重视以下几方面的工作。

1. 及时公布一切允许公开的金融信息。这类信息主要有汇率、利率,有关的金融政策、法规等。

2. 尊重客户,为客户提供优质服务。这方面值得做的工作有很多,但主要是为客户做好参谋,提供好的投资及贷款方式,为客户理好财、用好财,并尽可能简化有关手续。

3. 做好金融宣传工作。可利用橱窗、自控媒介、手册之类,及时而有效地宣传新的服务项目、使用方法、申办手续等。

4. 切实执行金融法规,保护公众财产。切忌搞违规的人情贷款、领导批条,堵住骗贷、骗汇及任何形式的金融犯罪,严防国家和公众的财产流失。

---

① 修订本章内容时,正值中美贸易谈判进入最后阶段(2019 年 3 月)。

四、政府公共关系

政府公共关系是以各级政府为主体、以广大内外公众为客体的一种特殊的公共关系类型。政府公共关系活动是指政府为了更好地管理社会事务、争取公众对政府工作的理解和支持、塑造良好的形象,运用各种运行手段与社会公众建立、协调、改善关系的政府行为。

政府公关的特殊性主要表现在以下两个方面。

1. 构成要素的性质特殊。就公关主体具有层次性、权威性和唯一性而言,可分为中央政府和地方政府。就公关客体具有广泛性、复杂性和相对性而言,可分为外部公众、内部公众和辖区公众。政府掌握着大量的交流、沟通、劝说和引导工具,政府与辖区公众之间具有上级与下级的严密组织关系,因此,政府公关运行具有主动灵活、覆盖宽广等综合优势。

2. 公关的目标任务特殊。政府公关的主要目标是提高政府的美誉度。政府公关的宗旨是全心全意为公众服务,通过广泛周到的社会服务满足公众不断提高的物质期待和精神需求,树立"廉洁、勤政、务实、高效"的政府形象。

政府的职能是对国家各个方面的事务进行指导、管理、协调、监督、保卫、服务。由于权力在实行过程中对当事人必然带有权威性、不可更移性、强制性的特点,因此在政府公共关系中如何体现"公众利益第一"的观念就成为首要目标。这方面的具体工作包括以下四个方面:(1)认真倾听公众呼声。其目的是借以了解公众对政府的印象、评价和期望,并以此作为施政参考。(2)为公众办实事、谋实利。这主要是指提高政府的管理效益,真正造福于百姓。(3)发挥新闻媒介的作用。一方面扩大对政府方针、政策的宣传,另一方面加强"舆论监督"的作用。(4)开辟政民之间的多种联系渠道。以定期召开"新闻发布会"、设立"市长信箱"和"专线电话"、开设政府微博或微信公众号等多种形式,加强与公众的联系,树立良好形象。

在后信息社会,信息爆炸性激增已经成为包括政府工作人员在内的所有公众必须关注的现象,这就使政府机构越来越多地担负起信息总汇的角色。如何有效地收集、处理、存储、传播信息就成为政府公共关系的重要任务。这方面的具体工作有以下两方面:(1)主动地、有计划地收集信息。这包括广泛开展各种类型的国情民意社会调查,充分掌握各种最新资料;设立专门调查统计机构,使信息收集、整理工作做到部门化、专业化、定期化、定量化。(2)及时地公开传播信息。指的是尽快通过各种信息传播媒介(报刊、电台、电视、网络、公告等)渠道,举行新闻发布会、记者招待会、人民代表咨询或座谈会,向社会各界公众发布信息,并不断向新闻媒介提供社会公众舆论关注的材料。

政府工作人员由于代表国家机构和组织来行使权力,他们的素质、效率、作风都会直接关系到政事的成败,也直接影响到政府形象。因此,把政府工作人员的相关背景资讯公开化是政府公共关系的又一个任务。其具体内容包括:定期公布政府工作人员的政绩,对其中升迁罢黜者要向社会公众交代理由,干部的述职报告应由社会公众代表签署意见;政府工作人员所享有的经济待遇、福利标准以及家庭情况除涉及法律规定的隐私范围外,都应让社会各界知晓,其个人情况的"透明度"应高于社会一般公众;尽可能向社会公众介绍担任要职的政府工作人员的背景情况(如家庭籍贯、文化程度、学术成果、工作业绩等)。其意义有二:一可让公众产生亲近感,利于融洽工作关系;二可扩大工作人员的知名度,使其积累较好的公众基础。

根据目前全国政治、经济、文化的发展进程，各级政府部门可从以下五个方面来加强和改进自己的公关工作。

（1）培养全员公关特别是领导公关意识，并在此基础上，借鉴国内外优秀公关理论和实践成果，积极探索具有中国特色的、适应目前各地不断深化经济体制改革和行政体制改革发展趋势的政府公关理论体系，有效地指导行政公关实践。

（2）以现有的"新闻发言人"制度为基础，内设精简高效的公关机构，将分散的公关职能汇合起来，有计划、有步骤、积极主动地开展公关活动，适度分担主要领导的公关压力，提高政府的公关功效。

（3）利用专业协会、职业学校和公关公司的力量，采取在职和脱产学习等灵活多样的形式，迅速培养自己的公共关系人员，逐步形成各级政府的公关体系。

（4）指导公关人员全力做好公关交际、公关写作、公关调查、公关策划、公关接待、公关谈判等公关工作。

（5）以各政府机构职业道德为基础，参考国内外公关职业道德标准，在发展政府公关事业的同时，建立和完善有利于促进社会主义市场经济发展，符合社会主义精神文明、政治文明的政府公关职业道德规范。

政府公关作为一种特殊类型的公共关系，必将在加强社会主义民主与法治建设、发展社会主义市场经济、实现新形势下的政府宏观调控职能和服务职能、建设社会主义文明等方面发挥巨大而持久的推动作用。

五、事业、团体公共关系

事业组织是指为适应社会需要而由国家提供资金设立的专门

性机构,如学校、博物馆、图书馆等。团体组织是指具有共同利益或背景的人们为实现某种社会理想而自愿结合形成的非营利性组织,如专业学术团体、少数民族团体、宗教团体、残疾人团体、妇女团体等。这两者在"非营利性"上是一致的,故列入一类论述。事业、团体组织由于自身的特点,其公共关系工作目标除了具有一般公共关系的共性任务(如建立自身良好形象、扩大社会影响)之外,还有着自己的几个特点。

1. 确立一种高于一般社会认识水平和道德水准的组织形象。其具体目标有:(1)组织担当的崇高社会道义责任;(2)组织为社会做贡献的献身精神;(3)组织成员有较高的文化知识水平和社会公德规范。

2. 在社会舆论形式中,保持和发挥自身的独特优势作用。事业、团体组织在社会利益关系格局中处于较超脱的地位,故其对社会各种问题的看法往往会受到社会各个方面的重视,并成为社会舆论的主要倾向。因此,事业、团体组织公共关系可以在两方面显示作用:一是通过参政议政来显示自身价值,争取社会各界的理解与承认;二是以身作则,在社会各界公众中带头建立一种良好的社会行为作风,并对不良风气勇于抨击。

3. 积极参与和组织各种社会活动。这类社会活动主要围绕某个公益目标进行,参加原则是自愿、平等,而且要淡化功利色彩,以营造公众正面的心理基础。事业、团体组织尽管财力有限,但要努力在各种活动中起到领导、组织和联络的作用,既使广大社会公众受益,又能扩大组织自身的影响。

六、社会公众人物公共关系

社会公众人物与一般社会公民不同,他们有较高的社会知名度,是广受公众关注的人物。社会公众人物有社会明星或社会热点人物(如影星、歌星、球星、畅销书作家、重大事件主角等),高级政府官员和社会活动家(如慈善家、热心社会公众事务的活动家等)也属此列。

由于以上这类人物社会身份特殊,社会声誉高,社会影响大,他们的一言一行、一举一动往往很自然地广受媒体及公众的关注,因此,公众对他们的期望也就比一般人要高。公众不仅期待他们在所属职业领域中表现优异、出类拔萃,而且对他们的为人处世也提出了更高的道德要求。从社会公众人物自身出发,为了促进自己的事业,延续、扩大、提高自己的知名度,他们也有必要有目的地去争取更多的公众与舆论的支持。正是在此基础上,社会公众人物有意识地去主动开展公共关系活动,就成为理所当然的事了。

在西方国家,社会公众人物公共关系活动的开展由来已久。如美国影坛著名童星秀兰·邓波儿当年以天真活泼、淘气可爱的银幕形象风靡世界,征服了亿万影迷的心,成年以后,她一方面仍从事演艺活动,另一方面则有效地利用自己创造的社会声誉与形象,成功地充当了民间亲善与和平使节的角色,受到所到国家与地区人民广泛而热烈的欢迎。此外,如球王贝利、拳王阿里、篮球巨星乔丹,也都以各自不同的方式,成功地开展了公共关系活动,赢得了广大公众的青睐。在中国,各行各业的社会公众人物对公共关系招数的运用,不再懵然无知,有的蠢蠢欲动,有的牛刀初试,有的一举成名,有的已经红遍大江南北。

与其他主体公共关系相比,社会公众人物有着自身的特殊性,他们在具体开展自身的公共关系活动时,应经常告诫自己做好以下几点。

1. 要经常参加社会公益活动。社会公众人物不仅要做好本职工作,在可能的情况下,还应经常参加社会公益活动,如扶助老弱病残、挽救失足青年、资助失学儿童等。事实上,他们的社会声望将会有助于社会公益活动的推进。

2. 要严格要求自己,时时注意维护自己的形象。社会公众人物应该十分珍惜自己的名望,不可自恃特殊而骄横跋扈,切忌闹出罢演、漏税、做假广告之类的丑闻,而要时时刻刻做遵纪守法的楷模、待人接物的表率。

3. 要善于与媒体打交道。社会公众人物的成功离不开媒体的宣传以至炒作,但弄得不好,媒体也可能搞得你灰头土脸、名誉扫地。社会公众人物应在尊重事实、恪守新闻规范的前提下,积极配合媒体的采访、报道,以更好地传播有关信息及塑造美好形象。

第二节 ◇ 对象公共关系

对象公共关系主要是按照公众的横向划分而开展的,有多少类公众就有多少类对象公共关系。我们将从大处着眼,将对象公共关系划为以下八类。

一、员工关系

任何组织因其性质不同,会面临不同的公众对象,但它们有着一个共同点,那就是每个组织都有自己的员工。员工是组织的生命细胞,组织的目标只有通过他们的合理分工并各尽其责才能实现,所谓只有做到了"员工第一",才能真正做到"顾客第一",就是这个道理。另外,每个员工对外都直接代表着组织的形象,不论是从事外部事务工作的,还是承担内部分工任务的,无一例外。鉴于这一点,员工关系不仅是一个组织"全员公关"的基础,而且是对象公共关系中最基本、最重要的一类。良好的员工关系是组织开展其他方面的公共关系必须具有的保证。

员工公共关系的基本任务有二：首先是培养员工对本组织的认同感、归属感；其次是创造和谐融洽的人事环境。要圆满完成这两项任务，可先从以下四个方面着手。

1. 了解员工，承认和尊重员工的个人价值。这是现代管理学中的一个核心理念。当前，中国各行各业的组织在这方面要做好的是密切上下关系，完善奖惩制度，优化工作条件，鼓励自我实现。

2. 在管理高层与基层员工之间建立体制化的联系渠道。具体做法包括：定期召开对话会、重视员工合理化建议、发挥各类自控传播媒介（如本单位报纸、刊物、电台和网站）的作用、定期进行专题性的民意测验等。

3. 对员工进行多样化的职业培训，开发潜力资源。这种培训不仅要有业务性的课题，也要兼顾非业务性的内容，并可采取内部与外部、长期与短期、脱产与不脱产等多种形式，以全面提高员工职业素质。

4. 组织各种联谊、福利活动，诸如文艺演出、体育比赛、舞会、旅游、参观等，以联络感情、调节精神。此外，组织的公共关系部门应时常提醒管理高层关心员工的家庭生活，及时为他们排忧解难，协助有关部门落实组织对员工的各种福利承诺，使他们专心工作而无后顾之忧。

二、消费者关系

消费者关系是组织外部公共关系中最重要的一类。一般说来，一方面，组织自身目标的最终实现与否，直接取决于它与消费者的关系处理;另一方面,对组织外部公共关系来说,消费者也是与组织关系最为广泛、密切的一类公众,他们不但分布广、种类多,而且往往表现为具体的人与人之间的直接互动,如销售与购买、服务与服务消费等。此外,消费者关系并不局限于生产或推销生活资料的组织,也包括生产或推销生产资料(如钢材、矿石、木材)和精神产品(如书籍、报刊或非物化的服务项目,如导游、表演等)的组织。也就是说,一切生产或推销物质和精神产品供社会消费的组织,都存在着消费者关系。

"顾客总是正确的"这一句口号,可看作组织对消费者关系的一般原则,它不但概括了组织与消费者的关系状态的最佳境界,而且直接反映了组织在处理、调节与消费者关系时应该持有的基本态度。事实也是如此,本着对公众负责的精神以及维护与发展本身利益的目的,组织应主动地调节好与消费者之间的关系。具体做法大体有四条。

1. 根据消费者特点,协助职能部门制定各自合适的优质服务程序和创造最佳的消费环境。比如服装就不同于食品、书籍或家电等其他消费品,应该制定相应的服务措施,如设立男女各式服装专柜、代人剪裁、定制特型服装等,也可配置穿衣镜、试衣室等设施,为消费者选购服装创造相宜的服务环境。

2. 以消费品为桥梁,配合营销部门与消费者建立长期而又稳定的关系,开发消费者蕴藏的消费潜力。以出版社、书店为例,应该看到,将书籍卖出并不是与购书者关系的终结,而是这种关系建立和发展的开始。书商可用面对面的小型座谈会或不见面的互联网,听取读者对图书出版、发行和销售工作的看法,并以之作为今后如何优化出版选题、扩大发行、改变图书上柜品种的参考。

3. 为保障消费者权利而制定具体的维护措施,其原则内容主要有安全、陈述、选择、知晓四个方面。以食品为例,组织应对消费者的卫生健康负责,允许消费者陈述其对消费品的意见,保证消费者有选择消费品的自由,消费者有了解(知晓)有关商品的性能、使用、保管等情况的权利。一个组织只有把握好了上述四个原则,才有可能搞好消费者关系。公关人员的工作就是配合管理层和职能部门,想方设法把这些原则落到实处。

4. 想消费者所想,急消费者所急,配合和协助职能部门不断开发适应消费者需要的新产品或服务方式。随着社会整体消费水平、消费品位、消费期待的不断提高,消费者对各种消费品无论从品种、款式上,还是性能、内容上,都会产生新的需求和愿望。这种需求和愿望可以变为无限商机,变为扩大和深化消费者关系的极佳机会。

三、政府关系

政府不仅是公共关系的主体,而且无一例外地又是公共关系的对象。政府在公共关系中"主""客"角色互换,其公关行为也要作相应的调整。

将政府当作一种特殊的"公众"来看待,是公共关系实践与理论的一大发展。国外公共关系已在这方面积累了不少经验,中国起步虽晚,但春意已浓。用历史发展的眼光来看,今后这方面的工作一定会开展得更加广泛和深入。我们将结合国外经验与国内实际,对政府作为公共关系的对象、与"主体"地位相悖的这一特点,概括地作些阐述。

这里所说的政府含有不同层次,从纵向说有中央政府与各级地方政府,就横向看有承担各种不同职能的政府部门,包括立法部门、司法部门和执法部门,还有工商管理、税务管理、土地管理、司法管理部门等。众所周知,政府是对社会进行统一管理的权力机构，没有它的有效管理，社会的整体运行就无法正常进行。各类组织是社会整体运行的一部分，当然免不了要与政府发生关系。由于政府与社会组织之间常常是一种管理与被管理的关系，这就决定了组织对政府关系的四个基本原则和特点。

1. 自觉接受政府的管理和指导，恪守国家有关政策法令。组织在具体的运行过程中，应妥善处理国家利益与组织利益的关系。

2. 及时、全面、准确地掌握与研究政府所颁布的有关政策、法令内容，注意按照其内容变化相应调整本组织的决策方向及实施计划。

3. 主动给政府部门提供信息。组织向政府提供信息，须主动做好沟通工作，使国家所通过的法律、政府所制定的政策，做到合情合理。

4. 积极向政府部门就其政策和工作提出合理化建议。组织要主动配合政府工作人员搞好公众服务、亲民施政，协助改善政府在社会公众心目中的形象和美誉度。

从表面上看，上述四个基本特点和原则似乎都在说如何接受政府管理、如何帮助政府做好上下疏通的工作。是的，这正是搞好政府关系的要旨和诀窍。常言道，"礼尚往来""来而不往非礼也"。一个组织能如此支持政府、配合政府部门的工作、努力改善"政府关系"，政府能不善待你吗？

四、媒体关系

媒体指的是各种新闻传播机构，其中包括报纸、杂志、书籍、广播、电视、通讯社、互联网站等。媒体是专门从事向社会公众发布和传达新闻和各种信息的机构。就新闻传播媒体作为组织的外部公共关系公众而言，它一方面是组织的公共关系对象——公众，另一方面又负有将组织的有关信息扩散、传播出去的社会责任。由于新闻传播媒体具有的信息传播功能直接关系到组织的信息扩散及它在公众舆论中的形象,媒体关系就很自然地在组织外部公共关系事务中占据重要的地位。

组织的公共关系活动离不开传播媒体,这就与媒体的日常活动密切相关了。正因为如此,组织对媒体关系的成功与否也就主要取决于以下两点。

1. 组织的公共关系从业人员是否熟悉、了解新闻传播活动的特点和规律以及新闻传播媒体的工作方式,这对组织与新闻媒体搞好关系至关重要。如果公关从业人员对此了如指掌、稔熟于心,那就能运用新闻媒体开展更有效的工作。这样的公关人员能主动向新闻传播媒体提供有价值的新闻线索,能不失时机地召开记者招待会或新闻发布会,能积极提供方便以配合新闻媒体人员的工作,也只有这样才能争取到新闻传播媒体对组织的支持。此外,有经验的公关人员在广告设计上、自身宣传文章的措辞把握上,也常虚心听取媒体朋友的意见,以便用最佳的内容与形式,通过最佳的传播载体,获得最佳的宣传效果。

2. 组织能否正确对待新闻媒体关于本组织信息的传播,有两重含义:一是如何对待有利于本组织的信息传播(如表扬性报道);二是怎样看待不利于本组织的信息传播(如批评性报道)。总的说来,组织的正确态度应该是主动提供客观、公正、全面的事实,包括媒体人员可能误解或尚未掌握的情况,恳切地、实事求是地把事情的缘由和来龙去脉交代清楚。在此前提下,对有利的报道应保持谦虚冷静,将其作为本组织继续发展的动力与契机,切忌头脑发热,忘乎所以;对不利的报道应持有则改之、无则加勉的态度,正视舆论,尊重媒体,并及时、主动地提供自己的最新发展情况或补救措施,以获得媒体的理解和支持。

五、社区关系

社区是社会学里的一个概念,意为具有社会功能的某特定地理区域,如乡镇、街道和居住小区,是公众共同拥有的生存空间。任何组织的存在都离不开一个具体的社区,也必然要与社区公众发生这样或那样的关系,具体如当地社区的主管机构、居民及其他组织等。社区关系处理的好坏,直接影响到组织在相关社区的生存、发展和它的整体形象,不容丝毫忽视。

在一个社区内,组织常常是颇具人力、物力和财力的社会成员。组织的社区关系重点应着眼于尽可能满足该社区对它的基本要求。这方面的工作具体包括四个方面。

1. 组织应尽可能避免或减少自身活动对社区其他公众正常活动的影响。例如,组织应该努力做好废水、废烟、废气的"三废"控制与治理,努力减少噪音,十分注意安全生产,为自己树立一个有责任感的社区成员的形象。

2. 组织的经济、文化、科研等活动应努力先立足本社区,然后扩及外地,在可能的情况下应视当地公众为最基本、最直接的顾客,了解其动向与需求变化,尽可能予以满足。大量实例证明,立足本地常是一个组织向区域、全国以至世界市场拓展的前提与基础。

3. 尽可能将组织内部非生产性、专业性的文化、福利设施向社会开放,使社区公众都能分享。同时,适当安排社区内公众参观本组织,以使他们对组织的性质、活动有更深了解,便于维护长期和谐的关系,得到公众的理解与支持。

4. 积极承担社区内的公共事务或公益活动,比如捐助或修建公共设施(如公园、道路、风雨亭、室内菜场、图书馆等)、维护社区治安、出资组织或赞助文艺表演或体育竞赛、提供义务性的专业服务、兴办第三产业等。这不但能施惠社区公众,而且有助于提升本组织的美誉度和整体形象。

六、股东关系

股东关系就是组织与投资者的关系,多见于盈利性组织(如股份公司、合资企业等),但事业团体组织(如博物馆、科技工作者协会等)与赞助者、基金会的关系也可归入这一类。股东关系在国外早已成熟,在国内也一样热门,不再是个陌生或时髦话题。

股东是股份公司的资本支持者,是组织发展的重要资金来源。股东关系的基本目的就是稳定已有的股东队伍,吸引潜在的投资者。根据这一要求,在股东关系上有如下处理要点。

1. 尊重股东的主人翁意识。股东一旦投资,就意味着其利益与组织休戚相关,便很自然地萌发出主人翁意识。在涉及股金运用和组织发展的问题上,应让股东享有决策层享有的知晓权。平时也应建立经常的信息通报关系,让股东充分了解、关心组织运营及业绩情况。

2. 吸收和激励股东参与组织经营活动。组织应积极鼓励股东献计献策,并激发股东身体力行,既做公司产品或服务的消费者,又做它的宣传者和推销者。

3. 保证股东应有的经济权益。这有两方面的含义:一是及时地发放真实的股金红利或增配股;二是切实保障股东享有契约规定范围内的退还或转让股金的权利。

七、竞争对手关系

对手关系常常又是同行关系。一般说来,同一种行业所面临的原料、市场、技术、设备、信息等情况,彼此间有着密切相关的利害关系,相互间很自然地会形成一种竞争态势。过去中国有句俗语叫"同行是冤家",这典型地概括了这一现象的历史记忆。

社会上同行间的竞争法则,跟自然界一样,也是"优胜劣汰""适者生存",这就使得同行关系显得比其他对象公共关系更为复杂和棘手。在有些地区和行业,同行关系常表现为你死我活的竞争,有时为了压住或击垮对手,同行间还不惜采取尔虞我诈、勾心斗角的不当手段。这方面的事例,古今中外比比皆是,举不胜举。小说《东风化雨》对英商邓禄普洋行如何不择手段打击上海某华商橡胶厂有过精彩的描述。而美国"可口可乐"与"百事可乐"之间的竞争,已成玩不尽的百年游戏。中国的出口贸易在有些行业也经常出现大鱼吃小鱼、小鱼吃虾米的残酷现象,什么"行业一盘棋",什么"要尊重游戏规则",可以全被抛在脑后。其实,同行在很多情况下是没有根本的利害冲突的,他们的利益可以是相通的,所以如何处理好竞争对手的关系,如何把这种关系首先作为伙伴关系来处理,有着战略意义。

组织在处理同行竞争关系时应遵循以下三项原则:

1. 把握好竞争目的。同行组织间竞争的最终目的应该是相互促进、竞相发展。彼此竞争,天经地义,目的仍是为了做好自己,力争第一。竞争不是倾轧对手,搞垮同行,它的最高境界是取他人之长,补自己之短。

2. 运用好竞争招数。竞争的招数全在《孙子兵法》,何须尔虞我诈、你死我活?自己输了,急起直追;自己赢了,谨防骄横。最要记住的是,竞争态度在前,竞争招数在后。态度正了,招数召之即来。

3. 竞争不忘协作。同行虽是竞争对手,但又可做协作伙伴,可以相互交流经验,可以支援人力或财力,甚至可以在某个领域结成联盟。这可能是另一种意义的竞争——"竞争精神"的竞争。

八、国际公共关系

运用公共关系来处理国际交往，还是一个大有潜力可挖的领域。国际公共关系的宏观层次与国与国的外交关系是相通的。当然，国际公共关系并不只涉及国与国之间的语境，那只是国际公关的"大观"。它的"中观"是一般组织与外国公众的语境。

随着全球、地区经济的一体化，世界各国及地区的企业或其他组织都虎视眈眈于国际市场。一方面，近年来跨国公司从数量到经营范围发展迅猛；另一方面，对外贸易及服务也成了一个国家或地区经济持续发展的重要组成部分。在这一形势的推动下，国际公共关系势必成为企业或组织跨国经营的重要活动。国际公共关系活动大致可分两种情况：一是在本国境内与外国组织及公众打交道，如酒店对国外客人接待；二是在外国境内与外国组织和公众发生关系，如在境外经营的公司。国际公共关系既然与国外组织及公众打交道，那么它必须有相异于一般公共关系的独特做法。

1. 建立国际交往的形象和信誉。国际公关打交道的是国外组织、国外公众，自身形象和信誉的建立和好坏，将直接影响到国外市场的开拓与维系。任何一个新市场的开拓，绝非一朝一夕之功，因此要制订短期、中期、长期计划，循序渐进，切忌大起大落。

2. 国际公关要充分考虑到国外公众的政治、经济、文化、风俗、习惯、历史等背景因素。要做到"入乡随俗"，因人因地而异，不能"强人所难"，以自己的好恶为取舍标准。

3. 企业或其他组织在开展国际公关活动中，既要遵守公认的国际规范和礼仪，又要保持自己的个性，不牺牲自己的文化价值和国家利益，做到不卑不亢，有理有节。

4. 要经常开展各种联谊活动，尊重国外公众的生活习惯和审美品味，其内容和形式，或阳春白雪，或下里巴人。谨防一味奉承，只有自重自爱，才能赢得真情和友人。

第三节 ◇ 功能型公共关系

所谓功能型公共关系，是以公共关系的功能形态来划分的，它贯穿于各种主体公共关系和对象公共关系活动之中。功能型公共关系大致可分四种：日常事务型、宣传型、征询型和矫正型。

一、日常事务型公共关系

日常事务型公共关系，无非是贯穿于组织每个成员日常事务中的那种公共关系。在工作的每一个节点，就员工留下的印象而言，要么好印象，要么坏印象，要么不好也不坏。一家公司，假如每个员工时时注意形象，处处给人好感，它在公众中留下的印象，怎么会不好？一家企业，从原材料采购，到生产，到包装，到批发销售、售后服务，步步把关，样样到家，顾客怎么会不满意不赞扬？同时，对员工的劳动保护、生活福利和医疗保健，事无大小，都无微不至地予以关怀，长此以往，员工怎么会"事不关己高高挂起"？由此可见，日常事务型公共关系，与上一章提到的"全员公关"有着唇齿相依的紧密关联。

日常事务型公共关系工作的要点，不仅在于组织各项工作的文明化和制度化，而且要时时关注落实情况。首先，它要求一个组织在管理思想上树立文明经营的理念，在生产上不偷工减料，不弄虚作假；在销售上礼貌待人，货真价实，童叟无欺；即使与公众发生矛盾,也应本着严于律己、宽以待人的精神妥善地予以处理;无论内外公众,皆应以诚相待,以情为重,不作损人利己之举。组织对所属各部门、各工种必须制定相应的规章制度,并且要使这些制度条款化、公开化,做好宣传,严于落实。

二、宣传型公共关系

宣传型公共关系,指的是组织以各种媒体为工具,向公众进行宣传,从而创造对组织有利的社会舆论环境[①]。

宣传型公共关系活动,顾名思义,是离不开新闻传播媒介的。宣传型公关运用的媒介粗略地说有三种:一是新闻媒介,如报纸、杂志、电台、电视台、新闻网站等;二是广告媒介,如路牌广告、车船广告、印刷广告、幻灯广告、网络广告等;三是自控媒介,如各种宣传资料、具有独立域名的网站、产品目录、定期定向散发的贺信或贺卡、自办的广播站、黑板报及厂报以至精心准备的演讲报告会、订货会或展销会等。由于各种媒介的性能效果、费用开支各不相同,所以在具体选择时必须考虑到以下两个因素。

1. 公众类型。组织的宣传型公共关系所面对的不外乎内部与外部两大类公众。就内部公众而言,通常只需要运用自控媒介就可以进行有效的宣传。对外部公众的宣传,因时、因地、因人而异,必须选择适当的传播媒介。比如本地人就利用本地报纸、电台、电视台,外地人就运用外地或全国性的报纸、电台、电视台等媒介。

2. 宣传主题。任何一个组织经常会有目的地开展各种主题的宣传活动,比如常常围绕庆典筹划、产品发布、社会赞助等事件铺

[①] 这里的宣传,译成英语,不是 propaganda,而是 publicity。

设主题,巧妙展开,达到自己的特定宣传目的。针对不同的宣传主题,组织应选择最适宜的传播媒介,以求获得最佳效果。

宣传型公共关系要注意贯彻四项基本宣传原则:第一,宣传的主题要明确;第二,宣传的故事要真实;第三,宣传的程序要合理;第四,宣传的话语要中肯。

三、征询型公共关系

所谓征询型公共关系,是向组织的决策高层和管理职能部门提供征询或咨询,如对市场趋势和公众意向等信息的收集整理,进行研究,作出判断。随着现代组织决策的科学化、专业化和数据化,征询型公共关系对组织的影响正在日益提高。

征询型公共关系有两种形式。一种是隶属于组织内的,它理所当然地各为其主服务,一方面收集与本组织发展相关的信息,对之进行研究、分析,形成结论或预测;另一方面则向组织决策层提供有关资料或数据,或将他们的意见或设想转达给职能部门或相关人员作参考。

另一种形式是独立于组织之外的专业咨询公司或机构。专业咨询公司的服务类目有的比较广泛,有的专注某一个咨询项目。这些专业咨询公司的工作手段主要有公众舆论调查、公众行为研究、市场综合分析等,通过收集信息并对这些信息进行综合判断,最后向有关组织提供咨询,使其在竞争激烈的市场环境中求得生存和发展。更为具体地了解公众舆论及环境情报的方法,视具体情况而定,可以具体到征求某个产品的设计意向,提供某个商品的使用、保养和维修知识,以至重新修订公众来信来访程序。这样,一方面将公众对组织及产品、服务的各种反映信息收集起来,以供组织决策参考;另一方面将组织的有关情况反馈给公众,增进公众对组织的了解。

四、矫正型公共关系

矫正型公共关系既可称为补救型公共关系,也可叫作"危机公关"。它指的是在组织形象受到损害时,如何着手采取各项有效措施,做好善后或修正工作以挽回声誉、重建形象的专门活动。

矫正型公共关系的工作程序主要由以下三个步骤构成。

1. 查明事情真相及问题的症结。当一个组织形象受到损害时,公共关系部门应立即派人去向有关部门、地区、公众了解有关事件的来龙去脉和前因后果,并迅速协同有关部门分析事故原因,找出主要责任者。

2. 制定积极有效的措施或采取主动进取的行动。在找到组织形象受损的原因或责任者以后,不要怨天尤人或听之任之,也不要束手无策或手忙脚乱,而应该会同有关部门或人员制定出对症下药的补救措施,或者迅速诚恳表明自己的态度,争取谅解与合作。

3. 调查、检验事后的影响及反映。对有关损害组织形象的事件处理、解决后,公共关系部门还应对矫正、补救工作的效果进行检验,问一问:原有的问题是否完全或部分地解决了?公众对组织的印象是否部分或完全地改变了?组织的不利局面是否部分或完全地好转了?这样不仅能使自己对工作的效果做到心中有数,又可为今后如何处理这类事件总结出一套经验教训来。

矫正型公共关系的工作,粗略地分,大致有两类:第一类是组织形象受损的原因是主观造成的,责任主要在组织这一方面,比如因产品质量下降、服务不周、工作失误、环境污染等问题而引起公众对组织的不满。对这种因组织本身原因而造成的公众关系失调,组织及其公共关系部门应主动出面承担责任,向有关公众赔礼道歉,甚至可通过新闻媒介公开认错,同时表明自己已经或将要采取的补救措施,以争取尽可能快地平息风波,使组织形象受损的程度与范围控制在最小限度内。除此以外,公共关系部门还可在组织的支持下,主动地、有意识地以这次事件为契机,积极地利用新闻媒介展开宣传,公开表明自己知错改错的诚意,公布自己积极补救的措施,并用补救后的事实及公众的正面反应来证实自己的转变,将坏事变好事,反败为胜,改善和提高自己的美誉度。

第二类是由于公众的误解或少数人蓄意制造事端而引起的组织形象受损。在这种情况下,组织及公共关系部门不能得理不让人,一味指责公众或他人,那样不但会将事情越闹越僵,而且有可能更加损害组织在公众中的声誉。因为对于更多的不明真相的公众来说,他们直接感受到的可能是组织的无礼和无端指责,而未能了解事情的真正起因或肇事者。明智的做法是,为了尽快平息风波,改善组织在公众中的形象,应迅速将已查明的真相公之于众,消除公众的误会,指出问题的真实所在,同时也表明自己工作的某些不周到之处,请求公众谅解,并进一步表露本组织对公众的诚恳态度与合作精神。这样做的结果,可以消除公众的误会,显示自己的清白,争取到公众舆论的正面转化。

第七章
公共关系的规范和准则

公共关系须遵循哪些行为规范和准则，首先要看公共关系的目标和任务是什么。如我们在前文的工作定义所规定的，"公共关系是一个社会组织或某公众人物，在一定职业伦理规范的指引下，为谋取有关公众的理解和合作而从事的一种交流、沟通、劝说、引导活动"。既然公共关系是一个社会组织"为谋取有关公众的理解和合作而从事的一种交流、沟通、劝说、引导活动"，那么公共关系的行为就应该充分尊重公众的意愿，保护他们的利益；因为是一个社会组织的行为，所以又应该在不损害社会公众利益的前提下，维护自身组织的利益，从而实现组织与特定公众的双赢；因为是一种交流、沟通、劝说、引导活动，所以还应该遵守交流、沟通、劝说、引导的一般准则和有关的法律法规；因为是组织为了谋求发展所采取的对变化着的环境的主动应对策略，所以又要发挥主观能动性，不断开创公共关系工作的新局面。我们将从上述四个方面来对公共关系的规范和准则进行阐述。

第一节 ◇ 公共关系必须以满足公众需求为出发点

现代行为科学的一个基本观点是,人的任何行为的产生皆出于他的个体需求。人的需求可以划分成不同层次,由低层次向高层次递进,而高层次的需求以低层次的满足为前提。人是公共关系的工作对象,故人的需求以及与此相关的人的态度、情感、认知等因素,理所当然也应纳入公共关系的研究范围。换言之,公共关系必须把满足人的需求作为它的一个基本准则。

人的需求是无限的、多样的,既有物质需求,又有精神需求;既有一般需求,又有特殊需求。随着环境及自身情况的改变,人的需求同样也会随之变化。公共关系活动的开展应以满足公众需求为出发点。我们不可能一一列举公众的各种需求,就来看看如何满足公众的两大普遍需求:一是知晓需求,一是自尊需求。

所谓知晓需求,也就是人们有着减少各种"不确定性"的要求①。而减少各种"不确定性",正好与公共关系所主张的"为谋取有关公众的理解和合作而从事的一种交流、沟通、劝说、引导活动"相吻合。按理说,要做到满足公众的知晓需求并不难,但在公共关系实践中却常常做得不尽如人意。其实,尽可能满足公众的知晓心理需求是十分有益于组织的。因为组织将各种相关信息传递给公众,这不但可以满足他们的知晓心理需求,而且能够增加他们对组织的信赖度和亲近感,从而促使他们有可能成为组织的长期、稳定的公众。有的人认为,如将不利于组织的信息披露出去,以迎合公众的知晓心理需求,那不是家丑外扬、拆自己的台吗?从长远的观点看问题,将于己不利的信息(如事情真相)公之于众,不但不会

---

① 信息论对信息的划时代定义正是这种"不确定性"。

影响自己的声誉,反而会增进公众的理解,从而引发他们对组织有利的行为(如消费行为),而靠隐瞒和欺骗来蒙混公众,可能一时得逞,但长此以往,最终会搬起石头砸自己的脚,受到公众舆论的谴责,以致造成难以弥补的损失。

组织公共关系在开展活动时,应充分考虑如何切实地满足公众的知晓心理需求,力争做到"百问不厌,有问必答;如实告知,实事求是"。这样做的结果往往是公众的赞誉和尊重。

公众的另一个普遍需求就是自尊。公共关系是组织与其公众打交道的一项工作,说到底是要与各种各样的具体的人打交道的。人都有自尊的需求[①]。呼出"顾客至上"之类的口号容易做到,但是如何在日常的关系交往中——在实际行动中——真正做到"顾客是上帝",可能是难上加难的事。组织的公共关系部门及人员应该严格按职业礼仪操作规范,把满足公众的自尊需求,落实到组织与公众发生交往的每一个细节中。

包括职业公关人员在内的组织员工须十分注意以礼待人,对公众要一视同仁,童叟无欺,并虚心征求与听取他们的意见,尊重公众的选择及风俗习惯,不强人所难,不夺人所好,那么他们必将获得公众的赞誉,组织形象也一定会在公众心目中获得肯定和提高。反之,如果盛气凌人,吆三喝四,挖苦奚落,直接侵犯公众人格,那么你不仅犯了职业道德之大忌,而且给自己代表的组织形象泼了墨、涂了黑。有个经典的案例:世界著名华人华侨领袖、社会活动家、美国中美友好协会会长陈香梅[②],曾因为在北京友谊商店购物受到个别营业员的不礼貌对待,感到人格受辱,一气之下,直接上书中国最高领导机关。陈香梅尚且受到奚落,一般百姓就更

[①] 在马斯洛的需求层次理论中,人的自尊是一个重要层次。
[②] 陈香梅女士已于2018年3月30日逝世。

可想而知了,殊不知人的一个笑容、一句你好,是可以撑起一片天的。

第二节 ◇ 公共关系必须十分注重社会效益

公共关系活动是通过组织与公众之间的双向沟通来相互了解适应的,相互了解、相互适应既以社会的首肯和支持为条件,又以社会的和谐与进步为结果。组织和公众与作为大环境的社会,三者密不可分,三者各自的效益也是互补互惠的。鉴于此种认识,公共关系作为一种行业,在照顾自身和公众的效益的同时,必须十分注重社会效益。

一、社会是组织和公众的天然语境

每一个组织、每一种公众,都是社会整体的一个部分。社会是一张网,它要靠组织和公众来编织,同时又包裹着社会。组织和公众的每一个成员,都是社会这张网的蜘蛛。就组织和公众群体中的个人而言,在本单位是公关专业人员,上了火车就成了旅客,进了商店成了顾客,入了影剧院又成了观众,其角色身份随着处于不同的社会语境而相应发生变化,但纵然万变,也离不开社会的这张网。

正因为组织(及组织中的个人)与公众(及公众中的个人)相互间有着千丝万缕的联系,从社会机器这一整体角度来看,他们彼此间的利益是相通的,而且是环环相扣、紧密相连的。矿山开采铁矿,铁矿运到钢厂,炼成的钢铁运到机械厂,机械厂生产的机器又运回矿山,这是个环环相扣的运转过程,一个环节出了问题,势必产生骨牌效应，要殃及其他环节。常常是，一个企业获利了，公众受益了，社会变得生气勃勃了。也可能，一批公司倒闭了，千万公众失业了，社会骚动开始了。

当然，追求社会效益并不是以损害组织、公众以至个体人员的利益为代价的，因为整体的社会效益是由单个组织和公众的利益累积起来的。离开了个体，整体也就不存在了。一座新城的整体格局，一定与城内的工厂、医院、学校、住房、公园、影院、图书馆及交通的建设和管理密不可分。倘若各行其是，损人利己，那么最终就会损害社会整体利益，为社会所不容。

二、公共关系既要对自身组织和公众负责，也要对社会负责

公共关系既然以社会效益为基本职业准则，就必然地不仅要对组织自身负责，也要对公众负责。公共关系对自身组织负责似乎是题中之意，因为组织是公共关系的主体，其活动理所当然地要对组织负责。然而事情并非如此简单，公共关系对自身组织负责还有着更深层的含义。所谓对自身组织负责，就是在组织为达成自身目标的运行过程中发挥积极有益的作用。一般说来，任何一个组织的内部分工都是围绕这一中心任务而分别起作用的。但是，公共关系在其中起作用的角度与组织内部的一般分工有别，它的特点是立足组织内部而又跨出组织，是从社会整体角度来看问题、做工作的。公共关系对组织负责主要包括以下三层含义。

1. 对组织基本任务完成的关切。组织由于其性质不同（如企业性单位与事业性单位的区别），各有各的基本任务，但有一点是共同的，即它们都力求自身的生存和发展。公共关系作为组织的

一项职能工作,当然要关切自身组织的生存和发展问题,为维护或塑造它的社会形象尽力尽心,对一切与之相关的事实或信息认真处理,这无疑是公共关系对组织负责的具体表现之一。

2. 对由组织行为引起的社会效益问题的关切。除了对本组织的基本任务关切之外,公共关系也应对本组织行为引起的社会效益问题表示关切。因为组织的经济或其他效益只是其行为结果的一个方面,而社会效益正是它的另一方面(任何组织概莫能外)。例如,某农药厂产品销路顺畅,经济效益可观,该厂的公共关系部门在这方面做了不少有益的工作,值得称道。但假如他们忽略生产带来的环境污染问题,引起了当地居民的抗议,那么该厂公共关系部门显然轻视了环保对企业形象的重要性,以致造成了对本组织的失责。假如他们能适时地关切这一问题,将有关信息上报厂的主管部门,一方面由厂方采取防治措施,另一方面对公众和整个社会作出必要的解释和道歉,岂不两全其美?

3. 对与组织利益无直接关联的社会公益活动的关切。这类社会公益活动常常指与社会生活有关的一些活动或设施,比如修建风雨亭、援建希望小学、赞助文体活动等。这些活动与组织的基本利益没有明显关联,对组织的经济效益也无直接影响,故比较容易被人忽视。但是,假如公共关系职业人员能对此类社会公益活动也照样表示关切,并积极参与,那对优化公众舆论、扩大社会影响、树立组织形象是大有裨益的。虽然这方面的作用表现得未必那么直接、明显、具体、迅速,但它所蕴含的潜在效能可能非常可观,值得公关职业人员重视。组织的公共关系部门如能适宜地主办或开展一些受人欢迎的公益活动,那对提高组织的知名度和美誉度也是很有裨益的。

第三节 ◇ 公共关系必须遵循实事求是的原则

公共关系必须遵循实事求是的原则。一个合格的公共关系职业人员必须把握好三个原则：第一是先有客观事实,后有公共关系的原则；第二是必须全面、深入地掌握事实的原则；第三是必须实事求是地报告事实的原则。实事求是这条大原则,是公共关系的一棵常青树。

一、先有客观事实,后有公共关系

任何组织总是与公众及整体环境处于不断地互动之中,双方总存在着平衡或不太平衡、协调或不太协调的关系。公共关系的任务无非是变不平衡为比较平衡一些,变不协调为比较协调一些。一个基本常识是,总是先有不平衡、不协调的事实,而后才有变不平衡为平衡、变不协调为协调的公共关系。用哲学语言来说,事实是第一性的,公共关系是第二性的,即先有第一性的事实,后有第二性的公共关系。如果把两者的关系颠倒过来了,那么公共关系就变成无本之木、无源之水了,就变成了公共关系人员可以任意勾画的水中月、镜中花了,尽管华美无比,但只是虚幻一场,不可靠、不能用的。

公共关系是应用性、实践性很强的一项工作。尽管公共关系十分讲究传播艺术、沟通技巧,但它的开展只能以事实为基础,只能以科学的调查研究、以对事实的掌握为基本条件。一个富有经验的公共关系职业人员首先考虑的不是交流、沟通、劝说、引导的艺术和技巧,而是对事实的及时占有和准确把握。他或她必定通过各种办法收集关于公众情况的事实,掌握关于组织与社会整体环境互动情况的事实,对各方面存在的不平衡、不协调的种种事实也要做到了如指掌。只有到了对事实有如此把握的时候,她或他才能开始思考传播艺术和沟通技巧[①]。

事实常常呈现混乱无序的状态,让人找不到头绪、摸不着要领。这时就要求公共关系人员仍然不忘事实的重要,同时需要做一番去伪存真、去粗取精、由表及里的筛选工作。例如某铁路分局获知旅客对其所属几列客车有意见,但不知到底是什么意见。他们通过信息汇总后,将公众意见归纳为三条:一是经常晚点,二是不讲卫生,三是开水供应不够。之后,他们的公共关系工作人员便有针对性地在相关媒体上作了公开检查,同时召开旅客代表座谈会,并及时地加强车上服务工作,做到勤打扫、勤送开水。如此一来,他们在旅客中的形象重新得到了改善,旅客反而交口称赞这几列客车了。

再比如,某一化工厂在某一社区,因其生产导致了当地水质污染,从而引起当地居民不满,并强烈要求其拆迁。面对这一局面,该化工厂为维护其生存发展,立即成立一个专门工作班子来处理此事,他们首先从组织自身开始了解事情真相,然后一方面向群众做解释、道不是,以平其怨气;另一方面听取群众意见,从公众那头弄清客观要求是什么,再尽力采取必要的治理措施。这一工厂就是这样在对事实准确把握的基础上,对症下药地开展了公共关系工作,获得了良好公关效果。

二、必须全面、深入地掌握事实

由于事实是公共关系活动的前提和基础,公共关系人员要掌

---

① 参见居延安:《公共关系学导论》,上海人民出版社,1987年,第91—93页。

握事实就不言而喻了。但对事实如何来掌握呢？无疑地，既要全面，又要深入。对事实的把握只有做到了全面和深入，公共关系的活动才能得到全面、深入的开展。在这里，全面、深入地掌握事实无非有"全面"和"深入"这两层意思。

1. 所谓全面地掌握事实，指的是对事实掌握的宽广度。比如说，某厂家不久前向市场推出了一种家电新产品——洗碗机，但一段时间过去后，此产品销路不佳，完全出乎该厂对市场预测之外。原因究竟在哪儿呢？厂方将这一探寻任务交给了公共关系部门。为找出这一原因，他们开始了调查，但这种调查不能在小范围内进行，也不能只限于单方面的调查。具体说，调查不仅要在本地进行，也应在该厂产品已打入的外地展开；不但要调查有关商店的反应，也应重视对消费者的调查。而且对消费者的调查也应有宽广的覆盖面，其中要包括工人、农民、知识分子、机关干部及其他阶层的用户。另外，调查问题也应较宽、较广，具体包括调查市场与消费者对产品的性能、使用方法、价格、造型、色彩等多方面的意见。不难想象，该厂公共关系部门能如此全面地进行调查、掌握事实，那他们应该不难找到产品滞销原因的。

2. 所谓深入地掌握事实，指的是对事实掌握的充分度。这实际上也就是指对某件事本身各阶段、各层面的情况有深入了解。例如，某地区商业部门一直是某酒厂的订货大户，但几年来订货量连续下降，且下降幅度一年比一年大。这一情况当然引起了酒厂的重视，他们就委派厂公共关系部门去了解情况，以求双方调整关系，更好合作。然而，要真正了解到这一情况背后的真相，不是走马观花、蜻蜓点水式的调查能办到的。不仅客户对某一商品的需求标准常有变化，更由于地方经济的发展，本地酒厂所产酒类的品种、质量也在不断增加和提高，加上同行酒厂的竞争（除质量外，还有包装、价格、破损补贴优惠方面的竞争），还可能有该酒厂在接待礼仪上的不周,这些因素集中在一起,就导致了该商业部门对该酒厂订货量的连年滑坡。毫无疑问,如果酒厂公共关系部门不深入、充分地调查到上述一系列的情况,并有针对性地在今后工作中进行调整,要扭转形象、改变局面是很难的。

要全面、深入地掌握事实,公共关系工作人员在调查、了解有关事实时,必须杜绝主观随意性,力求客观公正,在广度和深度两个维度上把握好事实。

三、必须实事求是地报告事实

公共关系是一个信息交流、意义沟通过程,一方面将组织的信息向公众进行传递,另一方面将公众的信息反馈给组织,以获得双方的相互沟通、相互了解、相互适应。交流信息这一步本身并不难,难的是如何实事求是地传递信息、心领神会地沟通。

是否实事求是地报告事实,对组织和公众来说都是一个利害诉求。每一个事实大致有三种利害情况:一是对双方都有利,二是对双方都无利,三是对一方有利而对另一方无利。如是第一种情况,那实事求是地报告事实就不是难事了。但如碰到第二、第三种情况,交流沟通者就势必权衡利弊、考虑取舍,如何做到实事求是就是一个挑战了。

需要指出的是,我们强调要实事求是地报告事实,并不是提倡机械地、照抄照搬地说一是一、说二是二,而是要综合地、辩证地去理解事实、把握事实。另外,实事求是地报告事实也有技巧可言。公关专业人员应该学会在不违反实事求是这一原则前提下,报告时可以采取不同的时间、地点、渠道、方式,运用适宜的人、态度、语言、口气。如果运用得法,哪怕报告不利的事实也未必引出不利的结果来,有时还可能获得公众或社会的谅解和同情,出现变坏事为好事的转机。

第四节 ◇ 公共关系以不断创新为灵魂

公共关系出于自身的发展需求,必须不断创新,以保持这门学科、这个行业的青春常驻。正是在这个意义上,我们提出不断创新是公共关系的灵魂。

一、观念的创新是根本性的创新

公共关系能在20世纪80年代中期于中国的南方和沿海地区蓬然兴起,本身就是人的观念创新的产物。公共关系作为一门新兴学科、新兴行业迅速发展,仍然得益于人的观念不断创新。

公共关系如何体现观念上的创新,这是一个大课题,但完全可以集中到一点讲,那就是公共关系的开展一定要顺应历史发展潮流,要分析新情况、研究新形势、解决新问题。只有这样,我们的观念才能不断创新,并进而推动公共关系实践和理论的发展。

观念创新,并非关起门来冥思苦想异想天开,观念创新必须建立在自知之明的基础之上,既要时时把握好机会,又要处处防范好威胁。20世纪60年代,管理咨询人阿尔伯特·汉弗莱(Albert Humphrey)在斯坦福大学首次提出如何用SWOT分析方法,帮助企业制订好发展的长期计划。SWOT中的S代表一个公司的"强项"(strengths),W指的是"弱项"(weaknesses),汉弗莱认为一家企业必须在对自身"强项"和"弱项"分析的基础上,才能找到自己的潜在竞争"机会"(opportunities)和蕴藏的"威胁"(threats)。其实观念创新,那创新的"宝"也是压在潜在的"机会"和"威胁"之上的。就公共关系的观念创新而言,也必须建立在组织、公众、运行三个要素的"强项"和"弱项"之上,这样的创新才会找到各自的机会,防范各种潜在的"威胁"。厘清要不要创新,如何创新,创新可能带来的结果,才能真正地开辟一个新天地。

二、公关学科的创新重在理论和概念的创新

公共关系作为一个学科已有百年历史,要做到理论创新、概念创新,谈何容易!有人说,公共关系学是一门"门槛较低"的学科。说公共关系这一学科"门槛较低",与其说是一种自谦,还不如说是一种调侃。有人说,一门门槛较低的学科,要提出新理论、新概念来是最为困难的。因为门槛低,要提出的理论似乎都提出了,要讨论的概念似乎都讨论了,要做的学问似乎都做尽了。其实不是的,一门学科,无论门槛低,还是门槛高,理论、概念的创新永远是无止境的,我们缺的不仅是"明知山有虎,偏向虎山行"的勇气,而且常常是学术探索者必须有的"好奇"。其实也用不到"偏向虎山行"那种不怕死的勇气,也不必具备柴犬和东北傻狍子那样的好奇心,稍稍有点勇气,稍稍有点好奇心就够了。

就举两个例子来说明。第一个例子是本书作者于20世纪80年代中期在为上海人民出版社撰写《公共关系学导论》的时候①,遇到的第一个理论难题是,如何把一门已在美国起源和成熟的学科写出新的气象来?如何为中国的刚刚涉足又被疑团深深困住的莘莘学子写出一本一读就能拨开迷雾的书来?作者在这部《导论》里不敢好高骛远,更不敢标新立异,叮嘱自己千万不可把若干并不成

---

① 参阅居延安:《公共关系学导论》,上海人民出版社,1987年4月第1版。该书第1次印数为35 000册,定价1.90元。

熟的理论假设生搬硬套、张冠李戴，弄出本不伦不类的书来，被人带上一顶假洋鬼子的帽子。经过反复琢磨，作者决定把公共关系这门学科中已经成熟但颇为零碎的理论重新梳理，搭出一个崭新的框架来，这就有了《导论》的第四章"公共关系的构成要素"。该章的第一段是这么写的："在前几章中，我们已经讨论了公共关系的定义和基本性质，其中已经涉及到公共关系的三个构成要素：社会组织、公众和传播。"作者接着写道："公共关系的三个构成要素与传播学中说的传播三要素（传者、受传者和传播）是相互吻合的。传者即某一个具体的社会组织，是公共关系的主体；受传者即公众，是公共关系的客体；传播便是连结社会组织与公众或主体与客体的中介过程或信息交流过程。"①评说公共关系学科建树的学者和践行者们都肯定了"公关三要素"的创新框架，而这一创新为中国公共关系学的起步、发展和教学作出了贡献。

第二个例子，是困惑并折磨了本书作者 30 多年的"传播"这一概念。我一开始就抵御着"传播"这一怪兽——尽管我一边与它格格不入，一边总觉得无法了断。虽然我一直认为 communication 这一概念译为"传播"，是个"世纪误译"，但我把"公关三要素"中的第三个要素——作为公关过程的 communication——从 1987 年起就译成"传播"二字。在中国的新闻学、传播学、公共关系学的话语系统中，"传播"二字像个钉子一样把"传播"学者们的概念创新力牢牢地钉住了。话语系统都带着时代的印记，人总是拖着上个时代的话语影子，走进新时代的。人要挣脱自己的话语习惯，其难，难于上青天。对一个时代的由无数概念组成的话语系统要有所突破、有所创新，道路只有一条，那就是"关键概念"的创新。就公共关

---

① 这是 1987 年写下的话，距今已有 30 多年，并非什么新论、高论，但和盘托出了如今已成经典的"公关三要素"说。

系学而言,其中一个关键概念就是作为公关过程的 communication,多少年来,我们一直是用"传播"二字来概括的。在这一本书里,我做了个破译,把这一英语单词解读为"交流、沟通、劝说、引导"四部曲①。让我们把这个沉重的"破译"或"解读"就看作对这个关键概念的创新吧。

三、公关实践的创新就是通道的创新、内容的创新

在公共关系行业里,与广告学、市场营销学等姐妹学科一样,经常会出现如"通道为王""内容为王"之类的"过度"用语,无非是为了说明通道和内容的重要。通道和内容的重要是毋庸置疑的,问题在于如何做好通道创新、内容创新。

通道创新指的是媒体运用的创新。我们知道媒体有传统媒体与新媒体之分,传统媒体有四大件:报纸、电视、广播、杂志。四大件下面还有路牌、橱窗、挨家挨户地发印刷品、车辆广告媒体、"黄页"和"分类目录"②等。新媒体是四种传统媒体之后的一种媒体,俗称"第五媒体",指的是数字媒体,由互联网、区域网生发出来的各种媒体都可叫新媒体。它们有各大社交网站、微博、微信、手机短信、各种触摸媒体、电梯桌面视窗、数字报纸和杂志、数字电视和广播等。只要有新的信息传输技术支撑,所有传统意义上的媒介,当然还有"自媒体",都可叫"新媒体"。麦克卢汉(Marshall McLuhan)有句名言——"媒介即信息",说的就是新媒体对人的生存状态的划时代影响。

我们这里说的"通道的创新",不是说扔掉传统媒体,拥抱新媒

---

① 把这四部曲说得更具体些,就是"信息交流、意义沟通、价值劝说、行为引导"。这么丰富的内涵,"传播"二字是无法涵盖的。
② "黄页"即 Yellow Pages;"分类目录"即 Catalogs。

体，而是说如何利用通道的创新来实现公共关系的目标，无论是传统媒体还是新媒体，不管是热媒体还是冷媒体，都有各自的用武之地、用武之时。传统媒体和新媒体都有自己的优势，也有各自的软肋。创新的门道和招数可以说层出不穷，日新月异，不胜枚举。要记住的是：通道创新并不只是指新媒体通道的创新，传统媒体的运用同样有着广大的创新天地。更可尝试的是新媒体与传统媒体的通道联手，它们可以网上网下，虚虚实实，上天入地，有着无尽的创新机会。

仅有通道，没有内容，那就是搭了戏台没有戏唱。看家是来看戏的，不用说，怎么来唱那个戏就变得至关重要了，这就是我们所说的"内容"到底怎么来构建、怎么来运营。内容运营，无疑地是一门大学问，写下来就是一部大书。公共关系的运行，缺了内容的运营，那就成了无本之木、无源之水了。内容运营可分两大类：一是文稿（verbal）运营，二是非文稿（nonverbal）表达。当然也可有其他各种分类方法，可按公众的需求分类，可按组织自身的运营目的分类，可按媒体平台的性质分类（如主流平台与垂直平台的区别），也可按传播语境分类（如国内与国际语境的不同）。就"文稿"与"非文稿"运营而言，在办公室撰写文稿，与去网上、去街上搞活动相比，一是 verbal，一是 nonverbal，或一半 verbal 一半 nonverbal，显然有诸多不同，但文稿运营和活动运营的成功，都必须具备三个先决条件。第一个先决条件，运营人员必须对自己的行业（包括技术、产品、竞争差异）、自己组织的诉求做到了如指掌。第二个先决条件，对不同公众的不同性质和需求（如政府、媒体、顾客、同行或内部员工），要做好调查，做到既知己又知彼。第三个先决条件，要学好、唱好公关一般运行过程的四部曲，那就是要学好、唱好"信息交流、意义沟通、价值劝说、行为引导"四部曲中的每一部。事实上，每一篇文稿的撰写，每一次活动的组织，常常是四部曲中的某一部,或只是"信息交流",或只是"意义沟通",或只是"价值劝说",或只是"行为引导"。以四部曲中的第三部"价值劝说"为例,作为一个内容运营职业人士,应该学点"劝说"理论和技巧,如亚里士多德的"劝说三要素":一是劝说者的"可信度"(ethos),二是被劝说者的"情感唤起度"(pathos),三是劝说文稿的"在理度"(logos)。三者缺一不可,缺了 ethos,或 pathos,或 logos,内容运营就有失败的可能。

第八章
作为"关系管理"的公共关系

国内出版的公共关系学著作,常常是用"公共关系即英语 public relations"这一术语开卷的,总要交代这两个英语词汇的来龙去脉。这一章的标题是"作为'关系管理'的公共关系","关系管理"中的"关系"二字的英语对应词,不再是 relations,而是 relationship 一词了。但这两个英语单词译成中文,却都是"关系"二字。那么区别在哪里呢?区别在于,relations 指的是包括人在内的事物的关联性,说的是一种集成的、笼统的、非个性化的关系,而 relationship 指的是具体的、个体的人与人之间的关系。我们这里说的"关系管理"就是 relationship management[①]。

公共关系悄然朝着"关系管理"的方向发展,标志着 21 世纪公共关系的实践和理论研究正进入一个崭新的历史阶段。

第一节 ◇ 公共关系呼唤伦理关怀和个体切入

关系管理学中将关系管理(relationship management)界定为

[①] 参见居延安、胡明耀:《关系管理学》,复旦大学出版社,2006 年。该书从概念、理论、历史和实践几个基本层面,对"关系管理"作了较为深入的探讨。

人在各种语境下,为了互利和公益,确定、建立、维系或中止个人关系的过程①。根据这一定义,作为关系管理的公共关系就是一种"为了互利和公益,确定、建立、维系或中止组织内相关个人与公众中相关个人关系的活动或过程",浸淫着人文关怀、注重个体切入的关系管理,在逻辑上必然导致作为关系管理的公共关系的两个同样特征:人文关怀和个体切入。那么,21世纪的公共关系为何要强调"人文关怀"和"个体切入"呢?到底什么才是21世纪公共关系的"人文关怀"、怎么才能做好"个体切入"呢?

一、公共关系呼唤人文关怀和个体切入的技术缘由

信息和通讯技术的迅猛发展,实现了遍及全球的信息的生产和处理及其即时传递,带来了生产、营销和管理的革命。在这场信息和通讯革命中,数字化、网络化和全球化成了主流商业发展趋势,从根本上改变了企业、组织之间的交互角色。这种趋势也冲击着公关领域。公共关系在这场革命的影响下,变得日益虚拟、日益"非人化",自身的人文关怀和个体参与日趋减少,人越来越成为计算机和智能手机的奴仆,游荡于无边无际的网络世界。在《网上公共关系》一书中,作者谢尔·霍兹(Shel Holtz)说,这场革命,让人兴奋也好叫人担忧也好,不停地在继续着。信息沟通和传播业确已大大落后于大数据和网络社区的发展。业者越来越需要了解媒介自身功能的嬗变,需要了解网络受众需求的递进,需要了解网络环境和大数据对人的生产方式和生存状态的革命性影响,需要了解未来的互动模式。作为一种影响着每个人的通讯工具,网络无所不在,无时无刻不在向人们提供着交流、沟通和传播的机会。5G

---

① 参见居延安、胡明耀:《关系管理学》。

带来的宽带速度,智能手机和掌上电脑的广泛使用,将网络逐渐构筑成多媒体平台。大数据和网络正在创造着新的公共关系的奇迹。但是,世界的虚拟发展也让人开始担忧正在发生的生存和交互方式的微妙变化:不知不觉地,人失去了一张张真实的面容、一个个友善的微笑和一次次真诚的握手。"人"又变成了另一种意义上的"非人"。是的,人文关怀和个体切入为的就是要把"非人"返回为"人"。

二、公共关系呼唤人文关怀和个体切入的市场动因

20世纪是大生产和大众市场的时代,而经历了信息、通讯变革和经济全球化的21世纪将是一个消费者时代,制造商、服务商、经销商将受消费者支配,每个消费者都有明显不同的产品、服务和信息需求,包括对公关产品、服务和信息的需求。对众多公关从业者和学者来说,20世纪是一个公共关系崛起的世纪,它的影响将在新世纪延续。然而,我们是否能大胆预测,21世纪将会是网络公共关系和个体人际关系并驾齐驱的世纪? 美国是现代公关的诞生地,美国仍是最佳公关实践的主要来源地,然而今天的美国作为世界上唯一的超级大国又是个充满了各种挑战的国家。一个公关发源之地,竟然再也使不出灵验的变脸招数。DDB Worldwide Inc是一家在近100个国家设有200多个办事机构的美国广告公司,它在美国入侵伊拉克之前曾就美国在其他国家心目中的形象,特别是它们对美国的不满做了一项全球调查。调查发现有四个导致广泛不满的基本原因,它们是:美国的公共政策(包括国际政策)、全球化的负面影响、因全球化而引起的无孔不入的流行文化、历史沉淀而形成的美国式集体个性。可以想象,在一场不太受欢迎的伊拉克战争和对国际事务的过度干涉后,美国的全球形象更会喜忧参半。DDB Worldwide Inc的董事长,同时兼任美国外交行动商业集团总

裁的基思·莱茵哈德说,借助一般公关手段,哪怕使用强大的网络,也难以让美国形象光彩依旧。唯一可以指望和尝试的是美国人每年"6 000万人次旅行可能带来的6 000万次制造印象的机会"。莱茵哈德希望尝试的正是我们要说的"人文关怀"和"个体切入":一次旅行带来一到两个关系,6 000万次旅行可以建立6 000万对友善的个人关系。

以上这段话本书作者早在2007年就摘录在相关的著述中,现在可谓"老调重弹",说明它意犹未尽,其核心思想依然光鲜如初。

三、公共关系呼唤人文关怀和个体切入的哲学基础

从哲学角度来讲,关系的本质就是以人为本,这是众所周知的一个基本人文理念。关系只是为人而存在。动物虽有相互关联,但不会形成关系。关系不仅为人存在,而且规定了个体的人性。个体在社会中扮演各自的角色,并在社会关系中获得人的基本品质。集体来自个体。集体个性总是一个国家、一个民族、一代人或一个集团里成千上万个人的个性总和。文化人类学谈论"集体无意识",但如果没有弗洛伊德的"个体无意识"概念,"集体无意识"的概念是难以想象的。公共关系的各项任务其实不是由公关公司或其他组织表演的,而是由这些公司和组织中的许多个人来完成的。组织与公众的关系,离开了双方活生生的人而形成的活生生的关系,是不可能存在的。关系即人,人即关系。

由此可见,第一,由于网络公共关系及其所处的虚拟世界迅速趋向"非人化",作为关系管理的公共关系能够并且应该注重人文关怀和个体参与,将重点放在活生生的人的关系上,以求获得网络社会正在丢弃但又不可或缺的平衡;第二,市场格局质的变化给

公共关系的"绝技世纪"画上了一个句号,面对网络公关虚拟化、"非人化"的那种气吞万民的架势,作为关系管理的公共关系极有必要将部分工作重心转向个体人际关系;第三,正因为个体是从关系中获得人的基本品质的,所以从哲学角度来讲,关系必须以人为本。

第二节 ◇ 关系人文主义:21世纪公共关系大伦理

作为关系管理的公共关系,追求人文关怀和个体切入,其背后是有强大理论支持的。我们提出关系人文主义(relational humanism),呼吁将其看作21世纪公共关系的大伦理。在确认"关系人文主义"为21世纪公关大伦理的方向之前,我们先来解释一下"关系人文主义"的历史和哲学内涵。

一、"关系人文主义"的历史内涵

在各种不同的历史语境下,人文主义(humanism)派系林立,其中有文艺复兴人文主义、西方人文主义、儒家人文主义、现代人文主义、宗教人文主义、世俗人文主义,以至萨特在他《存在主义和人道主义》一书中提出的贴着萨特标签的人文主义。每当谈到人文主义,我们经常联想到文艺复兴人文主义,这种思想来自中世纪末期的学习精神,反映了人重获判断真理和谬误能力的自信。伊拉斯谟,一位被孟德斯鸠、伏尔泰和卢梭尊为为人类理性的解放而斗争的先驱,可以说是西方人文主义的化身。西方人文主义,经常替代文艺复兴人文主义,将人视为社会动物,视为一个有理性、情感、意志、爱、友谊、平等、尊严、人权的独立个体,并能掌握自己的命运。西方人文主义,一种对中世纪教会和封建主义的反动,给人的个性充分施展的舞台。对比而言,中国的儒家人文主义走的是另一条路。它的目标是修身、齐家、治国、平天下。没有这些目标,人在精神上和伦理上既不完善,也不人道。儒学家们认为,一个知道如何通过抑制自己的私欲来完成修身、齐家、治国、平天下的人,才是一个精神健康的人、道德完备的人、高尚的人。

美国著名心理学家肯尼思·格根(Kenneth J. Gergen)教授,从社会建构主义角度批评西方个人中心主义的人文主义,认为西方人文主义长年来散布了一种观念,即个人在本质上是孤立的,有着独自体验的主观经验。格根使用关系人文主义一词,以典型的建构主义方法,将人类的主观经验定义为一种关系过程,拒绝将人的主观性看作孤立的、疏离于他人的、与对他人的理解无关的独立存在。关系人文主义认为个人由他人构成,同时又构成了他人。在某种意义上,我们(we)即彼此(each other),我们的意识经验来自彼此。其实作为个体的人已经包含了关系,关系——不是个体——才是人的行为的来源。一个人的目的、价值、愿望及种种行为,无一例外地都来自他或她所处的各种关系中。

我们使用关系人文主义这一概念,更多的是企图为作为关系管理的公共关系建立一种新的伦理框架。我们所谓的关系人文主义与西方人文主义和中国的儒家人文主义均有不同。我们相信,人只有从相互关系中才能获得自身的社会角色,获得人性和人的独特性,人是互相依赖的这一本质决定了人必须通过拥抱彼此和紧密合作,才能实现互利和公益的目的。从哲学上讲,人性并不存在于孤立的"我",它只能在"我"与"他"或"她"相联时才能获得。当我们意识到"我们自己"时,"他们"同时地出现了。可以说,关系人文主义是各种人文主义中最具本体意义的一种人文主义。

二、"关系人文主义"的哲学内涵

关系人文主义,虽然承认作为个体的人的基本权力和独立价值,但人必须与他人合作才能得以生存,才能实现互利和公益。关系人文主义有四个重要命题:(1)人性和个体独特性存在于关系之中;(2)关系决定个人在社会中的角色;(3)关系本质上是互相依赖的;(4)关系必须维护互利、公益。我们来分析一下关系人文主义的这四个界定特征。

第一,关系人文主义者认为,人是在运用自然语言或其他象征系统与他人的互动过程中,感知、思考并用行动来实现关系的。一方面互动实现了关系,另一方面关系使人获得了人性。由于每个人的个体差异,以及人是在不同的历史、文化和关系背景下进行象征互动的,所以他们获得的不仅是人性,而且是独特的个性。在这种意义上讲,注重人文关怀和个体切入的公共关系,在逻辑上将不仅是人文的,也必将是独特的。而个体的独特性来自独特的互动、独特的关系。激发个体独创力是公关实践中最重要的成功因素。归根结底,以人文关怀和个体切入为主旨、以关系管理为战略目标的公共关系应十分注重活生生的人与人的交流和沟通。

第二,人不可能孤立地脱离于社会角色而存在,人是通过扮演社会角色而成为社会人的,如组织机构中的某位公关经理的角色。如果没有社会角色的扮演,人与人之间的交流和沟通是难以想象的。换句话说,个性沟通必须与角色互动结合在一起。这是一种你中有我、我中有你的过程。鉴于上述关系人文主义的两大特征,作为关系管理的公共关系一定是一个过程,并在这一过程中,显示行为者各自的角色期待和个性特点,展现组织(常由个体作代表)和相关公众(也由个体作代表)的相互作用以及相互作用的结果。

现在的问题是,我们有无必要确定和评估组织与公众关系中涉及的所有可能的个人?公关实践告诉我们,即便运用最现代的信息和通讯技术以及网络技术,也没办法获得所有人的信息。正像公关的对象既不可能也无必要是所有的、无明确界定的公众,注重人文关怀和个体切入、以关系管理为核心的公共关系也不应该在没有明确目标的情况下,随机地追寻所有人的关系。所有明智的公关战略者和从业者将努力确定哪些是重要的关系,而重要的关系可能存在于组织和相关公众的一线基层,也可能指向管理高层。

关系人文主义的第三个特征说的是关系双方互相依赖的本质,与强调"互利"和"公益"的第四个特征密切相关,它们都从根本上揭示了关系人文主义的本质。我们必须回到本节小标题提到的问题:关系人文主义能作为21世纪公共关系大伦理吗?回答是肯定的。

关系人文主义不仅为21世纪公共关系指明了大伦理方向,而且应该涵盖所有其他人文社科领域。西方人文主义潮流的代表包括欧洲启蒙运动、存在主义者萨特和他的追随者。法国存在主义者的思想极大地开拓了法国人文主义思想家的理论思路。存在主义理论包含了人文主义的原核。存在主义理论最重要的贡献是对个人力量的浪漫歌颂,对人的主观性和自由理想的热情赞扬。但存在主义思想缺少一个最重要的元素:它不具备任何道德伦理的指导意义。存在主义倾向于牺牲道德敏感性,以成全来自自然冲动的不受阻碍的行为。存在主义者否认历史、文化和社会的重要性。关系人文主义在全球化、技术进步和危险的宗教狂热时代则高举伦理道德的大旗。高举这面伦理大旗,21世纪公关与上一个百年相比将更加风光灿烂,将有一个更为锦绣的前程。

第三节 ◇ 公共关系个体切入的四个操作层面

作为"关系管理"的公共关系可以从四个操作层面实现"个体切入",它们是:关系的情感管理、关系的权力管理、关系的冲突管理、关系的变化管理①,我们来逐个分析一下。

一、关系的情感管理

关系是人的关系,人是情感的动物,情感既魅力无穷又飘忽不定,难以捉摸。因此一旦牵涉到关系,情感管理就成了一个极具挑战性的问题,就有了认真对待、精心管理的必要。关系的情感管理事实上是作为关系管理的公共关系中最经常、最难以预测结果的一种管理。

情感常常是非理性的,但有效的情感管理必须靠理性、靠素质、靠一个人的情商的高低。智商(IQ)指的是一个人的智力商数,可以测验和量化。情商(EQ)指的是一个人的情感管理能力商数,同样是可以测验和量化的。智商和情商因人而异,各有所长,各有所短。情感管理因人、因语境、因文化而异,很难有一个国际通用标准。

情商由两种基本能力组成,一个是情感界定能力,一个是情感表达能力,两种能力合成为情感管理能力。一般说来,情商高的人有较高的维系关系的能力,比较能够应对人、事的变化,因此更能够获得关系或事业的成功。现代社会教育往往比较关注人的智商,却常常忽略人的情商,这是教育的一种负面倾斜。在现实的作

---

① 参见居延安、胡明耀著《关系管理学》一书的目录架构。

为关系管理的公共关系中——无论是组织内部员工的管理还是外部公众的管理——要讲一个人的智商,但更要讲情商。许多高智商的人,由于情商低,不善于控制、传达自己的情感,更不能应对关系伙伴的情感变化,往往不能搞好关系,影响工作和事业的发展。而情商高的人,既能把握自己的情感,又善于表达和管理,往往能里外周旋、应对自如,不仅自己能保持良好的心境,而且也能让关系伙伴从中受益。

作为情商能力之一的情感界定能力,是一种把握自己和他人情感的能力,既知己又知彼。事实上,人常常是不能明确界定自己的情感或情绪的,常常不知自己是喜还是悲、该笑还是该哭,不知自卑为何物、孤独有几多。有些人感到莫名的恐惧,但分不清究竟是恐惧还是担忧。也有些人感到悠然自得,却不知自己到底"得"到了什么。情感和情绪不仅仅受到生理的影响,而且更重要的是受到自己的感知和社会文化规范的制约。理解人的自身感知和文化规范对情感和情绪的制约,可以帮助人更好地把握自己和关系伙伴的情感和情绪。

情商的第二种能力是情感表达能力,这也有一个培养的过程。情感表达能力并不是与生俱来的,而是习得的,同时与智商也有直接的联系。如果一个人拒绝学习,那么他的情商也就不会得到提升。人在竞争中失败了,金钱、名誉、地位一夜之间化为乌有,懊丧、愤慨、失落、嫉妒、孤独、彻底悲观,种种负面情感一并袭来。是怨天尤人,还是引咎自责?是铤而走险以身试法,还是转化情绪,认真反思,重整旗鼓,以图东山再起?高情商的人会毅然决然地选择第二条路。一个情商高的人也最能"情感移入"。情感移入对维系关系具有重要的正面意义,这往往是赢得合作伙伴信赖和尊敬的有效做法。

一个职业公关人员应该学会在任何时候、任何语境中审时度势,做好人的情感管理工作,不断地提高自己的情感界定能力和表达能力。

二、关系的权力管理

包括公共关系在内的任何一种关系都是一种权力结构,都有权力管理问题。关系的权力管理是关系管理中的又一个重要层面。假如情感管理是一种"热"管理的话,那么权力管理就是一种"冷"管理了。关系中的权力管理,同样必须建立起游戏规则,并按游戏规则来行事,关系才能得以健康的发展。对关系的权力管理,应该学会冷静思考,冷静应对,冷静处理,这是权力管理的一个基本要求。

人们首先关注的往往是权力的表层结构,其中包括谁是权力的行使者、他或她的权力行使对象等。每个组织、每种关系都有权力行使者和被行使者的明显区别,因为每个组织、每种关系都是一个权力系统。在这个系统中,有些成员有权,有些成员则无权。有些成员权力比较大,有些成员权力比较小。这些都是在权力的表层结构里,因为人人都可以看得到、直接感觉得到。组织在其与公众的关系协调中,应该细心观察各种相关人员的权力关系,从而可以对症下药。必须注意的是,出于各自的需要,有权无权、权多权少,都会受到关系另一方的牵制。

权力的表层结构是传统权力理论最为关注的问题,现代权力理论则把视线更多地转向了权力的深层结构。权力的深层结构指的是那些不贴权力标签的权力现象,是一种"集体无意识"和"关系无意识"。集体无意识,可以发生在一个大集体中,比如可以指一个文化的成员对文化规范的无意识。也可以指一个组织,比如一个组织的成员,不论职位高低,逢人说"你好",走时说"再见",天天说,人人说,渐渐地平等待人、礼貌待人的行为就成了组织内大部分成员的常规意识,那么这就是一种集体无意识。同样,在无论哪种关系中,关系伙伴按双方协议或社会约定俗成的规则行事,那么他们之间就有可能存在一种"关系无意识"。当组织或关系中关于权力分配和权力行使的种种规则"内化"成了集体无意识和关系无意识时,那么它们就成了我们在这里说的权力的深层结构。

组织和关系中的权力象征露于表面,容易被人感知和认识。人们忽视的是直接或间接地与权力分配或行使有关的种种规则和规范的"内化"和"转化"——对某个特定组织或关系的规则的"内化",和对从背景文化中早就习得的规范的"转化"。比如在一个纪律严明的组织内,下级要服从上级,重大决策下级要主动请示上级。这对一些党政部门的工作人员来说,早已成了被"内化"的自律行为,成了一种集体或组织无意识,以至于不再觉得这是一个权力分配问题,尽管"下级服从上级"和"重大决策下级要主动请示上级"直接地与权力分配有关。一个职业公关人员,在从事作为"关系管理"的公共关系活动时,要从权力的表层结构,逐步地深入它的深层内核里,以获得关键的权力管理的"密码"。

三、关系的冲突管理

关系的冲突永远是常规,就像地球永远在转一样。社会学家多少年来争论的一个问题是,社会的、组织的和个人与个人之间的冲突到底好还是不好?暴力凶杀、恐怖活动之类的恶性冲突当然不好,要坚决制止。那么一般的冲突呢?有的社会学家如德国出生的当代社会学家拉尔夫·达仁道夫(Ralf Dahrendorf),强调冲突可能会产生的负面影响,说冲突会破坏社会、组织或关系的稳定。有的社会学家如美国社会学家科瑟(Lewis Alfred Coser),更多地重视冲突的正面功能，认为冲突的有效解决可以调和矛盾，消解仇恨，促进团结或巩固关系，说冲突是组织和人际关系的"溢洪道"，可以帮助发现矛盾进而有针对性地去解决矛盾。理解了冲突的种种表现、冲突的性质、冲突可能引起的负面影响、冲突潜在的积极因素，有助于对冲突管理的重要性的认识。恰如关系中的情感和权力话题，冲突也是关系的伴随品，就像有关系就有情感问题、有权力分配一样，有关系也必然有冲突。

　　冲突大体可以分成四类。第一类是"恶性冲突"，如恐怖活动、暴力凶杀等。第二类冲突是基于利益、文化价值、个人信仰的相背而引起的"斗争"，属于"原则冲突"一类。第三类是由经验世界的不同、知识结构的差异、认知视角的变化而引起的"分歧"，这种冲突可以被称为"非原则冲突"。第四类是言语或非言语交流和沟通方式的不协调而发生的"摩擦"，可以叫作"言语和非言语冲突"。

　　公共关系专业人员经常要处理的，是属于第四类的"言语和非言语冲突"和属于第三类的"非原则冲突"。如上所说，"言语和非言语冲突"是由于交流和沟通方式的不协调而发生的"摩擦"。这样的"摩擦"时时处处发生，处理的原则是何时发生就何时处理，何处发生就何处处理。"非原则冲突"是由经验世界的不同、知识结构的差异、认知视角的变化而引起的"分歧"。处理这样的冲突，往往要进行一番调查、一番分析、一番耐心的解释工作。较为棘手的是第二和第一类冲突，即"原则冲突"和"恶性冲突"。富有经验的公关人员在处理此类冲突时，要十分注意天时地利人和诸种因素，要做好请示汇报，处理要及时、果断，既要把握政策性，又要讲究艺术性。

四、关系的变化管理

　　我们正处于一个充满变化、动荡不定的世界，"过去"越来越遥远,"现在"越来越短暂,"未来"越来越迷茫。人在本质上是不喜欢变化的,但变化——人的生存环境的变化和人自身需求的变化——无法抗拒地把我们紧紧地包裹起来。许多组织面对翻天覆地的变化无动于衷,受到的惩罚是陷入无法解脱的危机之中。

当今公共关系所面临的变化,其速度之快、规模之大、程序之乱、隐含的危机之深,已经超过了以往任何一个时代。这种变化对关系的变化管理提出了前所未有的挑战。只有理解了我们身处的环境变化的现代特征,才有可能把握好关系的变化管理的钥匙。当今的环境变化有四个现代特征:变化的超常速度、变化的超常规模、变化的无序、变化中隐含的种种危机和机会。

1. 变化的超常速度。美国传播学界在20世纪八九十年代初出现过一个叫作"高速管理"的传播管理学派,就把研究视角瞄准那个"快"字,为这个"快"字开了不少国际讨论会,也出了不少专著。作为一种新的管理理念和手段,高速管理是在变幻莫测、混乱无序的现代市场环境中,以信息和通讯为工具,实现组织(企业)的最佳整合、协调和控制,以最低的成本创造质量最高的产品和服务,以最快的速度占领市场,从而获得组织(企业)的持续增长和竞争优势。信息和通讯是高速管理的基础和工具。高速管理就是基于组织(企业)自身信息系统的高速决策、对决策的高速传达与高速执行。这完全是被市场环境变化的超常速度逼出来的。高速管理的理论和实践工具也及时地运用到了公共关系领域。作为"关系管理"的公共关系特别地注重变化的超常速度在"个体"思维和行为方面的表现。组织、公众和运行过程(交流、沟通、劝说、引导)日新月异的变化最初都是反映在"个体"上的,包括组织的某领导人的决策变化、公众代表人物的态度变化、交流沟通劝说引导的手段变化。一个职业公关人员只有注意到了最先在"个体"上表现出来的变化,才能准确把握整体的、全局的、大过程的变化。

2. 要关注变化的超常规模。由于信息和通讯技术即关系技术的发展,世界早已连成一片。信息和通讯革命最具有划时代意义的是其超地域性、超国界性和超制度性。近年来世界范围内不断发生的恶性暴乱事件,也是由于信息技术的发展,互联网的无时不有、无处不在,再加上不负责任的媒体炒作,人们在处理一系列公关危机时就受到了"变化的超常规模"的挑战。别有用心者所散布的谣言,就像黑客们制造的电脑病毒,一天之内可以殃及全世界千万个电脑使用者。这真是牵一发而动全球,公关人员对此必须牢记在心。

3. 要看到变化的无序。包括公关市场在内的当今市场之混乱无序是相对于昔日市场的稳定(如稳定的金融、稳定的供需关系等)和按部就班而言的。混乱无序常常是市场的表象,表象背后总有规律可循。现在的市场游戏就好像在打一场无规则的、球篮在不断移动的篮球赛:球篮不再固定在篮板上了,而是忽上忽下、忽左忽右地在移动。这样的游戏你怎么玩呢?你怎么能把篮球投入球篮里呢?显然玩这种游戏的难度要高得多了。当前的环境变化导致的市场游戏,就好像人人都在打一场球篮在不断移动的篮球赛,人人都是丈二和尚摸不着头脑。在变幻无序的市场环境中,组织要保持竞争优势,要进球得分,就必须掌握市场变幻的规律,"变幻"之中寻"不变","无序"之中找"有序",进而摸索到管理的新办法。公共关系也不例外。我们特别要强调的是,变化的无序正是体现在各各相异的"个体"身上的。只有看到了个体身上的无序和变幻莫测,而后才能看到现象背后的规律、看到整体的走势。

4. 变化中隐含的危机和机会。所有的变化都是对常规的挑战、对平衡的暂时破坏,所以其中隐含着危机是不言而喻的。当前的环境变化,由于其速度快、规模大、秩序乱,所以隐含的危机常常更大。当今世界变化的上述特性使得人们对变化的表象和实质都难以把握了。比如人们到今天仍然没有完全理解美国"9·11"事件的背景、直接和间接原因、引起的社会心理后果等。这是因为这一震惊全世界的恐怖事件来得太快、造成的伤亡和各种负面影响太大。联合国派去伊拉克检查有无大规模杀伤性武器的队伍于2002年11月18日到达巴格达。当时我们还问,美伊这一仗会不会打,还说尚难预料。现在已过了20多年,人也死了成千上万,美国也早已撤兵了,但这世界没有变得更安全,而是更为危机重重了。然而,危机四伏、险象环生的局面对一个敏感的职业公关人员来说,也是个极好的"表现"机会。变化,最重要的个体关系的变化,可能是最难得的成功机会的到来。

第四节 ◇ 从个体切入到"全员公关"

作为"关系管理"的公共关系强调"个体切入",而"个体切入"可以首先从"全员公关"做起。这里"全员"二字,不仅指公众中的每个可能与组织发生直接或间接联系的个人,而且包括组织内部的作为个体的每个成员。只有这样来理解"全员公关",一个组织的公共关系才能真正落到实处。从社会关系的角度看,组织的运行就是与方方面面的作为个体的人发生关系的过程。人对运行中的组织的价值取向,在很大程度上取决于人自身需求的满足与否和满足程度。可见,人的自身需求的满足与否和满足程度具有改变关系状态的效能。一般说来,人的需求满足得好一些,关系状态就好一些,不然就很难形成良好的关系状态,有时甚至连关系的维持都难以实现。因此,如何使组织在其运行的日常细节中考虑到公众中的每个个人和组织中的每个成员的需求,以便取得全员公关的最佳状态,就成了公共关系专业人员必须十分关注的任务。

公共关系专业人员在指导全员公关的过程中,要把不断满足人的各种需求渗透落实到组织运行的每个环节、每个阶段、每个细节中去。公共关系人员要做到三个恪守。

一、恪守规范

公共关系从业人员要根据组织的特点制定出一套待人接物的标准程序,包括有问必答、上门有人接待、办事注重效率等,不管谁是客人,不管谁来接待,无一例外。只有这样,才能为各种关系的正常建立和发展提供某种保证。组织行为规范化,实际上是组织根据公共关系的要求,为满足公众中每个个人的需要而建立的一种制度。必须指出的是,这种制度首先关照的是组织自己的员工,首先要问一问他们的个人需要是否得到满足了。只有自己员工的需求首先得到满足了,公众中每个个人的需求才能得到满足。努力求得人的需求的双向满足,应该成为公共关系工作人员指导全员公关的最高原则。也只有这样,组织日常行为的"规范化"才能真正"化"起来。

二、恪守礼仪

在人际交往中,以礼待人是对对方尊重的表现,这就是说要满足人的被尊重的需要。礼让是获得人与人相互理解、相互尊重的前提。因此,要使人的各种需要得到满足,仅有规范化的标准程序还不够,还必须辅之以礼待人的要求。这是常识,但就是因为是常识,才常常被人忽视。要指出的是,这里说的以礼待人,不仅对公众中的每个个人而言,并且包含了组织员工自身。只有组织内部领导与被领导者之间、员工与员工之间养成了礼貌待人的风气,组织才能自觉做到对公众中每个个人的以礼相待。这就是说,有了组织内部的恪守礼仪,才能有组织对外的以礼相待。恪守礼仪,既要施惠于公众,又要施惠于员工,这样员工心情舒畅,公众中本来不太注重礼仪的人也会自然而然变得彬彬有礼了!

三、恪守谅解

　　组织在运行过程中要同形形色色的公众发生关系,公众中有的个人通情达理,有些个人则可能蛮不讲理。尽管关系状态不一,关系双方角色地位不同,但从满足人的需要考虑,我们应该把日常发生的小摩擦看成生活的佐料和有趣成分,以谅解的态度来看待和解决各种各样的摩擦。在这方面,各种组织都有许多有益的经验,所谓"顾客是上帝""顾客总是对的"这些一度当作格言来对待的道理至今仍然有醒世作用,尽管近年来国内外也出现了"员工第一,顾客第二"之类的看待顾客服务的新视野。道理很简单:事实上,要求组织的员工待顾客为"上帝",即使顾客蛮横无礼组织的员工也要耐着性子表示"谅解",这几乎是不可能的,除非员工也被看作绝顶重要(哪怕不是"第一")、也始终获得组织的领导和同事的谅解。要做到全员公关,只谈"顾客第一"而没有"员工第一",那只能是乌托邦式的一厢情愿。

　　这里说的对规范、礼仪和谅解的恪守,只是涉及了全员公关表层结构上的几个方面。对全员公关的理念和深层内核的认识近年来有了新的推进,特别是在整合传播的全新公关理念中占了极为重要的地位。

第九章

公共关系的调查和策划

作为一个社会组织或公众人物,在一定的职业伦理的规范指引下,为谋取有关公众的理解和合作而进行交流、沟通、劝说、引导活动的公共关系,如何能有效地实行信息交流、意义沟通、价值劝说、行为引导,如何能打胜每次公关战役、搞好每次公关活动,关键就是要做好调查和策划。

经典的公关教程几乎都要写到的"调查、策划、实施和评估"这"四步工作法",大多是针对组织或专业公关公司所策划的公关战役或专题公关项目而言的。我们将对"四步工作法"中的前两步——调查和策划——展开讨论。我们先来讨论公关调查。

第一节 ◇ 公共关系调查概述

公共关系调查,就其本体维度而言,涉及社会组织(公关主体)、各种特定公众(公关客体)、组织与公众的互动(即交流、沟通、劝说、引导的全过程),其中包括组织期待形象和公众形象评价的调查、特定社会环境的调查和公共关系运行的调查。

一、公共关系调查的内容

1. 组织形象调查。组织形象是社会公众对组织综合认知后形成的一种总体评价,是组织的行为特征在公众心目中的反映。组织形象调查,主要是对组织知名度、认可度和美誉度的调查。通过调查,了解组织自我期望形象、组织在公众心目中的实际形象以及这两者之间的差距。

(1) 组织自我期望形象调查。组织自我期望形象是指组织自己所期望达到的形象目标,它是一个组织开展公关活动的内在动力和方向。期望值越高,组织所作出的努力就越大,但不切实际的期望往往难以实现,因此要谨防主观愿望与实际可能的过大差距。开展组织自我期望形象调查主要从以下三个方面入手。

第一,了解组织决策层的目标和期望。公共关系活动的目标必须围绕着组织的总目标,为实现组织总目标服务。组织的决策高层,对组织形象期望的水平、组织目标和信念的形成、组织形象的选择及建立,具有决定性的意义。作为公共关系活动的调查研究,必须详尽研究决策高层所制定的各项目标和政策,领会他们的意图,研究他们的思想和经营管理手段,测定他们对组织形象的期望水平和具体要求,以此作为设计组织形象的重要依据。

第二,调查组织员工的期待和评价。一个组织的目标和政策须得到组织员工的认同和支持,才可能有效地实现和达到目标。为此,就要通过调查分析,了解组织员工对组织的期待、意见和评价,了解他们对决策层提出的总目标的信心和支持程度,发动全体成员寻找组织的薄弱之处,积极听取和采纳他们的合理建议。

第三,分析组织的现状和基本条件。组织对自我形象的期望不能脱离组织的客观现状和现有条件,为此还应该全面、完整地掌握本组织的情况。就企业而言，应调查分析组织的经营方针、管理政策、生产计划、财务制度、营销状况、用人方略、领导及管理人员的素质等，并以此作为设计组织形象的客观依据。

（2）组织实际形象调查。在开展组织自我期望形象调查的同时，要了解外部公众对组织形象的评价，这是非常重要的一环。只有了解了组织在公众心目中的实际形象，才能比较两者之间的差距，才能更为精准地了解公众对组织形象的期望。

要了解组织的实际形象，就要运用各种调查方法，收集该组织在公众中享有的知名度、认可度和美誉度，一般从以下几方面进行。

第一，公众分布分析。组织的公众是处于不断变化之中的，为了准确地找到调查对象，获得可靠信息，必须对本组织的特定目标公众（包括类别和范围）进行调查，关键是对公众的辨认，确定调查对象和范围，不然将会产生调查结果不科学、调查经费投入不当等问题。

第二，形象占位测量。在对公众调查分析的基础上，运用知名度、认可度和美誉度等概念工具，综合分析公众的评价意见，也可运用形象评估坐标图或其他形象软件，测定并表述组织的实际形象占位。

第三，形象因素分析。组织形象包含多方面内容，对企业而言，具体涉及经营方针、产品质量、服务态度、办事效率、业务水平等各种要素。要正确评价组织的实际形象，需要对涉及形象问题的诸要素进行分析研究，找出形成某种形象的具体原因，以便更有针对性地策划改善形象的公共关系活动。

（3）寻找组织形象差距。通过调查，了解了组织对自我形象的期望，同时也把握了公众对组织的实际评价。第三步工作，就是进行分析比较，找出两者的"形象差距"，这是制定公共关系目标的前提。如何通过开展公共关系工作去弥补或缩小这种差距,便形成了公共关系的目标。

2. 特定社会环境调查。所谓特定社会环境,是指与组织有着关联性的各类公众和各类社会条件的总和。社会环境可分为具体环境和抽象环境,具体环境是指与组织有着直接关联的各类公众,抽象环境是指影响组织的各种社会条件和社会发展趋势。根据这两类社会环境的分法,调查的内容主要有以下几个方面。

(1) 调查分析与本组织有着关联性的政治、经济、法律、教育、文化、科学技术和社会思潮等方面的发展变化。

(2) 调查与组织有着关联性的政府机构的方针政策的制定和实施情况及变化趋势。

(3) 调查了解新闻传播媒体的舆论导向、报道偏好、传播效果等情况。

(4) 调查与组织有关的各类公众信息。组织面临的公众多种多样,既有机构又有个人,既有政府也有企事业单位,既有顾客和合作伙伴又有竞争对手,当然还有新闻传播媒体。掌握各类公众的资讯,研究他们的行为动机和对本组织的需求的信息,是至为重要的。

3. 公共关系运行调查。我们一再强调,公共关系的运行全过程是"交流、沟通、劝说、引导"这四部曲,而要演奏好这四部曲,每一部单曲启奏前都要做好调查,做到心中有数,有备无患。

调查不仅要关注信息的获取和交流,还须贯穿于意义的沟通、价值的劝说和行为的引导之中。就信息的获取和交流而言,无论在组织一方,还是公众一方,调查的第一个任务就是"信息"(information)与"冗余"(redundancy)的关系,这是信息论中最基本的一对关系,"信息"是未知部分,"冗余"是已知部分,它们的比例现况如何?应该如何?调查的第二个任务是掌握组织与公众的

"沟通"情况,因为信息交流了,既不意味着双方对信息的"意义"有了充分的沟通,也不表示双方达到了一致或仅仅是部分的理解。调查的第三个任务可能更为艰巨,它要对组织与公众就某一个问题的相互"劝说"作出描述、分析和评估,要了解是组织"劝服"了公众,还是公众"劝服"了组织,还是劝了、说了但都未被"劝服"或"说服"。调查的第四个任务就是对组织或公众的"行为引导"进行调查,作出判断,以便进入下一步的策划。

公共关系运行的调查需要非常专业,也需要非常细致。比如要收集新闻媒体对本组织和公众的各种报道,还须了解报道的方式,如版面位置、篇幅大小、报道时机、报道的深入程度等。公共关系专业人员还要了解公众对组织策划的某一公关运动的评价情况,可通过召开座谈会、问卷调查、摘编公众来信、接待顾客来访等方法,及时掌握并分析目标公众对组织公共关系活动运行的反馈。

二、公共关系调查的科学性

公共关系调查,在更广泛的意义上,也可以说是一种特定的社会研究。社会研究的对象是人。首先,人处于一个开放的社会环境中,时时刻刻与外界环境进行物质、能量和信息的交换;其次,人又具有主体性,人有自己的独立选择能力,既会受外界环境影响,又能无视外界环境影响而自行其是;再次,人的选择又是在不断变化之中的,始终处于一种动态过程中。社会科学研究常常难以得出像自然科学研究那样清晰无误、非此即彼的精确结论来,但作为社会科学研究的公共关系调查也要讲究科学性。

在解决社会调查的科学性问题方面,自然科学中的统计数学的引进有着极为重要的意义。统计数学,是现代数学的一个分支学科,它包括概率论和数理统计学这两个部分。前者是基本理论,后者是具体方法。统计数学研究的是客观世界中的"随机性事件",即种种偶然现象。随机性事件或偶然现象常常出现在以人为主体的社会领域里,以精确把握客观对象特征和规律为宗旨的经典数学对此无能为力,而统计数学则从自身独特的视角提出了一种全新的解决问题的思路。

客观世界中纷乱复杂的随机性事件或偶然现象的背后,总存在着某种必然性趋势或规律。概率,就是某种随机性事件或偶然现象出现的可能性情况标度,但概率只有在进行大量观察的条件下才能被认识和把握。也就是说,随机性事件和偶然现象,只有随着观察次数的增加并呈现出某种稳定的常数值时,才可体现统计学中的"大数定律"作用。观察随机性事件或偶然现象的次数,不必"无穷多",只需确定"充分多"的样本就够了。

社会调查在解决调查结论的科学性问题方面正是依照统计学这条思路进行的。恩格斯认为:"在表面上是偶然性在起作用的地方,这种偶然性始终是受内部的隐蔽着的规律支配的,而问题只是在于发现这种规律。"[1]统计学的产生,标志着人类对客观世界中的个别与一般、偶然与必然等对立统一范畴的认识达到了一个新阶段。统计学在社会研究中的应用又使社会调查的科学性大大提高了,尤其是随着电子计算机使用的普及,社会调查获得的各种指数早已能够精确地量化了。

为了保证科学性,公共关系调查必须遵循以下几条指导原则。

1. 全面性原则。社会调查的对象是人,人由于他们各自不同的社会背景如年龄、职业、教育程度、信仰、居住环境等条件因素的差异,其态度及行为会呈现出千姿百态的复杂图景。社会调查要把握的当然不是他们中的个别成员的态度及行为特征,而是总体

---

[1]《马克思恩格斯选集》第4卷,人民出版社,1995年,第247页。

情况和对这种情况的描述。根据"大数定律",前期调查应做到大量观察,必须使观察的量所代表的样本与总体数所表现出的平均值接近。

2. 代表性原则。调查对象常常数量大、分布广,因此前期调查多以抽取样本的方法进行(如"均等抽取"或"随机抽取")。多年来,英国广播公司(BBC)的公共关系部,每天在电波覆盖范围内的几十万乃至成百万的受众中抽取数千人,从而推断受众中收听收看各种节目的比例。日积月累,公司决策机构就有了对听众和观众的充分认识。可见小样本只要有了代表性,就产生科学价值。

3. 客观性原则。社会调查不仅会面临调查对象的问题,还容易受到调查人员自身的干扰。调查人员的专业水平和理解能力、对调查课题的熟悉程度,乃至责任心和敬业精神,都会影响调查的精准度和科学性。特别要指出的是,公共关系的前期调查,要有一个统一的标准尺度,要有自身的相对独立性,以确保客观和公正。设计问卷时,须对每个问题、每个概念进行明确易懂的含义规定。如"形象"二字是公共关系调查中经常涉及的一个词汇,如何对"形象"作出界定,如何保证调查者和被调查者对"形象"一词达到一致的理解,是至关重要的。客观性原则还要求在同等条件下重复测量,以排除因地、因时、因人而出现的误差对调查结论的影响。

4. 定性定量并重的原则。公共关系调查的科学性是靠科学的定性分析和科学的定量分析来保证的。对调查对象我们既要有总体的、宏观的本质把握,又要有精准的、清晰的量化描述。长年来,我们常常满足于定性分析和研究,而对量化研究的重要性认识不足,殊不知马克思留下过这么一句名言:"一种科学只有在成功地运用数学时,才算达到了真正完善的地步。"①公共关系调查人员要

---

① [法]保尔·拉法格等:《回忆马克思恩格斯》,马集译,人民出版社,1973年,第7页。

切记定性定量并重的原则。

三、公共关系调查的一般过程

公共关系调查一般说来包括四个步骤：调查课题的确定，调查方案的确定，调查材料的收集和分析，调查结果的评估和应用。

1. 调查课题的确定。组织所选择的调查课题多种多样，可以是与经营、销售有关的问题，如顾客消费习惯和消费情趣的现状及发展趋势；也可以是组织与各类公众之间的关系状况，如行业专家对组织的评价、媒体对组织在一段时期内的报道倾向等。

调查课题的确定，必先明确课题的宗旨，要问自己"本次调查企图达到什么目的"。比如一家生产电动汽车的企业，面对一个潜在的电动汽车市场，倘若对这个市场的现状知之甚少，那么需要先做一个描述性的"市场现状"的调查课题。倘若初步研究已经获得"市场潜力巨大"的情报指向，那么需要再做一个更为深入的"市场潜力为何巨大"的解释性课题。公司在一个描述性、一个解释性的调查报告的基础上，在物色潜在合作伙伴、投入巨资之前，可能还要做一个具有预测性的调查课题，为"市场五年发展规划"的商业计划提供依据。因此，调查课题大致可以分为三种类型：描述性课题、解释性课题和预测性课题[①]。

2. 调查方案的制定。调查课题确定之后，接下来的工作就是制定调查方案。通常，一个调查方案应该包括以下要素：对象选择、测量方式和问卷设计。

（1）对象选择。根据统计学中的"大数定律"，我们可以采取"抽样"方式来确定调查对象。如果调查对象是"家庭"，那么样本

---

① 描述性、解释性和预测性的英文对应词是 descriptive、interpretive、predictive。

须包括反映各种收入水平、教育程度、人口结构、消费倾向及其他变量的家庭类型,在比例上要符合各种抽样方式的标准,力求样本的全面性、代表性和客观性。最常用的抽样方法有随机抽样、系统抽样、分层抽样和聚类抽样。

① 随机抽样。即将所有列为调查对象的家庭编上号码,在这些号码中,随机地抽取 2 000 个号码,2 000 户家庭就成了样本。这里有一个概念要澄清:"随机"不等于"随意"。在"随意"抽取中,抽样者很难保证自己对某些数字不产生偏好,而对某些数字的自然偏好可能降低样本的代表性。而"随机"抽样的号码数字一般是由电子计算机按特定程序产生的,也就是说,"随机"本身是严格的,这就保证了样本的全面性、代表性和客观性。例如,我们要在一家 3 000 人的工厂里抽取 150 人的样本,我们可以用他们工作证件上的号码以 20 为间隔来抽出一个样本,也可以用计算机在 1—3 000 中产生出 150 个随机号码,以此为样本。两相比较,后者的样本要优于前者,因为工作证件的号码排列可能是有规律的。

② 系统抽样。这是按某种规律顺序来抽取样本的方法,即在一个整体数中,确定一个"始抽点",再按一定的顺序间隔来抽出样本。这种方法的可靠性在于整体数的排列必须处于无序状态。曾经有两位美国社会学家对美军在越南战争中的士气问题进行调查,他们使用了系统抽样方法,选择逢 10 的号码作为样本。然而调查结果完全出乎意料,官兵的士气远比假设的要高。经过对抽样方法的检定,他们悟出了其中的道理,原来军队的花名册排列是由"三等兵、二等兵……少尉、中尉、上尉"的顺序排列的,每 10 个人恰好构成一个循环,这样他们逢 10 抽取的样本都是清一色的某个军阶的军官,而军官的士气相对来说要高一些,这样的调查结论在推及军队官兵整体时就失去了意义。

这两位美国社会学家后来对此作了改进:将每一军阶的士兵

或军官放在一组,将第 1—100 号列为三等兵组,第 101—200 号列为二等兵组,以此类推,然后重新系统抽样,最后得出的结论推及整体时就较全面、客观,具有代表性。

③ 分层抽样。在调查中将调查对象在不同层次上进行分类,然后在各个层次上依序抽样,这就是分层抽样,也就是类似上述的两个美国社会学家的改进方法。分层抽样不仅使一个有等距循环周期的抽样总体避免了系统抽样得到的样本出现偏向的情况,而且也省时省钱。

分层抽样并不局限于对一个变数分层,还可以对两个或更多的变数分层。如在工厂中分层抽样,除了可以按工种分层外,还可以同时对性别分层。从中可分出男一线工人、女一线工人、男后勤人员、女后勤人员、男科室干部、女科室干部等抽样层次。这样的样本代表性更大,可靠性更高,但也更费时更耗力。

④ 聚类抽样。这是先把总体按某种分布顺序进行分组,然后用随机抽样方法取出若干个组,这些组的全体成员即构成样本。所谓"物以类聚,人以群分"就是这个道理。例如,要调查 2 000 个家庭,可以先选 5 个地区。每个地区又选出各有 40 户的 10 个区段,这个区段的 40 户就作为"类"单位,最后列入 2 000 户的样本中。这个方法的明显优点是,它不像纯随机抽样的样本分散在各个角落,而是相对集中,可以省力省时。

(2) 测量方式。所谓测量,是就某一概念或某一组概念在调查中向调查者提问,并对取得的回答予以评判。所谓测量的方式,就是将概念向调查者显示的方式。测量的方式一般分为两类:定性测量和定量测量。

定性测量是用两个对立概念将某个问题区别开来,如对洗衣粉的态度是"喜欢",还是"不喜欢"。定性测量必须注意包容性和排他性。包容性是指所列的各种概念必须能包含所有可能出现的答案。像"性别"可以用"男或女"两个概念来回答其中之一,但是对于"民族"这个问题,如果不列出所有可能出现的民族,有的被调查者就会发现无法回答。有时,在这种无法包容的情况下,可以加上第三种如"其他"或"另外说明"等选择,但如果调查中有相当多的人选择了这一种答案,那就表明这个定性测量有缺陷。排他性是指定性的两个对立概念之间不能有交叉,被调查者只能选取一个答案。就像"男或女",非男即女,非女即男,中间不能有其他选择。

定量测量是用数字表示的数量关系来表示概念之间的区别,不同的数字用来表示不同的区别程度。它有三种方式:定序、定距和定比测量。

定序测量是以数字大小来表示概念按重要性的顺序排列。例如问:"如果有足够的钱,您在以下几种消费中先选哪种?"答案为四种选择:"房子、汽车、子女教育、出国旅游",被试者可以依自己的意愿对这四种消费分别命名为 1—4 的顺序号。汇总后,就可得知人们心目中哪类商品是放在优先位置上考虑的。

定距测量是利用不同数字表示答案的大致差异。如调查受试者的经济背景情况,他每月收入可在选择答案中列为:0—5 000 元,5 000—10 000 元,10 000—15 000 元,15 000 元以上。这样的几个定距区段的划分,在数量汇总上要容易一些,同时,也能大致清楚地表明受试者的经济状况。

定比测量,也称作比例测量、比率测量,它是对测量对象之间的比例或比率关系的测量。例如,对出生率、死亡率、性别比例、劳动力负担系数、工资增长速度等反映两个数值之间比例或比率关系的社会现象的测量,其测量结果一般用百分比来表示,有时也可用绝对数来反映。

(3)问卷设计。问卷,是载有各类表明调查者意向的问题的工具,其基本形式是纸面材料。问卷的设计一般分为三大部分。

第一部分是对调查的简要说明。通常列在问卷的开头,用以向受试者解释调查的性质、目的以及向受试者作出的承诺,如保密、不公布受试者个人的选择情况等。

第二部分是对受试者如何回答问题进行方法上的指导。问卷一般流行选择题,在指导中,应列出 1—2 个例题,予以示范,并对受试者的选择符号作出统一规定。如"√"表示同意,"×"表示不同意。如不统一规定,又无事前指导,便有可能在选择中引起混乱,最后无法汇总。

第三部分是问题的陈述与排列。在前面部分,我们已经在客观性原则的阐述中提出了问题陈述的语言要求,这就是具体、简单、明了、易懂,避免产生歧义①。

3. 调查资料的收集和分析

调查方案确定后,主要的工作就是问卷资料的收集,最常用的方法是受试者问卷回答和调查人员访谈两种。

受试者问卷回答,顾名思义,就是由被试者自行回答问卷。具体做法也可以有所不同,可以采取征求受试者所在工作单位或地区的支持,组织受试者集中答卷;也可以一一走访受试者,将问卷留下,过一段时间收回;也可通过邮寄——附上回单(贴足邮资),让受试者自行答毕寄回。

问卷发放的总数与回收上来的数目之比称为回收率。对于回收率,调查人员应有足够的估计,100%的可能性是很小的。美国社会学家肯尼迪·D.贝利认为:50%的回收率是可以令人满意的,60%是相当成功的,而 70%以上则可以说是非常成功的了②。这可以作为读者的一个参考系数。

---

① 问卷设计是一项专业技术,建议读者参阅一些专业书籍和案例。
② 参见[美]肯尼思·D.贝利:《现代社会研究方法》,许真译,顾晓鸣校,上海人民出版社,1986 年,第 236 页。

访谈，就是由经过专门训练的调查人员走访受试者，由调查人员根据事先准备好的问题向受试者口头提问，征得受试者同意，可以笔录，也可以录音。调查人员在访谈时，既要客观公正，又要和蔼可亲；既要帮助解释，又不可私下暗示。

与调查资料收集几乎是同步进行的，就是调查资料的分析。

统计学进入社会调查领域，使资料分析的手段日益多元化。这里我们推介使用最多、用法也最为简便的一种统计分析手段，那就是百分比的方法。百分比的统计分析就是将问卷的答案分别以单项登录后，用"％"的比率描述出全部受试者的选择分布来，对于放弃或无选择的答题一并计算在内。这样获得的百分比，可以反映出样本中的受试者对各种问题的反应情况。

具备专门统计学知识的职业公关人员，还可以就同一调查资料进行更深层的发掘。如对总数为2 000人样本的调查，在得知受试者的主要态度后，还可就城乡不同家庭背景、不同性别、不同年龄、不同教育程度等变量显示的消费者的反应差别，进行分析比较，得出各种更为精细、更有价值的调查结果来。

与其他社会调查一样，公共关系调查要处理的数据不仅量大，而且错综复杂，但由于电脑统计技术的普及，此类挑战在相当大的程度上得到了解决。在公关调查中，电脑具有多方面的用途。第一，可用它来编制随机抽样方案，比人工编制的方案更快更精准；第二，可用来对原始的调查资料进行整理、分组、归类，并利用专门程序，对各种数据核查，发现错谬，随时更正；第三，它的最主要功效是可以高速度、高质量地进行海量数据的汇总分析。以2 000人样本调查为例，倘若用人工汇总，大约20个人连续工作一星期才只能完成35个变量的分析，而用计算机，只需一人在10分钟内便可完成。

4. 调查结果的评估和应用

公共关系调查最后一个阶段是调查结果的评估和应用。调查结果的评估,就是将调查结论对照调查课题确定时拟订的目标,进行比较和验证,看看设想的情况是否出现或假设是否正确。无论答案是肯定或否定,都可以从中获得新的认知,既可以促使一项新的决策形成,也可成为一个新的调查课题,因此,对调查结果进行评估,意义重大,不可掉以轻心。

在公共关系业界,在很长一段时期内调查结果的评估未受到重视,尽管20世纪70年代以前国际上很多大企业、大公司也在开展公共关系活动时进行了调查,但其调查结果的评估并未受到应有的注意,结果大多流于形式。20世纪70年代后,调查结果的评估在公共关系界受到普遍重视,像美国通用电气公司的决策层就专门对其属下公共关系部门提出调查结果评估的任务:"子公司的各公共事务部门有责任执行调查项目","应按照一定程序和标准定期地从一般公众和顾客、社区领导人、重要商人、财政分析家、股份持有人和其他重要团体中收集意见、观点和其他信息……此种调查应具有足够深度,并提出可供比较的意见,从而使经理层对整个组织的经营情况得出一个准确的印象"[①]。

当调查结果成为决策的参考依据时,就可以说调查结果基本上得到了应用,这也是调查的最终目的。调查结果的应用是多方面的,一方面它可以为公共关系的工作目标指出方向和途径;另一方面,它又可以为组织的总目标服务,使其依照新情况而调整和修正,或者坚持初衷。总之,公共关系调查不仅仅是一种常规的运行业务,而且更重要地,是一种态度、一种规范、一种来不得半点虚假的职业修为。

---

① S. M. Cutlip & A. H. Center, *Effective Public Relations*, Prentice Hall, 1982, p.141.

第二节 ◇ 公共关系策划概述

公共关系策划是公共关系"四步工作法"的第二步,是公共关系运行中一个极其重要的环节。公共关系策划是在调查研究的基础上,对组织的公共关系运行进行策划,以此来指导公共关系的信息交流、意义沟通、价值劝说和行为引导,并对公共关系运行的成效评估定出标准。无疑地,公共关系的策划是"公共关系四步工作法"的核心一步。

一、公共关系策划及其基本原则

1. 公共关系策划的含义。公共关系策划是策划理论在公共关系活动中的具体运用。《中国公共关系大辞典》把策划定义为:"是指人们为了达成某种特定的目标,借助一定的科学方法和艺术,为决策、计划而构思、设计、制作策划方案的过程。"[①]换种更为通俗易懂的说法,所谓公共关系策划,就是在充分进行调查研究的基础上,对公共关系某一活动或项目制定总体战略和具体实施步骤的过程。

2. 公共关系策划的基本原则。一项公关活动或项目,其成败很大程度上取决于它的总体战略和具体实施步骤。要做好一个策划,必须坚持以下一些基本原则。

(1) 整体性与目的性。策划一个新的活动或项目,要立足于全局,要与组织的整体运行目标保持一致。在公关活动或项目策划系统中,各要素之间应当相互协调,环环相扣,承上启下,既有阶段

---

① 参见张龙祥主编:《中国公共关系大辞典》,中国广播电视出版社,1993年,第403页。

性,又有连续性,将组织内部和外部的各种因素进行综合系统分析之后,寻找最能发挥组织优势、最能适应公众需求的方法和路径,充分体现它的整体性。

每项公共关系策划,无论是它的总体战略,还是各阶段的具体实施步骤,都必须有目的性。假如战略策划是为了更好地满足组织目标的要求,那么具体的实施步骤和各种"招数"——何时到何步、何时用何招——更要目的明确。

(2) 独创性与延续性。《孙子兵法》有36计,从"瞒天过海"第1计到第36计"走为上计",是中外古今策划史中独创性和延续性的最高典范。公共关系策划,要根据组织所处的环境条件,公众心理状态和组织内部诸要素变化情况,进行有独创性的策划,唯有独创性精神,才能体现策划的差异性,才能无往而不胜。

公共关系为组织营造良好形象,不是靠一两次成功的策划就能得到迅速改善并保持不变的,它需要通过成功和失败的公关策划的不断积累,通过公众无数次对策划的评判,才能赢得公众和社会对组织的好感,组织的良好形象才能得以保持和延续。

(3) 计划性与灵活性。所谓公共关系策划的计划性,是指经过精心策划的方案,在通常情况下是不可轻易改变的。心血来潮、朝三暮四,是公关策划的大忌。一旦项目启动,人、财、物配置更不可随意变动,因为随意变动带来的不只是经济上的损失,而且是人心的涣散乃至整个策划的失败。

然而,由于组织的主客观条件和外部环境处在不断变化之中,公共关系策划对运行方案应留有充分的余地,针对可能发生的变化,考虑灵活的应变对策,使策划的战略和具体实施步骤有灵活性,充分体现计划性和灵活性的统一。

(4) 客观性与可行性。公共关系策划要坚持以客观事实为依据,做到客观、公正和全面。周密细致的公关调查是第一步,第二步就是制定切实可行的项目目标和路径,既要有客观可行的总战略,又要有客观可行的具体实施步骤。

所谓可行性原则,是指策划的方案必须能行之有效。在实施策划方案前,必须审时度势,知己知彼,进行项目的可行性分析。为此,必须权衡方案的利害得失;综合考虑方案实施后的效益和风险;坚持以最低成本去获取最优效果;确保方案的科学性和合法性。

二、公共关系策划与创造意识

公共关系策划的本质是创新,而这种创新依赖于策划者的创造素质,创造素质的核心是创造性思维能力。创新思维是策划成功的奥秘所在。

公共关系策划的灵魂是创造性思维。所谓创造性思维,即策划者借助逻辑推理和丰富的想象,对概念表象等思维元素进行组合加工的过程。这个过程,也是策划者打破框框、勇于开拓、频出新招的过程。每一次公共关系策划面临的环境不同、公众不同,不能总是以老面孔出现,必须打破思维定式,突破常规,运用创造性思维,不断策划出与众不同的、具有新意的活动内容和方式来。

公共关系策划的新意源于创造性思维方法。要使公共关系策划有新意,策划者总在运用各种各样的创造性思维方法。下面列举常用的几种。

1. 灵感的激发。在策划中,新形象新假设的产生往往带有突发性,是突如其来的闪光般的顿悟。它的产生,往往借助外物。外部信息的激发,与人们头脑中的知识信息突然得到巧合,便产生了灵感。活跃的灵感在创造性思维活动中起着非常重要的作用。一般说来,人们获得灵感时,思维异常活跃,也最富有创造力。公共关系策划者想在策划中出现灵感,就要善于发现和利用各种信息,进行自我激发,通过量的积累,触类旁通闪现灵感,达到质的飞跃。善于抓住灵感常使策划产生新意。

曾经风靡一时的"今年二十,明年十八"的白丽香皂广告语就是上海制皂厂策划人员的灵感火花触发而成的。设计这句广告语时,正值力士香皂的广告词耳熟能详,给白丽香皂广告语创作带来难度。策划人员认为,攀比式的广告定位和纯功能的直接诉求都是不利的,必须另辟蹊径,从人类爱美的天性上去寻找突破口。这道难题,很长时间都没有找到令人满意的答案。有一天,一位爱唱歌的策划人员,突然想起美国影片《翠堤春晓》插曲"当我们还年轻"时突发灵感,脱口而出:"今年二十,明年十八。"大家一致认定,这句话是白丽香皂最好的广告语。这句话听上去极其普通,却形象地点出了白丽香皂的特质,很快传遍了全上海。

2. 想象的突破。想象是策划者对记忆中的表象进行加工后得到的一种形象思维,也就是在对以往事物感知的基础上,对策划对象创造出前所未有的形象概念,它是一种特殊形式的思维活动方式。

公共关系策划同样需借助想象。策划者把对组织公共关系现状的认识和对组织未来的预测等各种感知,通过想象得以突破,不断建立和完善新的形象概念。因此,公共关系策划的成果,往往是想象思维的结果。例如,中国银行曾发起和独家赞助的"海峡两岸台北—北京长跑活动"就很具想象力。活动是从中国台北起跑,途经台中、高雄、上海、哈尔滨、长春、四平、沈阳、鞍山、锦州、秦皇岛、唐山、天津,最后到达终点北京。在这次跨越海峡两岸的长跑活动中,中国银行及其沿途所属分行利用各种传播媒介,把自身的形象印刷在宣传册、文化衫、纪念封、手提袋上,体现在匠心独具的起跑仪式和热烈火爆的现场布置上,大大小小的记者招待会,此起彼伏的拉拉队、陪跑队,一路行进如同一幅移动的风景,令人注目,使中国银行的声誉远播海内外。由于出色的创新策划,这次长跑活动不仅促进了海峡两岸的沟通与交流,而且在宝岛和大陆沿线各地引起不小的轰动,中国银行声名鹊起。它是策划人员富有想象力的杰作。

3. 因素的巧妙组合。在公共关系策划中,从思维的角度而言,由目标的制定找到了相应的公众,从诸多信息中产生了主题,继而设计出各种计划和工作步骤。而从思维展开后又必须聚拢的角度说,众多的因素必须组合成一个有机的计划。诸多因素的组合过程同样使策划有新意。

有一个经典案例:20世纪80年代中期,美国可口可乐公司举行了可口可乐问世100周年纪念活动。这是一个等了百年的公关良机!细细分析这项跨越时空、颇具规模效应的公关活动的策划,我们发现它的成功不仅仅是机会,而且是各种因素巧妙组合的结果。这家拥有世上最有价值品牌的公司,抓住了自己100周年大庆的时机,亚特兰大市市长安德鲁·扬和可口可乐公司总裁伊祖艾塔一起亲自引导庆典队伍,庆典中最精彩的一幕是通过卫星联结制作了一个令人难忘的场面:卫星电视画面以总部所在地亚特兰大为起点,以地球另一头的伦敦为终点,把里约热内卢、内罗毕、悉尼、东京连接起来,通过卫星来一次推倒60万张多米诺骨牌。多米诺骨牌从亚特兰大开始,天衣无缝地一浪接一浪地倒下去,随着卫星电视的衔接,到达伦敦的终点时,一个巨大的百事可乐罐出现了,多米诺骨牌爬上最后一个斜坡,引爆了这只百事可乐罐,顿时,全世界的可口可乐公司职员欢腾雀跃起来。这次成功的公共关系活动,正是因素巧妙组合所引发的创造性思维的佳作。

4. 思维的超常。所谓思维超常就是一种超常规的思维方法。公共关系策划人员抓住常规中的反常因素,不拘常规,从与习惯思路不同或相反的角度,来突破常规定式,作超常思维,以达到出奇制胜的效果。运用超常思维方法,一要自觉拓宽思维的空间,既要从事物或问题的多侧面、多层面发问,又要从与之相似、相连、相关甚至相反方面进行想象与联想;二要敢于变通,善于变通;三要注意市场调查研究,扩大信息的输入。有了足够的信息与知识,才有超常的点子涌出,使公共关系策划不落俗套。法国巴黎一家化妆品公司面向社会公开招聘丑女作公关礼仪小姐。常规做法是,礼仪小姐多为靓女,更何况是化妆品公司公开招聘。可是这家化妆品公司反其道而行之,一时成为当地社会新闻的热点。正当人们纷纷议论、百思不解之时,该公司又登出广告,宣布公司从10多名应聘者中选出7名,将于周六晚登上巴黎大舞台一展风姿。当晚,当舞台大幕缓缓拉开时,丑女纷纷登台亮相,果然个个奇丑无比。然后公司总经理致辞,说明招聘丑女原因,要求大家稍等片刻,再看一下用了本公司化妆品的丑女形象。接着,大幕下落后再次开启,化妆后的丑女在彩灯下一改丑陋容貌,个个变得光彩照人。这时人们才恍然大悟,该公司的产品也理所当然很快占领了市场。

5. 思维的碰撞。思维碰撞法又称头脑风暴法、智力激荡法①。它是世界上最早的一种创造技法,是由美国现代创造学奠基人奥斯本创立的。思维碰撞法就是在较短的时间内,开发人的创造力,产生创意的方法,又可以称为集体思考法。具体做法是:通过一种特殊会议,召集10人左右,按照必须遵守的规则,比如异想天开、似天方夜谭也不准嘲笑等,使与会者在轻松愉快的气氛中,相互启发,相互激励,各抒己见,畅所欲言,彼此得到知识空隙的填补,从而引起创造性设想的连锁反应,激发出大量的创新设想。如百事可乐公司趁可口可乐改变配方之机,通过思维碰撞法,展开了广告

---

① 英文常用的 brainstorm 或 brainstorming。

攻势,策划者们在参加的动脑子小组会上,经过碰撞,"为了新一代"的理念也就随之而产生。这则广告播出后,使百事可乐的市场份额迅速扩大,当年的销售额远远超过了可口可乐,一跃上升到第15位,把可口可乐逼降到第34位。

三、公共关系策划过程分析

公共关系活动一般按照调查、策划、实施、评估的"四步工作法"来进行,是一个动态过程。而策划是这一过程的核心一步,也是一个动态过程。公共关系策划者必须对这一过程进行细化分析,揭示其规律。

调查研究、采集信息是策划的基础,调查者面对通过调查得来的大量信息要进行分析。因此公共关系的策划是从信息分析开始,接着是目标的确定、公众的辨认、主题设计、媒体选择、计划编制、经费预算、方案审定,最后以反映方案的文件——策划书的形式为终结。下面就这一过程的每个步骤进行具体分析。

1. 信息的分析。公共关系策划者通过调查取得的信息是大量的,面对各种信息必须借助科学分析的方法,作"去粗取精,去伪存真,由此及彼,由表及里"的认识,由此进行科学的策划。

公共关系策划者面对各种信息,要重点分析的信息有两大类:一类是组织自身状况,包括组织的历史和现实状况(组织的资产、资源、人才、形象等)、战略目标,具体到财务、人事、设备、技术、产品质量、业务水准、办事效率、服务态度等各种要素,以及由诸要素综合体现的组织知名度和美誉度信息;另一类是影响组织运行的各种社会信息,如目标公众、竞争对手、合作伙伴、传播媒介以及财政、金融、交通、能源、通讯、人口等方面的背景及信息,从中去发现对组织有利的契机和不利的因素,如此才能策划出有成效的公共关系活动方案。

2. 目标的确定。公共关系策划者在分析信息的基础上,发现问题,然后根据一定的条件,提出解决问题、期望结果的方案,因此便有了目标。在具体的公共关系策划中,组织对各种目标要做出科学合理的选择,就必须对目标进行分类。最富有操作意义的是以目标范围区分而定的两类目标:一类称为公共关系战略目标,它以协调关系、塑造形象为主要目标,为组织的总体目标服务,是需要长期不懈地为之努力奋斗的目标。如IBM公司所策划的一系列公共关系活动,均为体现"IBM就是最佳服务"这一理念而做的长期规划。另一类称为战术目标,它是为公共关系战略目标服务,通过分阶段、分步骤、分项目,达到理想的结果。如法国白兰地酒在美国精彩亮相的公共关系策划,成功地实现了提高白兰地酒在美国的知名度这一战略目标。

3. 公众的辨认。公共关系策划者在进入实质性策划时,首先要辨认公共关系活动是针对哪些公众,要了解他们的特点、需求、对组织的态度如何等,从而有针对性地设计策划主题,展开策划的各个步骤。只有辨认和锁定了目标公众,才能设计出公共关系活动的主题,才能有效地选择传播媒体,如要开展一次针对出租车司机的公关活动,一般情况下选择广播媒体就较为恰当。只有辨认和锁定了相关公众,才可确定如何使用有限的经费和资源,并在公关活动中突出公众利益,从而才能得到公众的支持与合作,与公众建立起交流、沟通、劝说、引导的关系。

4. 主题的设计。公共关系策划主题是策划的核心,贯穿于整个策划之中,是公共关系活动内容的核心概括。主题对于策划的重要性决定了策划者在辨认和锁定公众后,必须精心设计主题,使其表述得精炼传神。如国家为申办奥运而设计的主题"新北京,新奥运",曾给公众留下了深刻印象。主题设计是公共关系策划中最富创造性的一个步骤,为此,必须明确构成主题的三要素:第一要服从和服务于策划目标;第二要有独特新颖具有个性特色的信息;第三要融入公众需求因素。

5. 媒体的选择。公共关系策划是把选定的信息通过有计划、分阶段地向目标公众传播、交流以与传播对象沟通。但信息不会独立存在,必须通过载体传播出去,因此凡能载有公关信息的任何工具载体都可视为媒体。这样可供选择的媒体种类就很多,策划者根据具体目标和本次策划活动的沟通对象,可以有目的、有针对性地选择媒体。虽然可供公共关系策划者选择的媒体非常宽泛,但传统的大众传播媒体(报纸、广播、电视、杂志、出版、电影等)和方兴未艾的新媒体,在所有媒体中始终占有举足轻重的地位,因此,公共关系策划者不仅仍然要重视传统大众传播媒体的选择运用,而且要时刻关注新媒体的交流、沟通、劝说、引导运行的最新发展。

6. 计划的编制。公共关系策划者在主题设计、媒体选择等步骤的基础上,对策划要做总体构想,使之有序,富有可操作性,拟订出切实可行的计划,这一过程称作计划编制过程。

公共关系策划者拟订的计划有两大类:一类为总体战略策划,也称为规划。如一年一度的工作规划内容大致有下列几项:(1)年度公共关系具体目标;(2)年度公共关系的主题;(3)年度公共关系活动项目和传播计划;(4)各项目和传播计划的财务预算;(5)各项目的计划及组织保证与人员分工等。另一类为策划内容,主要指具体的操作方案,如时间、地点、人员、经费的编制。

7. 经费的预算。为了具体落实公共关系计划,使投入的人力、物力、财力有所保障,使计划具有可操作性,必须对经费作一番预算。公共关系活动对企业来说,既要考虑近期效应,又要看作一种长期投资,在预算时要考虑投入与短期及中长期收益的关系,经费预算应就活动的轻重缓急统筹兼顾。

8. 方案的审定。公共关系策划者在完成上述的各个步骤后，具体的方案已经形成，为确保计划的可行性，对方案进行审定是策划中不可缺少的一个步骤。审定方案一般由组织领导、专家及具体工作人员对方案进行咨询、答辩、论证，并进一步加以完善。可从以下几个方面进行论证：(1)对方案中的目标、主题及活动开展的各要素如资金、人力、时间、传播计划等进行分析论证；(2)对方案实施过程中可能遇到的问题、补救措施等进行分析论证；(3)对预期结果进行综合效益论证，判断公共关系活动方案是否值得付诸实施。

9. 策划书的形成。策划书是策划全过程最后形成的文案，是公共关系活动实施的依据。策划书的形成，使策划者的劳动有了一种物化的体现，它凝聚着策划者的经验和心血，是极富价值的。策划文案的写法，既有各种可参照的范本，又可根据行业的特征和自己组织的独特需求，可以八仙过海，各显神通。

第十章

公共关系的口语表达

公共关系就其过程而言是一种交流、沟通、劝说、引导活动,而交流、沟通、劝说和引导,在个人与个人的互动中,又常常是用口语来进行的。口语与文字,就像人的两条腿,缺了一条,走也不能走,站也站不稳。人类文明,是靠我们的祖先用口一代一代传下来的,然后才有了文字,才有了中国的二十四史,有了文明和历史的记载,包括由口语表达在民间传承的各种交流、沟通、劝说、引导活动的记载。

第一节 ◇ 口语表达概述

口语表达是人际交往最常见的形式之一,无疑地,公共关系从信息交流到意义沟通,从意义沟通到价值劝说,从价值劝说到行为引导,都大量地采用口语表达的方式。因此,口语表达在公共关系运行中就成了一项专业性的技巧和学问。

一、口语表达的特点

关于口语表达的特点,不同的学科可以从不同的角度理解,如语言学可以就语言从口语到文字的发展角度去研究,语法学注重的是口语语法成分的分析,公众表达①或口头修辞常常以口语技巧为研究重点。作为一门交叉性边际学科,公共关系学对作为一种"公众表达"的口语表达,有着自己的理解和特点。

1. 有两个或两个以上的互动主体共同参与信息交流,或意义沟通,或价值劝说,或行为引导,那么就会在时间和空间两个维面上受到制约。既然口语表达具有同时性和空间制约性的特点,那么就应当尽可能地抓住、抓准开口发言的机会。比如产品展览会上的讲解员就必须抓住这种难得的时机,在有限的空间中尽量发挥自己的演说或表达才能,用动听的口语把顾客吸引到自己的产品前。再比如,组织的新闻发言人在新闻发布会上须慎用"无可奉告"这种语词,否则就等于放弃了一个口语表达的机会,并且会给提问者留下一种"不可告人"或不善言辞的负面印象。

2. 互动过程的每一个环节,都与反馈机制有着紧密联系,可能即时同步,也可能在短时间内同步完成。这就是说,口语表达常常是即兴的,要求口语表达者灵活机动,随机应变。既然口语表达具有很强的时效性,那么,就应当及时地注意信息的反馈,随时地调整自己发言的内容。比如,当你向顾客介绍自己的产品时,如顾客表示出较大兴趣,那么你不妨再强化自己的话题;如对方无动于衷,则不妨转换话题,用迂回过渡的方式开始宣传自己的公司。

3. 非言语代码②使用是口语表达成功与否的关键。非言语代码包括:(1)体语(如眼神、表情、手势、站姿、坐相及握手强度得当与否);(2)各种物件道具(穿戴的服饰、配置的文具、驾驶的车辆以

---

① 美国大学通识教育的一门基础课是 Public Speaking,常译为"公众演讲",其实 speaking 不仅可以包括"演讲",而且更多地是"表达"。"公众表达",是公共关系职业人士扮演好各种社会角色的必备技能。

② 英文叫 nonverbal codes。

至使用的场地等);(3)时间和空间,时空是把双刃剑,一是有其不确定性(如突发事件),二是有其把控性(如怎么来选择恰当的时间和场地),如何用好这把双刃剑,体现了一个有经验的公关职业人员的功夫。

二、口语表达技巧在各表达环节的运用

口语表达技巧是表达者在了解和认识表达规律的基础上,对口语表达的特点加以艺术性的运用。在口语表达中,表达者根据各自实践活动的效果,把一些符合表达规律和口语表达特点的成功做法总结出来,加以提高,就成了具有普遍意义的口语表达技巧。这些技巧在口语表达的每一个环节上都是可以运用的。

1. 口语表达者环节。表达者是表达活动的主角,由于口语表达通常采用面对面的方式,因此,在口语表达中,最能体现表达者能力和水平的,就是表达者对表达技巧的运用。

(1) 首先要明确口语表达的目的①。如目的是联络感情,那么就要有意识地运用感情交流的言语;如目的是推销产品,那么就须具有介绍产品情况的语气和语调。只有在明了口语表达目的的前提下,表达者才有可能在交流开始时找到最佳"切入点",为取得表达效果开个好头。

(2) 要做好社会身份的确定。就是要知道"谁在表达"。一个人的社会身份规定了他或她如何表达,如工厂的厂长是法人代表,他言谈举止,亦即他的表达风格,就要符合法人代表的身份;如你是一个组织公关部门的一般工作人员,那么你的口语表达,

---

① 近年来在美国,public relations 专业无论是学士还是硕士,现在常用 strategic communication 这一词组来表述,强调的就是它的"目的"诉求。

就不可超越一般工作人员的身份。一个人在不同的语境中常有不同的社会身份,只有确定好了,他或她的表达才能恰如其分,取信于公众。

(3) 表达者不仅要用好自己的口,而且要用好自己的脑、身、心。无疑地,口语表达者要具备较好的口才,较强的遣词造句能力。除此之外,表达者还应投入自己的脑、身、心。脑者,要有头有脑,有理有节;身者,要站有站相,坐有坐相;心者,要真心诚意,别具匠心。

2. 口语表达的内容环节。像电台、电视新闻记者一样,在口播前,要弄清"5个W"和"1个H"。第一个W是Who(谁),第二个W是What(发生了什么),第三个W是When(什么时候),第四个W是Where(什么地方),第五个W是Why(为什么),一个H就是How(事情是如何发生的)。弄清这"5个W"加"1个H",就弄清了口语表达的全部基本内容。在具体表达时,表达者特别要注意以下三点。

(1) 确定口语表达的主题。表达主题是根据表达的目的和性质来确定的。如果是事先约定的活动,那么一般有相对明确的交谈目的,表达的主题也比较容易确定。但有时活动并非事先安排的,这就需要表达者随机应变。一个有经验的口语表达者将会巧妙地探问、了解受传者的背景和意向,然后迅速确定交谈主题,以便有的放矢。

(2) 表达要紧扣主题。主题确立后,在表达过程中就要努力紧扣主题。紧扣主题并不意味着只谈主题,必要时也可以从主题生发开去。如主题是一个公关危机,那么可以单刀直入谈危机,但也可表达对当天与危机有关的某新闻事件的看法。需要注意的是:第一,表达内容要同主题有比较直接的联系;第二,表达发挥,既要散得开,又要收得拢。散出去并非淡化主题,而是为了对主题的强化或烘托。任何使主题走样的发挥都是画蛇添足,必须避免。

(3)要言之有物、有根有据,力避华而不实、哗众取宠。交谈要言之有物,要尽量把主题内容陈述清楚。语言通俗化是口语表达的一个重要的技巧,尤其是对不同背景、不同层次的人说话时,语言通俗与否会直接影响到表达效果。有的表达者说话时华而不实、哗众取宠,殊不知受传者很快会因他的卖弄而心生不快,或者因不得要领而拂袖而去;还有的表达者热衷于过分的形容描写,结果把听者的注意力分散到华丽的辞藻上去了。这些都是口语表达的忌讳。

3. 口语表达的媒介环节。我们在上文"口语表达的内容环节"里,已经部分地讨论了口语表达的媒介环节。口语表达,顾名思义,媒介就是口语,或者主要是有声音、有体语陪衬的口语。口语的特点是稍纵即逝,所谓"一言既出,驷马难追"。在这一环节上,表达者除了要把握口语技巧外,还要运用非言语表达的技巧。在新媒体时代,人们经常用移动电话、微信语音或视频及其他媒介通道,来进行交流、沟通、劝说、引导活动,把公共关系口语表达的便捷性向前推动了一大步。

(1)要记住齐夫定律。美国哈佛大学语言学家齐夫根据他对口语的研究指出:在口语交谈中,言者用一个单词来表达一个概念最为"省力",听者也是用一个单词来理解一个概念最为"省力",因此"省力"就成了口语表达必须遵循的法则。这就是所谓的"齐夫定律"。按照"齐夫定律",口语表达用语要通俗、简洁。不用书卷气太浓的语句,多用"生日"少用"诞辰",多用"年龄"少用"贵庚",不用长句,多用短句。要记住齐夫定律:说话省力,听话也就省力。

(2)要学会控制声音。口语的物质载体是声音,声音的音量、速度、语调、节奏等变量并不是语言本身,但如有意识地加以控制和运用,就会产生极大的语义效果,因此有人把它们称为"副语言"。副语言在口语表达中能够起到制造、强化、改变气氛的作用,并且也更易于在感情传递上起作用。如说某某说话总是轻声细语,这就不是在说语言的内容。如何通过语言的声调、语气这些副语言因素来帮助实现口语表达的目的,是一项重要的技能。所以,要使表达有感染力,就要学会控制声音。

(3)要用好非言语代码。我们不能仅仅依赖语言和副语音来做好口语表达,还要用非言语代码来丰富表现方式,以使表达媒介变成立体化的。美国加利福尼亚大学洛杉矶分校的艾伯特·米拉比安教授[①],早在20世纪70年代就提出了口语表达的7—38—55规则。米拉比安发现,在人的面对面的口语表达交流中,就代码使用而言,55%是体语,38%是副语言代码,只有7%才是词语。姑且不论他的这个规则是否有充分的科学依据,但足以引起口语表达者对非言语和副语言代码运用的高度重视。

其实,口语表达中的非言语代码和副语言的运用一直是常识。谁不知时间和空间是属于全世界的无声语言? 如约会迟到,会让人难堪;彼此靠近交谈,意味着亲热。服饰也是无声的,讲解员在博览会上介绍自己的产品时,总是衣冠楚楚,给公众留下的印象大多是美好的。至于表情,那更是一种独特的视觉语言,抬头扬眉之间,无不表达一种意思。动作常能取得比语言更好的效果,如出租汽车公司经理亲自为顾客开车门这一动作,比公司开展优质服务的言语表白更为有效。再如眼神,眼睛是心灵的窗户,人的喜怒哀乐都能通过眼神表达出来,一个人的眼神,比滔滔不绝的演讲要精彩十倍。

4. 口语表达的接收者环节。接收者扮演的是口语表达的受者

[①] 参阅 P. Mulder, "Communication Model by Albert Mehrabian", https://www.toolshero.com/communication-skills/communication-model-mehrabian, 2012; A. Mehrabian, *Nonverbal Communication*, Aldine-Atherton, 1972.

角色,口语表达的成功与否,最后取决于接收者是否接受表达者所表达的内容,要想让受者最终接受自己表达的信息,口语表达者应该在受者这个环节上掌握三个要点。

(1)要了解接收者。口语表达的接收者可以是单个人,可以是几个人,也可以是一群人。人与人之间是有差异的,对不同的对象要采用不同的表达,无论是单个人也好,几个人也好,一群人也好,表达者都须事先了解对象的现状和背景,当然,陌生人的突然来访在所难免,这时,表达者可以在交谈过程中逐步了解对象,并在了解对象的过程中不断地调整交谈的内容。

(2)要尊重接收者。在口语表达中,无论接收者是什么人,无论他处于怎样的社会地位,在人格上都要平等对待,表达者必须懂得尊重。尊重不仅要表现在礼貌用词和副语言的运用上,而且还要用好包括体语在内的各种非言语代码。即使是在交谈前发生过矛盾或在交谈中产生了不同意见,也要做到彬彬有礼、落落大方。

(3)要聆听接受者。在口语表达中,听话者往往也是说话者,说话者也常常是听话者,因此,注重聆听也是口语表达的重要一环。聆听在口语表达中至少有两方面的功能:一是表示对对方的尊重;二是通过对方的谈话内容,进一步了解对方,以便调整自己的谈话内容。聆听是一门艺术,不仅要注意对方谈话的内容,还需观察对方表达内容的方法。

第二节 ◇ 口语表达在公共关系活动中的运用

在公共关系的日常活动中,口语表达是运用得最为广泛的形式之一。口语表达的基本技能,不仅是专业的公共关系人员所必须掌握的,而且也是组织的管理人员应耳熟能详的。它实在应当内化为所有员工的一种公共关系意识。口语表达在日常接待、新闻发布、沟通性会议、公务谈判和游说策动等领域中普遍运用,让我们逐一予以讨论。

一、日常接待

日常接待一般有"未邀访客接待"和"受邀访客接待"两种。

1. 未邀访客接待。未邀访客接待也可称作"诉询性"日常接待。有的访客上门来是对服务或产品提出某种诉求,有的访客纯粹是为查询某一人、某一事而来,接待人员常常对访客提出的诉求或查询的内容,不一定都能做到有问必答,有时还会出现尴尬的场面。鉴于此,接待人员除了熟悉业务、富有经验外,还需有较强的口语表达技能,谁有了这样的能耐,才可把组织的门面撑起来,把"不速之客"接待成一个"贵客""常客"以至为组织义务宣传的"博客"。总起来说,未邀访客接待要做好如下几点。

(1) 要遵守礼貌规范,问清和摸透上门访客的来意,迅速化被动为主动。可以通过一般口语寒暄,自然地营造一个互动气氛,而后进入话题。

(2) 要努力给访客一个诚恳的回应。如一时不能给予明确答复的,要说明缘由,并给予"容后再谈"的机会。

(3) 要关心访客的去从。当接待结束后,接待人员应对对方的下一步去从适当地表示关切。

访客公众,既有共性,又有差异,接待人员自当因人而异,及时变通。

2. 主动型日常接待。主动型的日常接待,是组织出于自身需要对于受邀访客的接待,如对应邀来组织参观者的接待。在这种类型的接待中,组织担当的是组织者的角色,因此要尽量满足来访者的需求。通常，接待人员可以安排机会把自身组织的情况和个人背景向客人作简洁的口头介绍，并对整个接待安排以书面或口头形式予以告知。

总之，口语表达在日常接待工作中，既要使组织与公众相互交流信息，也要使访客对自身组织和接待人员留下一个美好的印象。

二、新闻发布

新闻发布在这里特指组织由新闻发言人或相关人员用口语形式向新闻媒体报告或发布组织自身希望社会各界公众知晓的信息。最常见的形式就是新闻发布会，又叫记者招待会。

新闻发布会是组织传播各类信息较好的形式之一。通过出席新闻发布会的各新闻媒体记者，有关信息将会经大众传播媒体迅速地扩散和放大到全社会。与任何公共关系专题活动一样，开好新闻发布会必须做好事先的准备工作和各种应变措施。从口语表达的要求来看，在新闻发布会的进行过程中有下列事宜是需要特别注意或事先策划的。

1. 要注意会议接待人、主持人、发言人的角色搭配。接待人的作用主要是引人入场，用语必须讲究礼貌，要热情大方、彬彬有礼。任何在记者面前的无礼用语和怠慢态度都不应发生。主持人的作用是调度和控制会场气氛，要善于辞令，用语要恰如其分，形式可以活跃轻松，用心避免或消除紧张气氛。而发言人是代表组织出面的，态度要端庄，用词要准确、贴切、精当，必要时，也可夹杂幽默风趣的话语，但谨防弄巧成拙。

2. 处理好应该回避的技术性问题。新闻发布会免不了会有记者提出一些组织者事先没有认真考虑过的问题，这类问题有的是一时回答不了的，有的是一时不便回答的，有的还涉及不可公开的机密。对于这类问题，可以采取软性回避的态度，但必须十分注意回避的方式。回避不是强硬的拒绝回答，老资格的发言人在向记者解释这类问题时，往往通过口语变化，在不知不觉中就转换了话题。当然这不是说，要给提问者和听众一种似是而非的满足，该解释的问题还应当解释清楚，但在解释问题的过程中争取巧妙地转移主题，以免造成尴尬局面。一般说来，记者也是通情达理的，当你已作了必要的解释并及时地调换话题后，他也就不便继续追问了。

3. 始终保持镇静、温和、礼貌的姿态。在一般情况下，要保持镇静、温和、礼貌的姿态并不困难。如会议的议程完全符合组织者的预料，那么这种姿态就可以始终保持下去。但如果记者或与会者故意、突然地发难，主持人和发言人仍要保持这种姿态就有一定的难度。有良好公关意识的主持人或发言人，总是避免粗暴地打断记者的发言，也不会采取非言语动作暗示或阻止他们提问，他们仍将保持温良恭俭让的镇静态度听取记者的发言，并作出得体的、不卑不亢的答复。

4. 灵活运用信息发布的两种形式。在记者招待会上发布信息，至少有两种形式：其一是陈述、说明或解释一定的事实；其二是显示和表露一定的态度和立场。一般说来，前一种形式比较能让听众满足，因为在对事实的陈述、说明或解释过程中往往包含了说话者的态度和立场。所以一般说来，能用前一种形式时，就尽量采用前一种形式。当这种形式由于种种原因不能充分运用时，采用后一种形式同样可达到信息发布的目的。

三、组织与公众之间的会议

如果要给"会议"这个名词下定义的话，处于不同地位的人会有不同的界定,就公共关系本体目标而言,会议常常是指"各自有着特定情景的人们,在同一时间、在同一地点或异地(电话会议),就共同关心和认可的主题进行口语信息的交流"。公共关系强调的是会议的或信息交流,或意义沟通,或价值劝说,或行为引导,或兼而有之的各种功能,因此它对会议的准备也主要限定在上述各种功能上。这些功能不同的会议可以包括礼节性聚会、"对话"和例行性会议三类。

1. 礼节性聚会。这类会议一般不直接包含利益诉求,因此交谈的题目在这里仅占次要地位,而交谈的形式则是主要的。事实上,这类会议经常是联络感情的一种聚会,会议组织者常在会议形式上多做文章,以便使会议始终处于欢快的气氛之中。根据与会者的共同兴趣和爱好,礼节性聚会可以是聚餐会、歌咏会、文娱晚会或化装舞会等。在这里,口语的要求并不高,主要是通过非言语互动来起作用。

当然,在这类会议上,也需要进行交谈。为了保持欢快的气氛,这时的交谈内容,可以来个"主随客便",客人对什么题目感兴趣,就谈什么题目,不要刻意地转换客人正谈得起劲的题目,并尽可能地发掘客人所谈的意见中值得肯定的内容再加以赞同和发挥。如来客对彼此所谈内容"话不投机",那么主人可主动帮助找到他们共同感兴趣的话题;如来客对同一问题发生过分激烈的争论,主人不妨做做"和事佬",设法抓住双方还存在的共同方面加以强调。

2. "对话"。在大的政治、经济、文化等各种层面上,"对话"常常指党政机关就各项重大政策问题,与社会各界公众进行的相互协商和相互交流。当然,"对话"也可以发生在个人、团体以至国家和地区之间。"对话"强调的是"交流、沟通、劝说、引导"等互动行为。作为公共关系范畴的"对话",是组织与公众进行互动的一种极为有效的手段。在公共关系实务活动中,"对话"的特点是:参与者双方往往存在着某种利益差异或一定的沟通隔阂。双方之所以要进行对话,就是因为双方利益有出入或双方彼此信息不通,甚至还可能因对意义理解的相悖而存在着一定的误解。因此在对话中,言谈的内容必须讲究一个"诚"字,要开诚布公,以诚相见。组织和公众可以把双方共同关注的问题全部拿到桌面上来,在"诚"的前提下,在遵循礼貌原则的基础上,各抒己见,据理力争。在这方面,对话与公务谈判相似,而两者的最大区别在于:谈判常常需要达成协议,利益双方可以有得也有失,有斤有两;而对话则无需签署任何协议,它追求的是一种"以诚感人""和为贵"的境界。

3. 例行性会议。例行性会议是组织出于阶段性工作的需要而举行或参加的会议。在这类会议中,发言必须做到:第一,简明扼要,尽量缩短时间,除非不得已,决不照本宣科;第二,要使所谈主题突出,并使每个与会者都感到所谈内容与他们有一定的关系;第三,在会议的进行过程中,要不断地发现和归纳议题的要点,并对此发表看法,以调整和推进会议的整体进程。

四、公务谈判

组织在其运行过程中,必然会与它的各类公众在追求合作与沟通的过程中,发生利益上的矛盾。为了解决这些矛盾,并在解决过程中既维护自身的合法或合理诉求,又兼顾到对方的合法或合理的利益,故在组织的公共关系实务活动中就形成了专门的公务谈判领域。所谓公共关系的公务谈判,就是组织的代表与它的有利益关系的公众为协调利益关系而进行一种专门性的"讨价还价"口语互动。

在公共关系范围中,公务谈判有一个明确的基本前提和目标,这就是在谈判中组织必须兼顾双方利益。从公共关系来看，任何损人利己的谈判结果，都不会成功，成功和圆满的谈判应该是也只能是双方合理的利益要求都基本上得到满足，双方都是谈判桌上的胜利者。为了达到这一目标，在谈判中就应做到如下几点。

1. 对自身的利益目标要有一个比较准确的基本估价。为了避免在谈判中出现双方利益要求差距太悬殊，达不成协议的尴尬局面，组织在谈判前就应该对自身的利益目标有一个较精确的估量，这就是说，组织在自身利益问题上要划定合理的最高获取目标和让步的下限"底线"。有了这个上限与下限的预先确定，也就把握了自身利益的限度，根据这个限度，便可以事先就准备几套谈判方案。这样，一则可以让自身有灵活的进退余地；二则也可以让对方有选择的余地。这就比较容易达成协议。当然，在谈判中，不必要也不应当把自己准备的几套方案同时推出。一般说来，在谈判开始时，如果自身必须先提方案的话，那么总是把自身利益要求最高的方案推出去，借以试探对方的意图；如果对方表示完全不能接受，那么需视对方的回应情况推出其他方案。

2. 对对方可能提出的方案要有预先的估计。谈判对于双方来说，都有一个最高目标和最低目标。制定自己的最高目标和最低目标是重要的，但了解对方的最高目标和最低目标同样也至为关键，这是评估对方方案的基本依据。此外，要比较准确地估量对方方案，还应对对方的利益出发点、利益需要的迫切程度以及对方代表的个人情况尽可能地进行全面的了解。如对方迫切希望达成协议，那他们的方案就可能有较多的让步；如对方派出的代表谈判态度坚决、言词强硬，则他们的方案弹性可能较小，等等。对对方的方案有了大致的把握，既能在制定和修改自己的方案时加以参考，又能在谈判中应付自如，进退适度，始终保持主动。

3. 力争"求大同、存小异"。在谈判过程中，要时刻明了双方的利益差距是必然存在的,双方的意见分歧是自然的,因此,谈判桌上出现相持不下的僵局也是常事。打破僵局的办法不是靠用各种不正当的手段(如欺骗和威胁)来压倒对方,而是要通过合理的让步来实现"求大同、存小异"。谈判本身就是要以协作为重,如任何一方想单纯地依靠谈判就取得"一边倒"的压倒性胜利,则谈判本身也就不存在了。只有在谈判彻底破裂的情况下,谈判桌上才会出现剑拔弩张的局面。所以,任何谈判的任何一方都应允许自己向对方作出让步,以换取对方的让步。

用公共关系的眼光来看,必要的让步非但不会损害自身的利益,反而会获得更大的好处,因为让步是表示诚意的具体体现,让步能使双方的关系进一步融洽起来。当然让步是有限度的,并且也是同对方作出的相应反应互为因果的。单方面的无限度的让步就成了屈服,屈服会直接损害自身的利益,这是任何一方都不会乐意接受的。一个经典案例是,1999年9月,中、美两国达成了关于中国加入世界贸易组织(即WTO)的协议,这是两国相互让步的结果,不过在谈判过程中,中国的让步事实上比美国要大一些,但从长远利益来看,却是一个双赢结果。在公务谈判中,一方的让步比另一方大些或小些,这也是正常的。它同谈判双方所制定的目标和合理性及达成协议的迫切性等许多因素有关。

五、游说策动

当组织出于自身需要,为了实现组织目标,要向它的公众进行专门的劝说时,便形成了游说策动工作。游说策动在中国历史上可谓是源远流长。春秋战国时期,由于各诸侯国纷争称雄,就产生了一批专门的说客为各国国君进行游说策动,纵横捭阖。三国时的诸葛亮也是游说的专家,凭其三寸不烂之舌,舌战群儒,从而促使孙权采纳"联刘抗曹"的战略联盟。在现代,游说策动成了公共关系实务的一个部分,美国国会会议期间极其活跃的"Lobby"就是一批受各利益集团控制的职业说客,他们为所受雇佣的利益集团进行游说策动,以争取有利的法案获得通过或不利的法案被取消。

游说策动,顾名思义,其手段是"口说",其目的是使人"心动"。不过,作为公共关系的一种口语表达活动,游说策动是一个很特殊的种类,它是出于组织自身的需要而有求于公众的一种活动,因此从手法上看,它是主动的,但从地位上看是被动的。故此,游说策动要取得成功就必须注意如下几点。

1. 要争取树立一个好的形象。游说者一般是找上门或凑上去进行劝服工作的,因此一开始就必须给对方一个好的形象感受。在这里,游说者个人的礼貌、礼仪、气质和语言运用水平等内外各个方面都是被游说者的参考系数。此外,游说者的背景情况也会影响被游说者的判断,所以游说者在一开始就需要给被游说者一个良好的整体形象。这种形象的作用在对方对组织的认识还处于空白的状态时尤为重要,如红十字会的卫生组织号召公众献血,卫生队队长以及医生在主动献血后的现身说法,就会带动一些原先对卫生组织和献血不了解的公众做出献血的决定。

2. 要巩固和发展已树立的良好形象。当通过一定的游说策动,被游说者已经对组织及其观点有了较好的印象,抱接受、认可或肯定态度时,或者当被游说者原已对组织及其观点有所认识并抱有好感时,游说者就要从巩固强化着手,尽可能引导公众从长远和全局的角度上来考虑组织提出的各种要求,并且还要尽量地发挥已有的感情基础优势,以便使组织取得公众的信任,这正如一些心理学的教科书中所指出的那样:如果想要使人们相信你是对的,并让他们按照你的意见办事,仅仅给他们提供一点好的意见是不够的,首先必须让他们信任你,甚至爱戴你。

3. 要努力改变组织在被游说者心目中的不良形象。当被游说者对组织及其观点已有成见或误解时,游说者就需要扭转这种被动局面和不良形象。游说者在进行这种比较困难的游说工作时,要注意从细处着手,从具体的事件细节着手,以提供确凿可靠的信息的方法来让对方正确了解自己,逐步排除或消除对方的负性态度趋向,并在交流中尽可能地避免出现相互对立的意见或情绪。与此同时,游说者除了要通过细致的解释以显示自己的诚意外,还必须从谈话的内容上和感情上拉近双方的距离。

第十一章

公共关系的文字表达

文字表达自古以来就是人类信息交流最重要的工具和手段。无疑地,文字表达也是现代公共关系运行中的一项基本操作业务。公共关系活动长期以来借助于大众传播媒介进行,而大众传播媒体如互联网、报纸、广播、电视都要借助文字来传送信息。公共关系运行中凡涉及大众传播活动的内容,通常是通过文字表达来进行的,如新闻稿的撰写、广告语的设计、宣传资料的制作等。此外,公共关系活动的其他一些项目,如礼仪柬帖往来、一般文书的起草、通告或通知的编写等,也是一种文字表达活动。因此,如何根据文字及其传输的特点来掌握文字表达的技巧,如何在公关活动中通过文字表达取得效果,便成为公共关系运行中的一个专门研究领域。

第一节 ◇ 文字表达的特点和技巧

文字表达,顾名思义,当然是以文字为媒介的信息传输。作为人们用来记录和传递思想的书写符号,文字的出现是人类文明史起源的一个重要标志,也是人类信息传输和交流史上的一个飞跃。

在文字产生之前,人类的信息传递主要限于口语表达,在时间和空间上都有相当大的局限性。文字有其不同于口语的特点,文字表达也有不同于口语表达的特点。把握文字及其传输的特点,进而掌握文字表达和传输的技巧,对于公共关系的有效运行具有十分重要的意义。

一、文字和文字表达的特点

"语言是思想的直接现实。"①而口语与文字则是语言的两种具体表现形式,文字表达有如下一些不同于口语表达的特点。

1. 文字作品的制作和理解需要一定的文化基础。我们知道,即使没有文化知识的文盲,也能借助口语进行信息交流活动。然而,文字作品的制作和理解需要有一定的文化基础,文字功夫的高低则会直接影响文字表达和传输的效果。文字表达和传递者必须具有一定的语言和文化知识,比如要达到文字的遣词造句方面的基本水准。从接受者角度来看,理解文字作品也需要一定的语言习得、文化修养和理解水平。

2. 文字表达比口语表达更为单一和准确。口语交往常常是面对面进行的,可借助于语气、语调等副语言手段来传递丰富的信息,也可以运用表情、动作等非言语因素作辅助手段来表达复杂的情感。书面文字是一种象征符号,在表情达意上比较单一。但正因为文字表达的单一性,它比口语表达往往更准确。这尤其表现在数学语言符号的运用上。复杂的数学符号很难用口语来表达,但用书写形式来表述就变得既清楚又容易了。尤为重要的是,文字表达在理性思维的层面上要优于口语表达。

---

① 《马克思恩格斯全集》第 3 卷,人民出版社,1960 年,第 525 页。

3. 文字记录不仅可以长期保存,而且具有认证性和正规性。口语表达——除非已是制作好的音像制品——具有即时即地的特点,常受到时间和空间的限制。文字传输可克服口语表达的时空局限性,在较长的时间内和较广的空间中发生影响。文字不仅可以记录下来,保存起来,而且具有认证性,具有正式认可的价值。与口语表达相比,文字表达更具正规性。谈判要签订书面协议,政府或其他组织有重大决策形成要下达书面文件,就是这个道理。所谓"口说无凭",正是说明文字表达在这个方面的重要性和特殊功能。文字表达虽有长期保存的优点,但缺少即时反馈的长处。文字作品的保存期越长,其反馈效果就越差。

另外,文字材料在传输上的独特优势,有时还体现在人们对书面语的某种崇拜上。研究发现,人们在谈判时,较易接受事先起草好的条款;在口头承诺与书面保证之间,人们更容易相信白纸黑字的书面材料。

以上所述只是文字表达及其传输的一般特点,而我们所使用的汉字又有与其他文字迥然相异的特点和独特的魅力。因此,在了解文字及其传输的一般特点之后,有必要进一步知道汉字及其传输的特殊性。

汉字虽然经由甲骨文到楷书的漫长演变过程,但它始终是一种表意文字。尽管自汉代以来通行的汉字中,有大部分是形声字,但这些形声字同表音的拉丁文字仍有本质的区别。表意文字与表音文字各有长处和短处,从文字表达的角度看,作为表意文字的汉字有如下一些特点。

第一是丰富的表现力。东汉许慎的《说文解字》早已指出,汉字有所谓"六书",即象形、指事、会意、形声、假借和转注。后人认为,后两"书"乃用字法,前四者才是构字法,所有的汉字都是由象形、指事、会意和形声四种方法造就的。汉字的这种构字方法,使得汉字具有丰富的表现力。其中最大的优点是,让人感觉到传输内容与传输形式有某种一致性,如象形字"哭""笑"生动形象,指事字"上""下"指义明确,会意字"妇"则使人领会了古人对妇女的歧视,而形声文字虽然表意功能稍逊一筹,但亦有这方面的效果,如"狰狞""魑魅魍魉"等。

第二是特有的音乐性和对称性。汉字是一字一音,现代汉字有阴平、阳平、上声、去声四种声调,组成词组篇章,诵读起来,朗朗上口。尤其是汉字中的联绵字,如"玲珑""徘徊"等,还有重叠词,如"香喷喷""暖烘烘"等,念诵起来,其音乐感更为表音文字所望尘莫及。此外,汉字组成的对仗、连珠等修辞格,既富有乐感,又具有对称的美感。汉字的叠用,如"日日夜夜""上上下下""进进出出"等,同样能使人获得声音和造型上的享受,而这些,都是表音的拉丁文字所不能企及的。

第三是难写难读难认。毋庸讳言,汉字虽然由于其构字法的特殊性而形成了上述优点,但同样又由于它的构字法而筑起了自身的准入壁垒。汉字因笔画繁复,形音分离,再加上一词多义、一字多音和一音多字等,其难写、难读、难认的特点,已让人望而生畏。如何让汉字扬长避短,又成了公共关系文字表达的一种极具挑战性的技巧。

综上所述,汉字作为一种表意文字,其特殊性是显而易见的。注意作为表意文字的汉字同表音文字的区别,对于公共关系专业人员文字表达修养的提高有重要意义。我们在文字运用中,一方面要吸收西洋文字表达的有用养料,另一方面又要彰显汉字这座文字殿堂的宏大和美丽。

二、文字表达和传输的技巧

极具中国特色的文字表达和传输,包含了文字表达和传输的一般技巧和汉字表达和传输的独特技巧。

1. 文字表达和传输的一般技巧。文字表达和传输作为一种特定的信息交流形式,所谓技巧实际上也就是运用信息刺激受者以期引起受者注意并取得效果的问题。应当说,信息引起受者的注意并取得效果的前提,当是文字的内容与受者利益或兴趣的相关性。在公共关系领域中,这种相关性实际上是组织与公众建立关系的基础,所以在文字表达和传输中,这种相关性是必须首先注意的问题,但它一般并不属于文字表达和传输的技巧问题。文字表达和传输的技巧可以说就是如何把这种相关性凸显出来引起受者注意的具体操作技术。根据文字表达及其传输的特点,要把这种相关性凸显出来,主要在于文字信息的结构性因素,所谓结构性因素,在这里是指文字的排列组合方式。文字表达和传输的一般技巧至少包括如下四点。

(1) 注意文字内容的刺激度。一般而言,文字表达越新鲜和越浓缩,便越易引起受者的注意。新闻工作者常常在新闻标题的制作上花费很大的工夫,这种功夫历来被称作是新闻写作的"点睛"之笔,对优化传输作用实在不可小觑。有时表达和传输的内容能否引起受者注意,标题的好坏能起决定性的作用。有的编辑甚至认为,只要标题新颖独特,能够刺激受者,那么标题与文章内容的两相呼应即便头重脚轻,也在所不辞。这种看法有所偏颇,但它至少看到了文字内容的刺激度对传输效果的巨大作用。

(2) 注意文字形式的对比度。文字总是通过一定的排列形式出现的,这种排列形式对受者的注意也是至关重要的。如报纸上的通栏标题,虚实结合的版面处理,字号字体不同的印刷符号,都是要加强文字形式的对比度。有些报刊常用一些加框加边的方法,这不仅是为了版面的美观,更主要是增强版面的对比度,以引起读者对加框加边文章的注意。研究证明,这种方法确能取得较好的表达和传输效果。

(3) 注意文字出现的重复度。当同一内容以同一形式或不同形式重复出现时,它往往会在受众中引起注意,如文字"口号"的反复出现会在公众中引起巨大的心理反响。同一句广告语的不断再现,也是对这种文字表达和传输技巧的积极运用。谎言重复一千次当然不会变成真理,但谎言的不断重复,有时确能使更多的人相信确有其事,尽管它早晚会被揭穿。古谚"三人成市虎"即说明了这个道理。从传输效果看,谎言重复次数越多,就越能带来负效果,因为上当受骗的人越多,谎言一旦揭穿,制造谎言的组织或个人今后就越得不到人们的信任。此外,重复应当有限度,这种限度应视宣传是否已引起广大公众注意为准,这可以通过科学调查来核实。无休止的重复,有时会使公众感到厌烦,从而产生负效果。

(4) 注意文字结构的变换性。有时同一内容可以用不同的文字结构来表达,因为不同的文字结构会产生不同的文字表达和传输效果,所以有时要变换文字结构才能取得好的传播效果。如上海金星钢笔厂原有一句广告语,叫"我爱金星"。这句广告别出心裁,从公众的角度来进行设计,本来已经不错。但后来发现,这句"我爱金星"似有一种一厢情愿的味道,经过反复推敲,改为"金星我爱"。这样,虽然仍是从公众的角度出发,但主动性却落在了厂方那边,消除了一厢情愿之嫌,可称上乘之作。

以上列举的只是文字表达和传输的四种一般技巧,文字表达和传输的一般技巧还包括了文字的简练度、精确度、版面安排的美观度、实用度等等。

2. 汉字表达和传输的技巧。汉字表达及其传输的特殊性,部分地决定和养成了自己的表达和传输技巧,那就是如何扬汉字之长、避汉字之短的一些运用技巧,兹列举以下三种。

(1) 注意运用汉字的语言声调。由于汉字极具音乐性，比较适宜于诵读，一篇朗朗上口、音调铿锵的文稿，常会令人回味无穷，产生难忘的印象。中国古代的散文，大多读来抑扬顿挫、错落有致，如先秦诸子散文、唐宋八大家散文，皆流传甚广，除了其广博深邃的思想内容外，其音乐节奏也是一个重要原因。汉字的音乐性还便于人们对词句内容的记忆，如电视剧《济公》主题歌的歌词，三岁孩童都能背诵，这固然与其曲调有关，但其歌词的音乐节奏感也在其中起着重要作用。汉字的这种特点，在文字的表达上起到了十分重要的作用，如《三字经》就是利用了汉字的音乐性，使其内容广泛流传开来，成为妇孺皆知的信条。

(2) 注意文字的通俗易懂，简洁利落。汉字数量众多，《康熙字典》收字 4 万有余，《新华字典》收字也有 8 千多。如此众多的文字增加了汉字的表达功能，但同时又造成了难认难读的问题。汉字中的冷僻字、异体字，是所有文字体系中最多的。此外，汉字中还有大量繁体字和缺乏规范的简化字，这又增加了汉字的认、读、记的难度。汉字的这种难认、难读、难记的缺点，在文字表达中必须加以注意。用字一定要规范，不用缺乏广泛认同的简化字和异体字。同时，要多用常用字，少来蹩脚的标新立异。要记住：通俗易懂、简洁利落是公共关系汉字表达的一个要领。

(3) 注意创造意境。通俗易懂，不是不要讲究汉字表达的艺术性，这需要在单一的文字符号媒介上，尽可能地调动多种文字手法来创造意境。汉字的丰富表现力使汉字本身能再现客观对象的声音、色彩、形状，以至相关的味觉、嗅觉和触觉。而要做到这一点，就需要对词性、词义以及字的声音形象有较准确的把握。在这方面，中国古典文学中的许多作品为后人提供了宝贵的创作范本，如唐代田园派诗人对田园风光的描绘，如辛弃疾、陆游的那些脍炙人口的爱国诗篇。无疑，公共关系这一行业该是文字高手云集的地方,一个文字高手,常常高在文字意境的创造,高在不仅能表达和传输文本的内容,而且能让人感知到她或他的学养和人品。

除了上述三条,汉字表达和传输还有它的不可或缺的造型美、对仗美、排比美等极具艺术感染力的修辞格,它们都是公共关系文字表达高手的拿手好戏。

第二节 ◇ 公共关系的文字传播

文字表达自身的特点和鲜明个性,有着口语表达所不可替代的作用。公共关系文字表达和传输有如下几种用途。

一、新闻稿的撰写

新闻稿的撰写是公共关系一项经常性的工作。新闻稿是一种特定的写作文体,包括了消息和通讯两个常用体裁。新闻稿的撰写,除了要服从文字表达的一般规律以外,还有自己的特定要求。

1. 让事实本身说话,始终保持客观叙述的态度。所谓"新闻",就是关于"新近发生的事实的报道"[①]。事实是新闻的灵魂,没有事实就没有新闻。而任何事实只要是真实的,就必然含有 5 个 W,即 When(何时)、Where(何地)、Who(何人)、What(什么)、Why(为什么)。让事实说话,就是要清楚地回答这 5 个 W,同时要严守中立立场,以客观叙述的手法来报道事实,让读者根据自己的看法对事实作出判断,而不是把自己的意见、观点强加给读者。

---

① 参阅时下各种《新闻学概论》。

2. 提炼和确定新闻稿的主题，尽可能使新闻稿主题典型而新鲜。提炼和确定新闻稿主题就是透过事实表象，抓住事实的本质。新闻稿所要求的客观叙述并不是简单的事实的堆砌，而是要从5个W的有机联系中揭示其内在的联系。

3. 准确、简明地运用新闻语言。新闻稿撰写在语言运用上与文学语言及政论性文字都有所不同。新闻稿既要有文采又不能过于华丽，以免导致失实；同时也不能直接发议论，否则就违反新闻用事实说话的基本要求。新闻稿文字运用的基本要求是：(1)具体，要尽量提供准确的事实材料，少用或不用形容词、副词，尽可能用名词、动词、量词来反映事实；(2)明快，新闻稿的文字要通俗易懂，结构要简单，少用长句，少用专业术语；(3)简洁，对事实的叙述要简练，要惜字如金。

"消息"是新闻稿最常用的一种体裁。首先，写消息特别讲究导语的构思。导语是消息的首句，概括性导语一般总由最主要、最引人注目的事实经提炼后组成。它能鲜明地揭示出全篇的主题思想，开门见山地告诉人们新闻的主要事实，因此它被称为消息的眼睛。导语的写作无一定程式，可以是概括性的，可以是新闻人物的一句引语，也可以是吸引人的场景描述。要写好导语，必须首先消化全部新闻事实。写出一个好的导语，离写出一条好的消息只有半步之遥。其次是消息结构的选择。一条消息是由导语、主体、背景材料三大块构成的，一般而言，消息的结构是把最重要的事实放在最前面，然后再将次要的事实和背景性材料——置后展开，这犹如重心在上的"倒金字塔"，因此这种结构也称"倒金字塔"结构。"倒金字塔"结构有两个优点：一是符合读者阅读心理，能将他最想知道的事实先告诉他；二是便于编辑，在组版时，倘版面不够，只需由下往上倒着删就行，总能保住消息的精要部分。

二、广告文案的设计

广告文案是广告的一个有机组成部分,也属于文字表达和传输范畴。广告文案的最大特点在于它的简短,通常只有一个标题或一句话,因此广告文案的设计其主旨就是要在寥寥数语中表现出独创的匠心和新意来。

广告文案的设计一般有以下几个要求:第一,吸引公众读广告文案,尤其是要吸引那些最可能成为商品买家或消费者的公众;第二,要引起公众的兴趣,使他们因为这段广告文案而对商品本身发生兴趣并作出消费尝试;第三,能够烘托出商品或服务的核心内容,至少要告诉公众广告文案中所指称的对象是"什么东西";第四,要告诉公众,消费了广告中的商品或服务能得到什么益处。

广告文案既有它的严肃性,又要有艺术性,它的设计是无定规的,只要符合上述要求,便可视为合格。尽管广告文案的设计十分讲究艺术性,但它的原则还是不难把握的。

1. 要摸准公众心理。广告文案一经广告发布,接触到它的公众自然不少,但可能只有一部分人会关心它的实在内容,这一部分人的心理状态就要在设计中摸准。如一本针对肥胖群体的饮食指导书的广告文案,只有将"减肥"的中心意思凸显出来,才能指望抓住那部分对肥胖存有忧虑的公众。

2. 要写出商品的卖点。现代社会由于广告无所不在,因而人们对它常抱着一种不信任情绪。在广告文案中假如一味讲些空泛的"价廉物美""实行三包"一类空话套话,那么公众反而会视而不见,或徒生反感。在广告文案中要使人对商品感兴趣就要写出它的真正卖点来。比如一种新颖男式衬衫,只讲了"凉爽透气"仍显笼统,如写明"在40摄氏度高温下,仍使你感觉凉快",这就令人有了具体感觉,因为它有一个可信的参照系。

3. 要让人容易看过记住。由于人们阅看广告并无确定目的,多数是无意识中接触的,因此要在这种情况下记住广告内容首先要用简单扼要的文案来表达。瑞士"雀巢"咖啡公司的商品广告词"味道好极了"在中国之所以风靡一时,脍炙人口,就因其容易记的特点。

4. 要不拘形式,生动有趣。广告文案的语体样式是可以多样的,诗歌、快板、对联、顺口溜,甚至谜语形式都可以。为了突出效果,还可采用中国的文化传统民俗中特有的相声、滑稽、唱双簧中的"甩包袱""逗哏"等手段。像为牙刷广告写的文案"一毛不拔",矿泉水的广告文案"口服,心服",酸梅汁饮料的广告文案"小别意酸酸,欢聚心甜甜"等一些上乘之作,都具有多样化、形式生动的特征。

5. 力戒华而不实的夸张。广告文案由于要在尽可能简短的字里行间表现出尽可能多的意思,因此在设计中往往容易出现夸张的词语,如"誉满全球""领导世界新潮流"之类。如将这种夸张的词语作为一种广告文案设计模式来套,那么就会犯华而不实的大忌,使公众产生逆反心理,引起反感。一种药品的广告如果宣称它包治百病,对什么都有效,那等于说对什么都无效。公众对这类广告文案的华而不实有着足够的辨别力。广告文案的设计者们绝不能低估了公众的智慧。

三、宣传资料的制作

现代社会组织——大型的或小型的,营利性的或非营利性的——都应该有一套介绍自己、宣传自己的宣传资料,宣传资料实际上就是该组织的一张通用"名片",尽管这张通用名片是图文并茂的、电子的、虚拟的、网上的。

除了广告之外,公众在接触组织生产的产品或提供的服务之前,首先接触到的往往就是这个组织的"名片"——宣传资料。组织向公众散发自身的宣传资料是一项日常的公共关系工作,组织借助这种方式把自身的形象推向社会,而公众则通过宣传资料来了解组织的大体情况。到了5G时代,组织的这种宣传资料,在手机上一个点击,即可获得。

宣传资料的形式是多样的,有的是一份小册子(印刷的或电子的),有的是一张简单的示意图,一般都要求文字流畅、印刷精美、装帧细巧。一份标准的公共关系宣传资料大多包括以下几个内容。

1. 组织领导人的简短致辞。组织领导人的简短致辞往往被安排在整份宣传资料的首页或最前列部分,目的是增加它的权威性,并使公众产生亲近感。由于组织领导人是代表该组织的最高权威,其致辞应体现真诚和亲切的态度,各个词语、各个标点都是细加斟酌、精心考虑。组织领导人的致辞主要是以自己的眼光来客观地评价自己的组织,既要谦虚,又要给予积极的肯定。

2. 组织的历史和现状概略介绍。组织就如同一个人,必然地有其生长、发展、壮大的过程,宣传资料应将组织的发展过程作一概括式的回顾,并对它的现状作出清晰的描述,使读过宣传资料的公众对组织的脉络有个提纲挈领的认识。为了使人们更确切地了解组织自身在同行中的地位,如适当加一些与同行业组织的比较对照文字或图表,则更易令人信服,效果也要比单纯的自我宣传好。

3. 对本组织专业特色的说明。每一个企业在市场上都可能有带有竞争力的产品或引以为自豪的特色服务,为强化公众的印象,引起公众的兴趣,宣传资料中有必要对此加以重点说明。要特别注意的是,宣传资料的读者很大一部分是非专业人员,因此有关自己专业特色的推介性文字一定要考虑到一般读者的理解水平。

宣传资料的一大功能便是向公众提供本组织的信息,使他们一册在手,纵览全貌。为此,宣传资料还应包括各种联系方法、内部机构分工图、电话号码、联系人姓名等使公众能按图索骥的材料。外国航空公司的宣传资料一般都详细开列了它所能提供订票服务的电话号码,国内、国际各办事处的地址以及航线时刻表,这就大大方便了公众。

宣传资料中的文字篇幅占据了较多部分,但若配以适当的照片和图片,做到图文并茂而相得益彰,那就可以使宣传资料的接受性更强。用图表、色块、数据等多种手段来描述各类事实,如组织的历史、组织的产品市场占有率、组织的技术力量,甚至组织所在地的地理交通图等,其效果更直接、更明显。宣传资料的美学效应问题是制作中始终应放在重要位置上的。

四、内部报刊的编辑

报刊,是报纸和刊物的合称。在新闻学中,它是指"面向公众发行的定期出版物"[①]。在公共关系学中,组织自身创办并面向本组织内部员工发行的定期出版物称为内部报刊。内部报刊可以是纸媒的,也可以是电子版的。

内部报刊是组织团结内部员工的一根强有力的信息纽带,是在内部员工之间沟通情感、交流认识的联络桥梁。内部报刊的种类有许多,有大型的四开甚至对开的报纸形式,也有小型的"厂内简报""公司通讯""机关信息"等杂志形式的刊物,也有利用黑板报

---

① 参阅时下各种《新闻学概论》。

或宣传栏定期更新的。根据现时一般企业、事业单位的特点和能力来看，内部报刊以电脑打印的小型杂志形式的简报类为主，但有实力的企业也不乏印刷精良的内部出版物。

要使内部报刊的编辑和发行在公共关系工作中起到有效作用，要做好以下几点。

1. 首先必须明确它的编辑方针。这就是要确立为全体内部员工服务的意识，及时地将重要的组织内部情况向全体内部员工通报。以前上海有家工厂，厂食堂门口的两大块黑板，日出一期《正泰每日新闻》。它的内容基本由三大部分组成：第一部分，上级部门或外单位每天流入单位的指令和信息；第二部分，厂部向车间、科室、基层发布的种种新闻；第三部分，分布在各车间、组室的通讯员收集反映上来的各种信息。从内容上看，可以说几乎所有流入该厂的重大信息以及发生在本厂内部的各类事件无一不在这两块黑板报上反映出来。正因为此，它吸引了全厂员工，每天中午，这里必聚集大批的职工热情观读。整个企业的运转状况，各个环节的连接以及变化都反映在这两块黑板报上，就好比一架"透明度"极高的机器，局内人望去一目了然，看似普通的黑板报，能够具有这么大的魅力，其奥秘就在于它们的编辑方针体现了公关意识。

2. 要在内部报刊上有针对性地反馈员工的各种思想、情感以及他们的要求。组织的每一员工都有自己的需要和想法，组织的意图能够与员工的需要和想法统一协调起来，这自然是理想的，但事实上，这中间总有差距。据调查分析，员工一般关心的内容按顺序为：收入增减、企业盈亏、企业中上层领导变动、职工福利，以及与职工切身利益直接有关的像食堂、医疗保险、养老保险等方面的情况，而代表组织的领导层考虑较多的序列是：企业运转情况，与上级主管部门关系，有关政策、法规变化，与市场、原料供应单位、协作户（如金融、媒体等）的关系，再下来才是职工福利、奖金发放等处于局部性或内部性的问题。正因为组织领导的想法与员工的想法存在差距，所以在内部报刊上有针对性地反馈员工的真实想法，就有益于组织领导层在决策时参考和采纳员工的反映意见。

3. 要尽可能地动员全体员工来关心和支持自己的报刊。一般说来，信息量大的报刊的吸引力要大于信息量小的，人们对自己身边事物的注意力要大于时空距离远的事物，这是传播法则之一。从这点来看，办好一份内部报刊有许多有利条件，它刊登的基本都是每个员工所熟悉的身边事，每个员工都可以在报刊上自由地发表自己的见解。但这只是理论上的优势，要将这优势在具体报刊实践中发挥出来，还必须开辟更多的渠道，制定更为有效的措施来尽可能地动员全体员工关心和支持自己的报刊。上海一家电子行业的大厂，为了吸引员工关心和支持自己的报刊，组织了由厂内员工担任的"特邀记者"对工厂领导层干部逐一进行家庭生活的采访报道，见报后，引起了广大员工的浓厚兴趣。像这类活动既密切了干群关系，又活跃了版面，只要不是搜奇猎艳，可以在实践中带有创造性的发展。

4. 办好一份内部报刊还要处理好一系列技术问题，首先是要保证它发行的连续性和稳定性。这就要落实稿源，并备有足够的候补材料。临时拼凑，或忽停忽发的报刊缺乏严肃性，相应地也缺乏号召力。其次是配备一定的人员（如编辑、美工）与设备（如电脑、打印机等），在一个较大型的组织内，还可考虑建立一支稳定的通讯员队伍。最后，还要对办一份报刊的费用开支进行精确的预算，由于内部报刊一般是不盈利的，也无广告收入，因而如果预算不落实，就容易陷入财务困境。

五、公共关系的常用文书

公共关系范围内的常用文书,与组织的一般文书有所区别。公共关系的常用文书主要运用于礼仪应酬和宣传鼓动方面,在组织的日常沟通协调工作中,一份格式规范、用词得体的文案,体现的同样是一个组织的文化和形象。在许多情况下,一份书面文案会直接地影响到社会公众对组织的形象的判断。公共关系常用文书的应用主要在如下几个方面。

1. 柬帖。在组织的日常交往中,当需要举办或参加某些礼仪性的活动如纪念、喜庆、奠基仪式等社交活动时,往往需要通过某种文字去告知主办者或受邀请者,这就是柬帖。柬帖的文字要求是简单清晰,但又必须在简要的文字中表达出组织的色彩较浓的感情和意向。它的一般形式包括以下内容。

(1) 标题。用大字或烫金字书写的"请柬"两字,可写在第一行中,也可占用一页,当作封面。

(2) 内容。另起一行(或一页),顶格上写明受帖者的单位全称或个人姓名,如个人,则应写上其职称、职衔。第二行空两格写正文,写清事由,以及时间、地点。再空一行顶格写上"敬请参加"等专门用语。

(3) 落款。写明发帖者的单位或个人的名称,个人亦要标明职位,最后写上年、月、日。

柬帖应注意如下事项:

第一,措词务必做到典雅、得体,语气可婉转,带有协商、祈望、请求口吻,要表现主人的热情与诚意,切忌傲慢、随性。

第二,样式设计要美观大方,表现出适合语境的气氛和情绪,色彩及美饰务必选择得当。尤其是自己制作的,更应把握总体格调。

第三，务必清晰、准确，绝对避免差错，尤其当受帖者是个人，在写职衔时应事先核实，以免发生误会。

2. 函牍。这是一种当事人双方就某类事务进行联系的书信。常用的有慰问信、感谢信、表扬信、祝贺信等。函牍的写法不一，没有规定的格式，但通常要包括以下几个方面。

（1）标题。也就是函牍的性质名称，如"慰问信""感谢信"等。通常写在第一行正中，用醒目的大字书写。

（2）正文。这是函牍中的主要内容，一般包括称谓、正文、结束语三部分。正文是函牍主体，需讲清事由，既要层次清晰，逻辑严密，又要言简意赅，重点突出。

（3）署名和日期。

函牍和公文的不同之处，就在于它是在情感沟通的基础上来传递信息的，言辞要情真意切，文笔可轻松自如，努力达到见函能如闻其声、如睹其容的效果。

3. 海报。这是一种用于公开张贴的公告，适用于开放性质的"事件"，也就是公众知道的人数越多越好。海报只需表达"事件"的核心内容，文字洗练简洁，篇幅简短。从传意的要求看，它只需要讲出 5 个 W 即可（参见新闻稿的撰写），有时为了起到鼓动、召唤作用，可像新闻稿中的导语写作一样，着力于文字第一眼的冲击力、吸引力。

4. 标语口号。这是醒目地张贴在公共场所、向公众表示一种强力诉求的文字表达形式。标语口号的格式十分简单，一是意思的文字表达，二是落款。一般不标明日期。

标语口号是所有文字表达形式中最简约的一种，它通常只有一句话，但短短几个字，可以凝聚强烈的感情色彩，在公众心目中留下难以忘怀的印象。正因为短短几个字，每个字的分量才会几何级数般地加重。只有擅长口号设计的文字高手才能体会到"惜字如金"四字的真正含义。

5. 致词和演说。在公共关系活动中,许多场合需要有关人员当场致词。由于这些活动一般由组织的公关部门或公共关系专业机构负责操办,因此尽管实际致词者不一定是公共关系专业人员,但撰写各种致词的任务却往往是他们的工作。一名合格的公共关系专业人员,应熟练地掌握各种致词的撰写技能。

叶茂康在《公共关系写作教程》一书中把公共关系从业人员经常撰写的致词分为欢迎词、欢送词、祝贺词和答谢词几种。其中,欢迎词是活动主办方对应邀前来参加活动的领导、嘉宾、客人表示欢迎的一种礼仪性讲话;欢送词是活动主办方对即将离去的考察、参观、访问者表示欢送的一种礼仪性讲话;祝贺词是活动参与者对活动本身或活动主办方所取得的某一成就表示祝贺的礼仪性讲话;答谢词则是考察、参观、访问者在即将离别时对活动主办方表示感谢的一种礼仪性讲话。这四种致词中,前两种致词的致词者是主人,后两种致词的致词者为宾客。各种致词的撰写,一般均有相应的格式和规范要求。但需要提醒的是:在实际撰写时,公共关系从业人员切忌千篇一律,盲目套用,而必须根据不同场合、不同内容、不同对象和不同需要而有所侧重和变化。这就要求撰稿的公共关系从业人员对所服务的组织的有关情况、所举办活动的性质内容和所出席对象的层次、范围、特点有一基本把握,唯此才能在写作时应付自如。

撰写各种演说稿,是公共关系从业人员日常要承担的工作之一。在组织的日常沟通协调工作中,无论公共关系从业人员本人,还是其所服务的组织的负责人,都经常会遇到一些需要发表演说的场合。除特殊情况外,这一演说稿的起草工作,一般均由公共关系从业人员负责。

撰写演说稿,首先必须解决一个定位问题,要明确以下几点:第一,这一演说要表现一个什么样的主题?第二,这一演说面对的是什么样的场合、什么样的听众?第三,这一演说打算控制(或活动限定)在多长时间之内?第四,在所规定的条件下,要较好地凸显主题,打动听众,这一演说应采用什么样的结构方式和语言风格?第五,为了增强说服力,这一演说需要引用哪些数据和材料?这五点,撰写者在动笔前必须非常明确,丝毫含糊不得。为此,撰写者应该精心做好案头工作,熟悉所服务的组织的基本情况,并对发表演说的场合、聆听演说的对象以及同台演说的其他人员情况等有一较为深入的把握。如果这篇演说稿是为所服务的某一组织的负责人士撰写的,则还需与这一负责人士进行沟通,了解他的想法、意图和语言风格,使所撰写的演说稿能较好地表现出其应有的风采。

演说稿由标题、称呼、正文和结束语几个部分组成。演说稿的正文即主体部分,是整篇演说稿最核心的部分。一次演说,如果开场白出彩,主体部分却内容平平、空洞无物,肯定令人大失所望,连那本身不错的开场白也有"故弄玄虚"之嫌。所以,这一部分的撰写,尤需撰写者精心推敲,不能有丝毫马虎。演说稿主体部分的撰写,根据内容需要和具体场合、听众的不同,可有各种方式,很难用固定的模式去硬套,但有三点要求是必须注意的:首先,要突出演说主题,不在次要问题上多作逗留;其次,要逻辑严密,结构紧凑,围绕主题层层推进,具有较强的说服力;最后,要表述通俗流畅,力求口语化[①]。

[①] 参见叶茂康:《公共关系写作教程》,复旦大学出版社,2003年,第45—52页。

第十二章

公共关系的实像表达

一个组织既需要运用口语和文字与公众进行信息交流,也可以通过自身产品形象实现对公众的意义沟通、价值劝说和行为引导的诉求。以产品实样作为一种表达形式,可谓古已有之。现代社会以前的商品交易,主要就是通过集市,以产品实样形式进行沟通或劝说,形成买卖活动的。在现代社会,由于生产力和科学技术的迅速发展,组织在通过自身产品形象向公众作出表达时,已不再仅仅局限于具体的物品以及集市场所,而采取了依托在现代生产力和科学技术基础之上的许多新样式,利用了现代生产力和科学技术所开辟的新的互动场合。与口语表达和文字表达相对应,可以把这种传播活动称为"实像表达"。

第一节 ◇ 实像表达的特点和技巧

所谓"实像",在这里是特指一个组织生产的产品实样或形象性的图片资料、视听材料,以及能反映该组织全貌的各种信息。它还包括商业服务单位向公众推出的各种示范性服务、操作表演之类的活动,如产品展销活动、时装模特儿的表演活动等。由于实像表达是实实在在的信息传递,来不得半点虚假或做作,因此与口语表达和文字表达相比,实像传播更为客观、形象、生动,更能反映组织的真实面貌。

一、实像表达的特点

实像表达是以实实在在的具体形象来向公众发言的,具有口语表达和文字表达无法替代的功用,如表达直观可靠、传输直接迅速、手段多种多样。

1. 实像表达比口语和文字更直观、更可靠,常常更能打动公众。口语和文字是用来描述客观事物的,生动的口语和文字能够活灵活现地表现客观事物的各种特征,但是再生动、再活灵活现也依然是一种象征系统,不是实物本身。所谓"百闻不如一见""要想知道梨子的味道,就亲口尝一下",讲的就是这个道理。此外,从公众的角度考虑,他们总是希望能一睹组织的真实风貌。口语和文字可以把组织讲得和写得活灵活现,但如果媳妇总不让公婆见,那么这种口语与文字的表达就有可能引起猜疑。反过来,组织如果能运用实像表达为公众提供直观可靠的信息,那么,即使没有优美的口语和文字,其表达效果也能够达到比较理想的程度。在公共关系活动中,组织或企业选择不用口语和文字,而主要通过自己的产品来说话,可有异曲同工之妙。

2. 实像为公众提供了看得见摸得着的实物信息,留给公众的印象比语言和文字表达更为直接,而公众的反馈常常更快、更真实可靠。口语表达虽然也有反馈快的特点,但是这种反馈一般只是口头上而不是行动上的,可能缺乏真实性和可靠性。企业公共关系的从业人员常有这样的体会,有时他们通过生动的口语打动了公众,公众也对他们的口语内容当即作出了正面反馈,甚至许诺要购买企业的产品,但许诺并不等于兑现,一旦顾客离开,很少有回过头来签订买卖合同或购买产品的。然而,实像表达则不然,实像表达常常能获得即时的真实可靠的反馈。如商品展销活动中,当顾客看中某样物品时,购买与否的反馈可能即刻便会产生。成功的产品展销会,往往能使顾客满载而归。即便在展销会上,产品无人问津,这同样也是一种真实可靠的信息反馈,说明自己的产品不对销路,需要改进或转产。所以,实像表达可以用来作为检验产品销路的直接手段,这又是口语和文字表达所不能替代的。

3. 实像表达手段之多样、形象之多彩,常为口语和文字表达所不及。实像表达并不只是简单的产品陈列或图片阅览,而是可以运用各种手段(如装潢和操作表演)来营造和烘托气氛。口语表达虽然也可借助多种手段而使内容变得生动有趣,但给人的印象总是"象征性"的;它直接留给公众的只是组织工作人员的工作形象,而不是企业及其产品的直接表达。没有一种表达形式比实像表达更直接、更充分的了,它能充分调动各种强化、美化手段(如光线的设计、色彩的搭配、音响的制作、形体的塑造、环境的安排等)来形成产品既真实又生动的形象效果。

实像表达的上述优点,使其在公关活动中占有相当的地位。在商品经济社会,由于交易买卖的需要,人们对实像表达有一种独特的偏爱。企业总希望通过实像表达让公众更直接地了解自己,而公众也愿意直接地感知和认识企业的真实面貌。现代传播技术的发展,为实像表达提供了更为先进的手段,使之在现代公共关系领域里获得了一个更为广阔的天地。

凡事总有两个方面。应当指出,与口语和文字表达相比,实像表达也有自身的弱点,这主要表现为制作成本高、动用人员多、展示场地贵、组织难度大。相比之下,口语和文字表达就要简单得多、机动得多。为了优势互补,公关策划人员总是将口语表达、文字表达与实像表达有机地结合起来。在一定意义上说,单一的实像表达也是不存在的,实像一般都要配有口语和文字才能取得较好的表达效果。

二、实像表达的技巧运用

实像表达技巧,与口语和文字表达技巧相比,可谓各有千秋。首先,实像表达是靠实像本身的吸引力来争取公众的,因此必须对实像的质量有所要求。品质上乘和货真价实,是谈论实像表达技巧运用的一个必备条件。其次,产品实物和展位的外观形象须考虑体现实像表达蕴含的总体技巧思路。实像表达要有坚实的美学造诣和美工基础,对产品的包装和陈列、门面的布置、橱窗的位置、灯光的配置都要了如指掌。再次,实像表达可以调动各种技术手段,如彩色摄影、电视录制、液晶显示、主体模型制作、光盘制作和激光全息图片制作等现代技术和设备的运用,没有扎实功底和操作经验,谈何容易。可见,实像表达绝不只是一个响亮耀眼的名词。

具体说来,实像表达可以从如下几方面着手。

1. 要尽可能地使产品、图片等各种实像"活"起来。比如二维形象的图片资料,如何用三维来展现,三维实像(如产品实样),如何使之"四维化"。再比如同一产品的图片制作,如何从不同角度,在不同层次,展现不同部位的特征和亮点,如何配以文字说明和口语讲解,以产生立体化的感受。有了这些"如何",实像就一个一个地"活"了起来。说得更具体些,如有的电风扇生产单位,可以把自己的产品陈列于橱窗中,日夜运转,以此来证明产品的质量。又如有的手表生产厂家,为了证明手表的防震功能,把手表从一定的高度扔向地面;为了证明产品的防水功能,把手表日夜地展示在玻璃水箱中。这些做法,就是"四维化",比起产品实样的简单二维或三维陈列来,能取得更为生动、更为真实的表达效果。

2. 充分调动受众的审美体验。除了专供美学欣赏的产品(或工艺品)外,大凡一般产品都要讲究实用。无疑,产品的质量越好、功能越齐全、使用越方便,就越容易得到人们的青睐。人的选择会受各种因素的影响,其中一个重要因素就是人的审美体验。人的审美活动既是一种情感的反应,又是一种高级的理智活动,渗透着人的审美愉悦和意志取向。当人的美感被唤起时,人不仅会在情感上引起愉悦共鸣,而且会在理智上产生认同,就是说,人会心悦诚服地自觉主动地与审美对象融为一体。这种现象表现在经济或商业活动中,就能产生和促成消费行为。在装饰得新颖高雅的橱窗前,人们常会流连忘返,甚至买下原本并不想购买的橱窗中陈列的某件商品,这正是一种美感效应。然而,美感既然融合了人的知、情、意,那么,由于人的知、情、意的差别,产生的美感自然也会有千差万别的表现。要调动人的美感作用,就需要对不同的对象进行不同的对待。如儿童用品用上唐老鸭、孙悟空之类的图案,就能引起儿童的美感;青年妇女的用品,就应当注意新颖别致,色彩明亮。总之,只有关照到了公众背景的差异性,才能充分调动他们的审美情趣。

3. 要十分注意环境气氛的烘托。实像表达一般都是与特定的环境场合联系在一起的,因此环境场合气氛的烘托至关重要。从较广的意义上看,环境烘托实际上也是调动人的审美体验的重要一环,对实像的表达效果可以起到强化或弱化甚至破坏的作用。人们习惯在柔声轻语中选购华贵的首饰项链,而假如把这种价值昂贵的交易安排在人声鼎沸的集市上,顾客则必定会满腹狐疑,情趣索然。丝绸面料的服装表演需要宁静文雅的室内环境,而工装表演的场所则应尽可能地接近工作环境。环境气氛的烘托,实际上就是调动人对光、色、形的反应，以及嗅觉、味觉、触觉等各种辨别感应能力，按操作人员的意图进入情景，从而使实像表达活动取得理想的效果。

4. 要注意展示表达实像的细节，解剖实像的功能过程。人说"细节决定成败"，"细节"的重要性于此可见一斑。实像表达注重外观，外观也能吸引人，但外观并不能解决所有的问题。产品外观的美丽、环境气氛的烘托，虽然都能引起人的愉悦共鸣，但人最终关心的还是产品或服务的功能和质量。实像表达要真正打动人、锁定人，就应当向人展示实像的细节，解剖实像的功能细分，展示产品质量如何过硬。例如，一种化妆品的包装外观吸引了女士们，女士们就很自然地要详细了解该化妆品的性能和特点，并要详细问清此产品如何胜于彼产品，实像表达的演示和讲解人员理应一一交代清楚。国内有家宾馆很懂得这种做法的重要性，在该宾馆就餐的外宾如果点用中国菜，那么他们在菜谱上除了可看到中国名菜的名单外，还能看到每一道菜的原辅材料表、工艺流程图及营养价值表等，这样就不仅为外宾的选食提供了方便，而且还能使他们在饱享口福之中获得中国菜肴的有关知识，因而该宾馆的中国菜特别受到这一类公众的欢迎。应当说，只要稍稍运用一些现代表达技术，此类的细节演示并不是很难的。当然，细节介绍也应当遵循实事求是的原则，不能毫无根据地把产品的功能吹得天花乱坠、神乎其神，也不能对产品的生产过程细节添枝加叶。凡事适可而止，中庸为上。

第二节 ◇ 实像表达在公共关系中的运用

实像表达在公共关系运行中有着广泛的应用。就其操作内容及形式而言,它主要运用于以下几方面。

一、推销活动

推销,是一个生产物品或提供服务的组织向潜在消费公众进行消费行为的促成或劝服的过程。产品销售和服务常常是一个组织的价值链的最后一道环节,也是最能直接体现组织运行绩效的环节。因此,为了加速这道环节与组织运行的其他各环节的衔接,便形成了"推销活动"这样一个介于营销领域和公共关系领域的工作环节。

在市场经济发达的国家,推销是必不可少的一项社会分工专职工作。许多西方国家的文艺作品对专司其职的"推销员"有过大量的描写。如名扬世界的美国话剧《推销员之死》,就是以描绘、刻画一个具有鲜明职业特点的推销员的生活细节而展开剧情的。有必要指出,推销活动是在市场经济十分发达的基础上形成规模的,在自然经济的背景下或在物质匮乏的社会里,推销活动就无从谈起。随着市场经济的深入发展,推销活动已日益受到人们的重视。

推销活动方式方法名目繁多,有上门兜售、邮寄货单、邮购代办、分期付款、电话预订、有奖销售、售后服务,可谓五花八门。无论何种销售名目,它们都有一个共同特点,那就是主动性强,即都要主动、积极地去寻找市场和劝说消费公众。随着中国市场经济的不断发展和成熟,以上大部分销售名目都不仅悄然登台,而且迅速地本地化。这为正在扩大并逐渐成熟起来的营销行业和公共关系行业提供了机会和挑战。

推销活动可以分成许多种类,本书仅就如何运用实像传播进行原地推销和上门推销作些介绍。

原地推销,原本指的是商店利用自己的橱窗,立足自己的店堂，向每一位驻足商店的潜在顾客销售商品。在公共关系领域里，这个名词的含义有所扩大，它也包含了企业或商场在已有工作条件下如何促进公众消费之意。原地推销的着眼点有许多，它可以是销售措施上的，如从方便公众消费着手就可以采取商品看样预订、化整为零、小商品配套、出租、试用、现场参观等措施，也可以是销售策略上的，如从适应公众消费心理特点着手就可适当采用优惠手段，如折扣优惠、纪念品奉酬、购买额超量奖励、长期顾客优待、免费服务等方法，在原地推销实践中是经常出现的，也是行之有效的。

上门推销又称"面对面"推销，它是由组织为了开展推销活动而专门组织人员进行的，带有很强的主动性。由于上门推销人员在开展活动时不仅是推销商品或劳务，他们还在一定程度上是推销"自己"，即显示自身的人品价值，因此，他们的个人形象或工作形象便显得十分重要①。除此之外，"优秀的推销员不单纯靠说话技巧，还要利用各种推销工具"②。所谓推销工具，就是能用于加深客户印象的各种实像信息，如图片资料、印刷品、商品模型或实物等。为了能在"面对面"的机会中最大限度地满足客户的各种问询需要，推销人员还应该设身处地地为客户着想，以求充分准备各类必需的推销工具。

无论原地推销还是上门推销，它们都是建立在商品或劳务的质量、造型、功能、价格等多种条件的基础之上的，因此不能喧宾夺主，切忌把推销技巧全寄托在推销人员的游说策动的功夫上。只有当人和物的各自优势结合起来，推销才能在本体意义上产生良好结果。

---

① 参见第十章第二节"口语表达在公共关系活动中的运用"中的"五、游说策动"。
② A. E. Center, *Public Relations Practice*, G. K. Hall & Co., 1984, p. 228.

二、样品展览和示范表演

一个组织将其新研制、新开发的产品或新设计的服务项目向公众宣布,这就叫样品展览和示范表演。

样品展览和示范表演的目的不外乎以下几种:第一,组织向公众显示自身的进取能力和满足社会需求的应变能力,如汽车厂商每到年终岁尾向公众推出的"新年汽车新款式"展览就属此类。第二,通过这类实像表达形式向社会广泛地收集反馈信息,以为新产品的正式投产或新的服务项目的正式推出最后确定市场反应的程度,以利对产品和服务项目作最后修正及改进。美国最大的饮料厂商"可口可乐"公司在对其几十年口味一贯制的饮料作改进时,就采用了在全美和世界各地举办试销展览的方法,最后得出结论:要改变老饮料必须使老主顾有个适应过程,不能全部撤换,并且要保留相当数量的老饮料生产。像这种新产品的开发决策,只有经过此类论证才能保证其科学性。第三,一个公司举行样品展览和示范表演还要具有强烈的开拓新市场的意识趋向,如匈牙利工程师鲁毕克发明的"魔方"玩具,原先只是一种用来作几何教学示范的教具,后被美国玩具公司买下专利,通过在全世界的销售网的展览和示范表演,一下风靡全球,成为玩具业中从未出现过的不分民族、语言、地区、风俗、年龄、文化而普遍受人喜爱的智力玩具。像这类带有一定难度的智力玩具,如果缺少样品展览和示范表演这道环节,则很难普及开来。样品展览和示范表演的影响力并不局限于现场公众,恰恰相反,这些现场公众耳濡目染的扩散性介绍,实际构成了一个"二级传播网",十分有效地感染了每个现场公众周围的其他人,这可说是样品展览和示范表演独特的魅力。

样品展览和示范表演在主题分类上,大致有综合型和专题型两类。

综合型类,是全面地展示某个主题的全部内容,如"新年新款式汽车"展览,一般就要求将历年来的各种款式的汽车都集中在一起,以它们的时间顺序来使公众得出新年新款式汽车的完整形象。丝绸服装表演在综合型类展览中,通常也要把各个季节的丝绸服装汇总演出,使人对丝绸衣料在服装中的应用得出一个较全面、集中的认识。

专题型类,是围绕一项专题或一个内容而举办的展示。通常说来,专题型类的展示要尽可能主题突出,内容鲜明,使人对其特色一目了然。如广州出口商品交易会,每次举办期间都要精选出某种出口商品进行专题展示;再如澳大利亚建国200周年纪念仪式上所使用的焰火,就是该国人员在观看了"中国焰火"专题展示后确定的品种,后由中国政府作为国礼赠送给澳大利亚人民,成为中澳友谊的一段佳话。

样品展览和示范表演在规模上是没有固定限制的,可大可小,灵活多样,但达到共同目的的基本程序是大致相同的。

第一,突出主题,一目了然。展览会和表演会上可以展示的内容常常品种繁多,各种实物、图片、模型、表格、装饰器具等材料也会让人眼花缭乱,只有明确了其主题,才能将各种内容、各类材料围绕着一个中心统一起来,使之有机地组合为一个相互连贯的整体,为突出主题服务。

第二,具体制作,一丝不苟。具体制作包括文字、图片、实物的拼装组接,灯光、饰件、电气设备的安装,展板、展台、展厅的设计和装置等各道工序,还包括讲解、表演人员的培训与打扮等。具体制作的完成,标志着准备工作已就绪到位。

第三,效果测定,尊重反馈。即运用各种手段来获得现场公众反馈的信息。可行的方式有现场采访、跟踪采访,这是通过口语交谈来获得反馈信息的手段;也可以通过文字手段,如置放观众留言簿、发放随机问卷、展览回忆测验等方法来获取反馈信息。

总的来看,样品展览和示范表演是公共关系运行中一种非常有效的实像表达。它既能从组织形象的建树上达到公共关系的工作目标,也能通过产品的实际销售和服务项目的具体推行加速组织运行目标的实现,可说是最直接体现公共关系工作意义多重性的一个窗口。

三、橱窗陈列

橱窗,是一种能立体地、透明化地向公众显示产品实物的实像表达设置。橱窗是一个组织的门面,在商业服务单位,它直接用于产品陈列和销售宣传。在非商业服务型单位,橱窗的公共关系功能也是很明显的,像法制、交通、科技、卫生、体育等方面的宣传橱窗、画廊、展览柜等,主要也都用于显示成就、针砭问题、普及知识、鼓舞士气等属于公共关系范畴的工作。

在国外和国内的一些大城市,有些组织利用临街面市的所在地位置,用无遮隔的大玻璃窗直接显示其内部工作情况,如洗染店、照相馆、复印打字社、美容理发厅和航空公司售票处都实行这种"明室操作",而且渐成流行趋势。广义地说,这也属于橱窗陈列的一部分,具有充分的表达意义。

橱窗陈列比较典型地显示了实像表达的特征:形象、直观、吸引力强。这几个特点是跟它本身所处的地理位置一般是人流稠密的地带或地段分不开的。商业服务业单位的橱窗基本都面对街市(但也有设在候映室、候座室、候诊室周围的)。而非商业服务业单位的橱窗一般设在厂区或社区大道两侧,以及大门进出口处或食堂、俱乐部等附近。由于橱窗是一种长期性的、固定性的设施,它的公众对象又是无"指向性兴趣"(即专程前来观看)的流动性人群,因此,橱窗陈列的表达效果主要取决于以下两点。

第一,能否突出"瞬时印象"。瞬时印象是指人们在不经意或偶尔接触到某个客体对象时,在刹那间所感受到的心理刺激。正因为橱窗陈列面对的公众大多处于流动中的无意识状态,因而突出它对公众的"瞬时印象"就显得十分重要。从技术角度上看,瞬时印象既包含了心理因素,又是一个美学概念。"瞬时印象"的调动手段很多,有色彩对比、艺术造型、空间排列、格调和意境的层次等。从这个角度说,橱窗陈列是需要有相当的美工基础的制作技术。

第二,能否有新鲜感。橱窗陈列的内容和形式能否始终对公众保持它的"新面孔",这是它有无吸引力并发挥作用的又一个关键。因为尽管橱窗陈列的公众对象是流动的,但其中又有相当一部分是稳定的,如每天上下班皆要途经此处的行人,有习惯性消费或其他行为(如散步、逛街等嗜好)的市民。如果橱窗陈列经年累月一成不变,那么不仅会使这部分公众兴味索然,而且会对橱窗的主人形成工作懈怠的不满印象。因此,不断在内容与形式上对橱窗陈列更新是一项必须要做的工作,应随着季节更迭而变换,逢年过节(如元旦、春节、中秋、国庆)要更新,或跟着工作重点转移而重新布置。为了保持新鲜感,橱窗陈列有时甚至可以采用真人模特儿或与真人酷似的模特儿。

四、作业场所布置

每一个组织都有它特定的工作环境,如办公室、接待室、会议室、商店铺面、生产车间、礼堂、户外加工场所休息室,等等,这可以统称为作业场所。根据心理学的观点,当人们处于一种经过精心布置并美化了的环境中时,会自然而然地产生愉悦心理,这种愉悦

第十二章　公共关系的实像表达

心理会使对抗、冷漠等消极性或负性的心理活动趋势明显减弱,而代之以友好、合作等积极性或良性的心理活动趋势。作业场所是人们处身活动的一个重要环境,据一般情况统计,一个职业成人在作业场所盘桓的时间占其日常活动(排除睡眠)时间的三分之一强,因此,如何通过对作业场所的精心布置和美化,从而最大程度地调动人们的积极性,就成为公共关系运行的一个重要方面。许多重工业机械厂根据公共关系专业人员的建议和指导,将机器都漆成柔和的奶黄、淡绿、粉红等色调,以调节人们的心理,达到改变作业场所堆积着的钢铁构件那种冰冷、沉重和压抑的气息。现代的办公场所也越来越趋向用乳白、浅银灰、湖绿等明快、雅静的色调作为主色或基色。

作业场所的精心布置和美化是一个整体概念,它并不局限于色调的配比和选择,还包括作业场所整体环境气氛的营造和渲染及各种设备器材的造型处理。

整体环境气氛的营造和渲染,是指按照组织自身规定的任务对作业场所进行有针对性的布置和美化。如银行等金融机构,其作业场所的整体环境就应该突出它们的厚实、稳重、一丝不苟,给工作人员一个安定的环境,也给客户带来一种信赖感和安全感。上海交通银行是20世纪80年代才重新开张的一家综合性银行,尽管开业当初有许多新建的办公楼可供选择,但这家银行最后还是选定了靠近上海外滩的一幢富于浓郁古典风格的花岗岩大楼作为它的总部。这个选择实际上就包含了对作业场所整体环境的重视。第一,这幢大楼本身坚固,凝重而不花哨,符合银行的特点;第二,它接近外滩,与外滩的上海其他大金融机构形成了一个在地理位置上共同栖息的"金融圈",这不仅对于自身形象的建设是重要的,同时也大大方便了客户。

同样,像国际性宾馆、酒家、购物中心、机场、贸易公司等机构,其作业场所的整体环境都要根据自身任务的规定，在形体上要显示独特的文化内涵，在功能上强调它的通用性。所谓形体就是指作业场所的种种物质构成，如楼房外形、设备器具、室内饰件等"硬件"。要在形体上显示独特的文化内涵，就是要在建筑样式、装饰花纹、室内用具造型等方面体现自己的文化品位和民族特色。国内一家电子计算机生产集团，在自己的办公中心设立了一个"算盘"雕塑，背景是一块光导纤维显示屏，这是中国人发明的计算器与现代先进技术的巧妙组合，显示了这家计算工具生产企业独特的文化素养。

作业场所整体环境在功能设计上还要强调它的通用性。随着世界各国在经济、贸易、文化、科技、体育方面交流规模的日益扩大，人们在工作和交往中都需要有一种按照大家都认可和接受的程序来处理各类事务，因此，作业场所的整体环境布置要考虑到这种要求，如洗手间的标志牌、电话位置的标示、问询处的特定记号、服务人员的服饰识别、残疾人的专用通道等都应该具有国际通用性。

作业场所的各种器具物件的造型处理，也是要注意到的问题。像线条流畅、立体感强、手感舒适等要求都是从体验实践上升到现代工业技术美学范畴的。从公共关系角度来看，各种工作器具物件首先要讲究它的方便性，使人能很快上手或通过短期训练就能使用。此外还要讲究它的舒适性，要让人乐于使用，如打字机上的字键中间有一块凹陷的部位，这就是最初的打字机推销人员根据用户意见提出改进设想，在造型上重新处理的。

五、实用饰品的设计配套

一个健全的组织犹如一个完整的自然人，不仅有自己的身躯，并且还有自己的仪表服饰、外貌风格。构成一个组织的仪表服饰、外貌风格的是它的各类外形标志,如厂旗、厂徽、厂歌、厂标、厂服、标准色、工作人员的工作用品,等等,一并称为实用饰品。

一个组织的实用饰品具有两大功能:一是它的识别性,就是让人一看一听就能迅速地识别出它的所属组织,有利于在公众中树立和维持良好的形象;二是它的美感性,就是让人听了看了能在心理上产生愉悦感和归向感。

实用饰品的设计和配套是一项专门的技术性工作,就技术要求而言可以列入工业技术美学或实用美工范围;就实际操作而言,则是公共关系实务的一个内容,是一种"实像表达"。实用饰品的设计配套看似简单,实非易事。如1998年法国世界杯足球赛所拟定的会旗、会标、会歌、吉祥物等专用饰品,是在无数个专业和业余设计者的征选方案中选出的,入选作品除了在识别性和美感性上满足了世界足坛这一盛大节日的一般要求外,还都突出了该项赛事融竞争与娱乐为一体的独特性,因此,入选作品很快为广大公众接受,不仅成为世界杯举办期间的一个重要点缀,而且大大丰富了这次大规模的国际体育文化交流活动,如那首"Go,Go,Go"的会歌立刻风靡全世界足坛、球迷、歌坛,就是明证。这一事例说明了两层意思:第一,一套真正合适的实用饰品的制作是一项创造性活动,要使它的设计配套取得成效需经过精心构思与艺术加工;第二,一套成功的实用饰品将为其所属组织增添光彩,并使公众永久不忘,大大扩展并加深所属组织在社会上的影响。

实用饰品设计配套的创新,事实上还可包括它们的实用创意。首先,实用饰品的实用性创意也是无止境的,如国内大型国家级骨干企业第二汽车制造厂的厂标饰品,在设计上就特地使它具备了领带夹和别针的用途,这比单纯的厂标设计要更富实用性,同时也增加了外界公众对它的识别机会。其次,也应考虑实用饰品的多用性创意,即如何做到一物多用,如一家轮胎厂用边角料设计了自己的产品模型,它既是一个轮胎小样品,又是一件艺术品,同时它还可作为接待、交际和会议场合的烟灰缸使用。像这种实用饰品的设计配套思想,无疑是极具创意启发性的。

第十三章
大众传播的整合运用

大众传播[①]，由于自身传播面广的特点，从诞生之日起就在 communication 领域中自成系统。现代电子技术的勃兴和飞速发展，为大众传播开辟了无限广阔的前景。现代大众传播借助于印刷媒体和电子媒体两大翼翅正在不断地飞翔，占据了 communication 领域的重要位置。公共关系作为一种"信息交流、意义沟通、价值劝说、行为引导"活动，其运行显然离不开大众传播（mass communication），不仅如此，大众传播 100 年前就已成为公共关系运行的最重要部分了。借助大众传播，组织能更迅速、更广泛地树立社会形象，取得最佳的表达和传输效果。

大众传播是运用大众传播媒体来进行传播活动的，其中包括了报纸、杂志、书籍等印刷媒介，也包括了电视、广播、网络等电子媒介。而作为公共关系运行的大众传播的整合运用，既包括了对上述大众传播媒介的运用，又包含着对组织所能自行控制的口语、文字、实像表达等方法的运用。

[①] "大众传播"中"传播"二字来自英文的 communication 一词，此处译为"传播"，真正表述了"传出而播开"的意思。communication 在本书别的章节中都按特定的语境来译的，大多不译作"传播"，而译为"交流""沟通""互动""表达"等汉语词汇。

第一节 ◇ 大众传播整合运用的特点和技巧

一般意义上的大众传播，是 communication studies 中的一个特定范畴，指的是大众传播媒体通过传播媒介，向社会各界公众进行大量的信息传播①。大众传播活动的主体是包括报社、杂志社、电视台、电台、网站在内的各种媒体。我们这里说的大众传播的整合运用，既有一般大众传播的运行特点，又有自己的特殊性，是属于公共关系运行范畴的。

一、大众传播整合运用的特点

大众传播的整合运用，指的是组织为实现特定的公共关系目的而进行的一种较为大型的表达和传输方式。这种大型的表达和传输活动，与一般大众传播活动相比，尽管有相似的做法，但目的是不一样的。大众传播的整合运用包含着如下几个特点。

1. 大众传播的一般特点。大众传播最显著的优势是传播速度迅速、传播范围广泛，这也是大众传播能在传播领域中迅速发展起来的根本原因。此外，大众传播媒体所传播的信息，还能予以长时间的保留。但是大众传播也受到受众和传播过程的两大制约：一是大众传播的受传者往往是个庞杂的大众群体，具有各种程度的异质性，因此其信息传播很难做到"有的放矢"；二是在传播过程中，传播者与受传者一般不直接接触，因此信息反馈比较迟缓。鉴于大众传播能发挥的优势和本身受到的制约，公共关系从业人员在对大众传播媒介作整合运用的时候，要注意到这些一般特点。

---

① 参见［美］威尔伯·施拉姆、威廉·波特：《传播学概论》，陈亮等译，新华出版社，1984年。

2. 形式的整合性。大众传播是综合了口语表达、文字表达、实像表达和一般大众传播而形成的一种传播形式,具有极大的整合性。这种整合性主要是由作为传播主体的组织及其目的的特殊性所决定的。组织可以根据自己的公共关系目的,自行控制口语、文字、实像表达和传输的形式,自行决定通过哪几家大众传播媒体把它们传播开去。社会大众传播媒体起到了把组织自行发放的口语、文字、实像信息进行"放大"的作用。由于传播的主体是组织,所以它只是"借用"了各类大众传播媒介,通过它们的渠道来传播信息而已,这与大众传播媒体自行采访、撰写、编辑、发行的报道是不一样的。如政府可以通过报纸、杂志、电视、广播或网络来宣传某一政策,它可以自行选择一家或几家或所有各家来实现其整合性宣传。组织的公共关系从业人员都要精心研究如何对大众媒介进行整合运用。

3. 内容的整合性。这也是因为传播主体是组织之故。在整合式传播中,新闻报道、广告发布和自控宣传这三类性质不同的传播活动往往相互结合在一起。新闻报道传播是一种社会性的信息沟通和分享的专门活动,它具有新闻性和特定的宣传意义。广告发布传播则是一种社会经营性活动,带有经济价值,而自控宣传是组织的一种独立的活动,它是组织运行的有机构成。在对大众传播的整合运用中,这三者却"整"成了一体。组织对大众传播进行整合运用,其主体性决定了它必然是一种自控宣传,同时出于经营需要,这种传播活动又成了不是广告的广告(尽管不一定采用一般的广告形式)。另外,因为运用大众传播媒介来登载或广播自己编写的"新闻稿",因此它在一定程度上又具有了新闻报道的性质。公共关系专业人员在对大众媒介进行整合运用的过程中,除了要注意功利价值外,还应考虑到新闻价值和社会意义。

还须提及的是,大众媒介的整合运用往往涉及面比较广,操作成本也比较高。因此,在对大众媒介进行整合运用策划时,除了必要的资金准备外,还要有周密的计划和操作技巧。

二、大众传播整合运用的技巧

大众传播的整合运用由于涉及面广,又需要综合运用口语、文字和实像等各种表达和传输技巧,所以其操作难度相对较高。在实际操作过程中,公共关系专业人员必须了解各类传播媒介的优势和弱势,必须熟悉各种操作实务。

1. 充分了解各类大众传播媒介的特点,熟悉各类传播操作实务的规程。要选择合适的大众传播媒介来实现既定的公共关系传播目的。在大众传播媒介中,报纸、书刊等印刷品媒介有能让读者自由选择、便于查考、阅读从容等优点,但又有传播速度不够快、形象不够生动、要求读者文化程度比较高等缺点;广播媒介有传递迅速、收听面广、不受空间限制等优点,又有时间性强、不易查考、不够形象等缺点;电视媒介有声画并茂、速度快、普及面大等优点,又有受时空及设备限制、制作成本高等缺点。只有知道了各类大众传播媒介的优缺点后,才能根据传播目的来选择一种或几种媒介来进行自己的公共关系传播活动。此外,组织还必须熟悉各类传播实务操作规程,如口语表达讲究人员的外观和口才等条件,文字表达要求文字功夫,实像表达必须给人实感形象,等等。

专事大众媒介整合传播的公关专业人员必须认识到,信息、传播媒介和受传公众是同一传播过程的有机组成部分。因此,传播内容的特点和媒介的选择必须同目标公众的特点联系起来。如要向自己产品的消费公众介绍某种大众消费品,那么可以考虑运用能够显示产品实像的并配有生动口语的电视,其效果就大大优于报纸的图案和文字说明。反过来,如要向知识界介绍一种理论刊物，在报纸的理论版用严谨的文字广告，就比在电视上用实像和口语来宣传，效果要好得多。总之，要根据各类大众传播媒介的特点和各类传播实务的要求来具体开展整合传播活动。

2. 准确地把握公众的心理。大型的整合传播活动所面对的往往是社会的广大公众。由于公众的异质性，大众传播所传播的信息要适合所有人的口味，是不可能的。但这并不意味着进行大众传播不需要考虑大众的口味。一般说来，组织在进行整合式大众传播活动时，特别需要揣摩目标公众的心理。如当牛仔裤还没风靡市场时，一些年纪较大的人很看不惯牛仔裤，但牛仔裤生产单位之所以敢于在各种大众媒介上做广告，就是比较准确地把握了目标公众的心理，只要受到目标公众——众多年轻人——的欢迎，这广告就值得做。

当然，在大众传播的整合运用中，也应尽可能地考虑到大多数人的心理，尽量使传播内容同大多数人的想法和爱好相吻合。如当社会心理普遍对进口消费品有过多不满时，再在传播中强调自身产品是进口组装，往往就容易导致逆反心理，显得不合时宜。准确把握社会公众心理，实质上也是确定和突出传播重点的关键。宣传什么、强化什么，都应心中有数，而这都要预先通过社会调查来完成。

此外，还应在把握公众心理的基础上引导公众心理，这在推出新产品时尤其重要。如洗洁精问世时，有的广告就把洗洁精同碱水作了比较，这对一些长期忙碌于厨房的中老年妇女来说，确实在心理上起到了引导作用。再者，在进行整合传播时还可运用一些心理学原理来调动公众的心理注意。如有家单位在电台做广告时，别出心裁，花广告费定了30秒钟时间，但前10秒钟要求电台不播一句话，结果造成了10秒钟间隙，这引起了听众注意，使随后的20秒钟的广告取得了比30秒钟更好的效果。这就是运用了心理学所说的无意注意。从目前的公众心理来看,电台和电视台广告的连续播出,常常使人感到厌烦,如何使自己的广告取得不同凡响的效果,同样需要准确地把握社会公众的心理,然后再运用各种心理学原理去调动公众的心理注意。

3. 选择好的传播时机。传播时机的选择,实际上也是以把握社会公众心理为基础的。一般说来,在不同的时间或季节应相应改变传播的内容,这是因为在不同的时间或季节,公众的心理会发生相应的变化。所以,冰淇淋的广告不会在寒风凛冽的冬季出现在电视屏幕上;同样,夏天人们也不会想到去电台做取暖器的广告。凡此种种,都说明传播活动的开展需要选择有利的传播时机。对于传播时机的选择,第一,要考虑到自然节气的变化而引起的社会公众的心理变化,如服装广告一年四季都随着季节变化而发生转换,所以应随着春夏秋冬的交替而推出四季服装广告。第二,要考虑到生产活动和日常生活的变化而引起的公众心理的变化,如寒暑假期间,学生对文教用品的信息就较少感兴趣,而对文娱体育活动类的信息则比较注意,而在开学期间,学生则会对文教用品的信息重新发生兴趣,对大众传播的整合运用就要适应这种变化。第三,除了要注意时间变化引起的公众心理变化外,还要注意生活在不同地理区域内的人们的不同心理,这种心理影响着人们对信息的不同选择。如在比较开放的地区和在比较闭塞的地区进行服装广告的整合传播时,就要进行不同的处理。总之,传播时机的选择要以分析公众心理为前提,只有把握了公众心理的变化,才能掌握最好的传播时机,从而获得理想的传播效果。

4. 制订详细周密的工作计划。对大众传播的整合运用在某种程度上可以说是一项系统工程。譬如运用大众传播媒介进行广告宣传,就包括市场调查、确立广告目标、决定预算、传播媒介的选择和联系等多个环节。同时这种传播活动又是开放型的,即面向全社会大众的,因此其效果的好坏,对组织影响甚大。所以在进入操作实施阶段之前,应当制定出一整套详尽的工作大纲和时间表,并预先准备好一些应急措施,以便意外情况发生时能及时采用,从而最大程度地使整个活动保持在自控范围内。一般说来,计划越详细越周密,活动的自控度就越大,活动也越能顺利开展。有些企业不愿意在这方面花工夫,它们在报刊上做广告时,常常让报社或杂志社具体负责广告的设计和刊登日期的确定等事宜,以为这样可以节省精力。殊不知这样一来,自己就在一定程度上丧失了自控权。因此,要想使自己的传播活动能有效地开展,详尽周密的计划是必要的,不应轻易地把自己的自控权出让掉。

5. 与大众传播媒介机构保持良好的关系。无论是报社、杂志社,还是电台、电视台,以至无处不在无时不有的社交媒体,大众传播媒介机构中的新闻部一般是组织公共关系专业人员接触最多的部门。大型传播媒介机构的新闻部一般按行业分成一些组,由专门的记者和编辑分别组织新闻报道,如工交财贸组、文教卫生组等。不同类型的组织的公共关系人员至少应跟分管自己这一行业的记者和编辑保持良好的关系,建立并保持经常的联系。公共关系人员还应争取被大众传播媒介机构聘为通讯员或特约记者,以利于向他们充分反映本组织的信息。我们一再强调,轻易恶化与大众传播媒介机构及其工作人员的关系,是公共关系工作的大忌,在实行大众传播的整合运用时,更要切记这一点。有一个时期,社会上出现一股"告记者热",如果原告是一般个人,他要状告记者别人显然无法干涉,但从公共关系战略角度来看,一个组织应尽量避免卷入此类官司。当然,与大众传播媒介机构及其工作人员搞好关系,并不是不讲原则,更不能用不正当的手段笼络其工作人员,让严肃的公共关系堕入为人唾弃和鄙视的庸俗关系。

6. 使通过整合传播活动与公众建立起来的联系得到保持和延

续。由于大众传播的整合运用规模大、时间长、耗资多,一般而言,它总能达到预定的部分目的,甚至全部目的,其中包括与一部分公众保持经常的联系。这种联系一旦建立起来,就应当加以巩固,并使之持续下去,为此,组织应设法采取一套与公众保持、加深和扩大联系的方法。如可以在已建立联系的公众中聘请"名誉成员""特邀顾问""质量监督员""优先使用权顾客"等。这样,这些被聘人员就成了与组织有紧密联系的特殊公众,如果这些人本身又是公众中的"意见领袖",那么通过他们,整合传播活动就会产生令人可喜的"两级或多级传播"效应,起到一般传播活动所不能起到的传播效果。因此,保持、加深和扩大与公众的联系,实际上是巩固和扩大整合传播所取得的成果,公共关系人员应当加以重视。同时,因为这是一种持久的工作,所以需要制订一定的工作计划并加以坚持不懈地实行。

以上所述只是大众传播整合运用的一般技巧,要领悟和把握这些技巧,公共关系专业人员只能在具体的公共关系实践中融会贯通,并在经验积累的基础上,不断提高自己的创意水平。

第二节 ◇ 大众传播整合运用举要

要达到组织既定的公共关系目的,公共关系专业人员经常会交叉整合地来运用口语表达、文字表达和实像表达,充分调动、借助各种不同的大众媒介的优势,同时巧妙地补充相互的不足之处。除了广泛借助各具特色的社会大众传播媒体发布有关组织的消息外,公关专业人员还应按计划定期或不定期地举办包括广告运动、媒介事件、社会公益事业赞助、主题活动在内的各种公关实务活动。

一、广告运动

广告运动并不等同广告,广告只是一种传播形式,而广告运动则是利用这种特定传播形式的一种有时间持续性和空间延展性的活动,具有规模大耗资也大的特点。广告运动犹如一项系统工程,需全面策划,配套实施,在各个环节上都应加以完善。如对一连串耗资巨大的广告,马虎从事,那就得不偿失了。一般说来,一个良好的广告运动由以下几方面组成。

1. *市场调查*。市场调查是广告运动的基础环节,指的是在广告策划之前,要对市场作一番调查分析。对市场情况把握的好坏、分析的正确与否,直接关系到广告的成败。广告市场调查的首要任务是对消费者进行研究。商业广告的最终目的是要引起购买行为,因此要使广告达到促销目的,必须对消费者的购买动机,对商品投入市场的反应,以及他们的消费心理和习惯进行研究。对市场的现实需要和潜在需要进行调查,主要了解产品的销售范围有多大,有没有扩大销售的可能,有没有产品滞销的潜在威胁,广告的形式是否合理,等等。国外一些企业在推出广告前,常常对广告设计制作的"期待效果"进行市场反应探测,如荷兰飞利浦公司的电器广告在中国刊播前一个月,该公司曾在几个大城市就十几张广告稿,对各类消费者进行面试调查,选出效果最佳的两张,加以改进后才定稿。

此外,通过市场调查,还要了解同类产品的市场占有情况,研究其在消费者心目中的地位及销售成败的原因,以吸取经验教训。

2. *确立广告目标*。广告目标要明确的是:为什么要做广告,针对谁做广告,广告的宣传范围又有多大。广告目标是在掌握了大量的市场信息的基础上确立的,它对广告媒介的选择、广告的设计制作等都有决定性意义。

（1）明确广告目的。广告是一种有目的的传播活动,明确为什么做广告,是采取其他一系列步骤的前提。广告大致有三种目的:一是树立企业信誉,扩大影响,为商品创牌子,以提高其知名度;二是使商品在消费者心中留下深刻印象,赢得长久的市场;三是给新产品寻找潜在买主,刺激购买,获取市场。此外,广告主要着眼于近期效果还是远期效果,也是确定广告目的所要考虑的因素。

（2）明确广告对象。广告必须明确宣传对象是贸易商或企业团体还是个人,明确目标消费者的社会层次、性别、年龄及其他相关背景资料。要明确广告对象,先得给商品定位,要确定产品的目标消费公众。商品应有其独特的个性,这样才能在市场上占有自己的位置。给商品定位需要了解市场心理,还要对同类竞争产品在质量、外形、价格等方面进行比较。经验丰富的广告商很懂得给商品定位。同样是香烟,Marlboro(万宝路)定位为男子汉香烟,而KENT(健牌)则被看作是情人香烟。有了产品定位,广告宣传就有了宣传重点。如 Marlboro 的广告,突出的是男子汉的风度,而决不宣传什么价格合理、质量可靠之类,因为追求这种风度的抽烟者,最关心的不是价格和质量,而是给他们带来的男子汉自豪感。产品没有定位,广告也就不能做到有的放矢。如给药品做广告,如果宣称此药对什么病都合适,等于说对什么病都无特效,其功能想必令人怀疑。宣传商品老少咸宜,看来目标用户很广,实则对哪类用户都无特殊吸引力。"什么都想要,那就什么也得不到",这应该是确立广告目的时须切记的格言。事实上,给商品定位不会限制商品的销售范围,只要定位得当,商品有了稳定的消费群,在市场上有了自己独特的形象,会吸引更多的消费者。

（3）确定广告传播范围。对商品的销售,是地区性的、全国性的还是全球性的,要做到心中有数。这实质上是确定广告目标市场究竟有多大,直接关系到广告的做法。广告宣传要与商品销售活动密切结合,宣传范围与销售范围的一致,是实现广告宣传的基本常识。如果宣传传播范围与商品销售脱节,在没有销售途径的地方大做广告,或在具有潜在市场的地方忽略了广告宣传,都会使广告的效益大打折扣,造成不必要的经济损失。

3. 决定广告预算。制定广告预算要考虑这样一些问题:为了达到既定的目的,需要做多少广告?实施这些广告,企业需要承担多少广告费?广告费用与商品销售总额成怎样的比例最为合理?等等。

广告预算是开展广告活动的财务保证,没有广告预算,广告活动是无法开展的。但是这并不意味着广告预算越高,产品就销得越多,广告活动就越成功。事实上,广告预算与广告所宣传的商品的销量之间存在一定的比例关系,当不及或超过这一比例的度量时,广告效益就会受到影响。确定广告预算的方法一般有以下三种。

(1) 按产品类型确定广告预算。新产品刚进入市场,往往都要进行广告宣传。为长远利益计,在新产品问世的初期,广告费所占的比例常常比老产品高或高得多。对不同类型的产品,广告费用的支出也会有很大的差别。面向企业的工业用品,特别是重工业用品和作为生产资料的产品,一般所需广告费用比例较小,而面向消费大众的生活用品和化妆品等所需广告费用比例较大。此外,广告预算落实到某一具体品种时,还要考虑到广告的各自目标:是着重于近期的促销还是长期的形象,是针对同类产品的竞争,还是要加深消费者的印象。这些目标的差别,对广告预算的确定也有影响。

(2) 按竞争要求确定广告预算。这种方法比第一种简单得多,即以一家竞争对手的广告开支比例作基数,按本企业经济上的承受力,在这基数上增加一定的数额,作为广告预算。这种方法的前提是承认竞争对手的广告费比例是合理的,市场销售是成功的。以此为基础,可以省去复杂的计算,免去预算制定时可能出现的失误。但这种方法不可随意套用,因为广告作为企业市场营销的一个部分,是与企业的整个经营活动连在一起的。各企业的经营情况不同,一个企业合理的广告预算比例,对另一个企业来说可能并不一定合理。

(3) 实验性的广告预算。这种预算方法较有灵活性,具体做法是:可以选用同一种广告媒介,在不同的地方播发广告;也可以试用不同的广告费用、不同的播发频率,然后就各地的销售情况进行分析,去掉其他促销因素,分辨出哪一种广告费比例和播发频率最为合理。这种预算方法以市场反馈作依据,有较大的可靠性。要注意的是,各地不同的人文特点、对同一媒介的不同欢迎程度都会对产品销售产生影响,要防止这些影响同广告的作用相混淆。

以上三种广告预算方法都有各自的合理性,各组织可根据自己的实际情况分别采用或综合运用这些方法。另外,广告运动还包括传播媒介的选择等环节,如生活用品的广告较适宜在电视等大众化的传播媒介上播放,书籍广告较适宜在报刊上刊登,等等。

二、媒介事件

所谓媒介事件,是指组织为吸引新闻媒介报道并扩散自身所希望传播开去的信息而专门策划的活动。如国内外许多企业组织都注重利用周年纪念日、厂庆之类的活动来邀请或吸引新闻媒介报道它们,借机宣传自己。这样的媒介事件目前在国内外已很普遍。日本最大的一家广告公司——电通广告公司——就很重视利用自己公司创立纪念日来策划媒介事件。1967年7月1日是该公司66周年纪念日,该公司特选择这一天进行搬迁,离开位于银座的旧楼迁入筑地的新居。当天清晨,总经理率领2 000多名职工,高举"谢谢银座各界人士过去的关照""欢迎筑地各界人士以后多多赐教"的旗帜,浩浩荡荡由银座向筑地行进。这一壮观的场面吸引了日本各大报纸和各电视台的注意,它们都纷纷进行了现场采访和报道。看过这一天报纸和电视的人都称赞:"了不起,到底是电通!连公司搬迁都成了新闻报道的好题材。"①

组织策划的媒介事件,在某种意义上说是如何与新闻媒体打交道的问题。事实上,公共关系工作活动与新闻媒体打交道的目的,是与策划媒介事件的目的一致的,都是希望利用新闻媒体来传播组织所希望传播的信息,以扩大社会影响。公共关系活动与新闻媒体打交道通常有两种情况:一种是组织积极地寻找扩大影响的传播途径,要求最能胜任此职的新闻媒体给予协助,以促成一种可称为"主动邀请型"的媒介事件;另一种是组织中所出现或发生的一些情况引起了新闻媒体的注意或兴趣,新闻媒体要求组织提供事实或给予协助,以便向社会宣传推广或解释澄清,这就成了一种可称为"积极配合型"的媒介事件。

媒介事件是主动型的活动,它的基础建立在组织与新闻媒体保持的经常的密切联系之上。从事这类活动的人员应该知道,新闻媒体有着自己的社会独立性,不可能事事都顺着组织的意愿。新闻媒体有自己的工作原则,如5W原则、客观报道原则、新闻的典型性原则和时效性原则,等等。因此,组织要与不同新闻媒介保持经常的联系,熟悉其工作原则和方法,一旦有了策划媒介事件的需要,往往可以做到水到渠成。公共关系专业人员要同新闻媒体进行经常性的接触,一般可以从以下几个方面着手。

---

① 引自日本《读卖周刊》,1967年2月号。

1. 及时掌握新闻媒体的报道动向。要对近期新闻媒体所报道的新闻有所了解，有所分析，把握一个时期宣传报道的重点。在通常情况下，新闻媒体根据形势的变化，会相应变换自己报道的重点和主题，与其重点和主题较契合的信息比较容易作为它们报道的选择对象。因此，公共关系专业人员要分析对照自己希望传播的信息与新闻媒介的重点和主题的相关程度。例如一个时期报纸、广播都在宣传"科教兴国"，而某个组织要隆重庆祝自己的成立周年，耗资建神龛、迎财神，也想请来媒体逢场作戏，有新闻敏感的记者很可能将计就计，拿来作反面典型狠狠地批你一场。把握新闻媒介的报道主题的重点并不难，报纸的报道重点常反映在它的第一版上，对一个时期的报纸头版，尤其是头版头条新闻作一番分析便可以摸准它的报道主题。电台、电视台的新闻栏目中重复出现次数高的同类信息，通常也反映了它们的报道动向。另一个可以注意的着眼点是新闻媒体的评论性文章的观点倾向，如社论、评论员文章、短评、编者按的倾向性观点。它们与新闻、消息、特写不同，有着比较鲜明的意见和主张，常常代表着新闻媒体一个时期的基本倾向。

2. 积极参与新闻媒体所组织的各类活动，充分利用新闻媒体的信息网络。国内的新闻媒体对传统的"照传照发"上级精神的工作框架，已经有所突破或正在努力突破，开始在社会经济生活中扮演越来越活跃的信息桥梁的角色。以上海地区为例，由新闻媒体出面牵头组织的各种"企业家俱乐部""联谊会""协会"等民间性的横向联系团体都已纷纷建立。这些组织的共同旨趣便是"沟通信息联系，促进交流发展"。可见，倘若组织的公共关系专业人员能积极参与其中，不仅能与新闻媒体保持经常性联系，而且还能在与其他组织代表的交往中，获得重要的信息和动向。新闻媒体为了使自己能尽早得到散布在社会各个角落、各个层次的信息，一般都建有自己的信息网络。这个网络的纽带便是庞大的通讯员队伍。通讯员一般素质较好,且有与新闻媒体合作的经历和经验,更重要的是,他们与新闻媒体有着密切的关系,是一笔大可发掘利用的重要资源。

3. 懂得根据信息的特点选择新闻媒体的种类,有针对性地进行传播。新闻媒体有报纸、杂志、广播、电视和互联网,对信息的要求各有不同。报纸要求事例生动,可读性强,并要有一定的深度;杂志要求有可存性,并喜用大量的背景材料;广播则由于电波稍纵即逝,因而比较讲究从口语角度来选择文稿;电视靠画面吸引观众,对构图、画面的美感、解说的文字等都有相当高的要求;互联网讲究信息的快速、短小、精悍。一名公共关系专业人员如能对各种媒体的特点了如指掌,运用谙熟,从中能获得的合作机会和便利就会很多。

"主动邀请型"与"积极配合型"的媒介事件就像一个人的两条腿,缺一不可。当新闻媒介专职人员(通常是记者)找上门来要求了解情况,并希望组织给予协助时,组织应变被动为主动,要抓住机会,积极配合,因势利导,建立或深化与新闻记者的关系。

记者上门,一般有两种可能:一种是该组织最近发生的一些事情具有正面宣传意义,新闻媒体希望通过发掘、整理和提高,进一步向社会宣传推广;另一种是该组织出现了一些负面现象或反常事态,新闻媒体认为有责任调查核实清楚,向社会作出解释,以正视听。在这两种情况下,组织都应积极配合新闻媒体的工作。就第一种情况而言,毋庸置疑,记者是来"表扬"你的,这本身是件好事,不存在不合作的问题。组织在介绍情况、提供材料、安排活动时,要谨防人为拔高,渲染夸大。由于"掺了水分"而引起报道失实,其责任还是要由被采访对象——组织自身——来承担的。公共关系专业人员应当实事求是地介绍成绩,多用事实来说话。这就需要平时注重积累资料，做好整理贮存归档工作。

在第二种情况下，接待人员更应当热情周到，有时还需说服组织主要领导出场。记者在这种情况下采访，其任务首先是核准事实，弄清真相，并非专来寻衅责难的。接待人员有责任也有义务主动配合记者把所要了解的情况和事实调查清楚，介绍事情的原委和来龙去脉。即使记者的先入之见同事实有出入，也切忌冷嘲热讽，挖苦设绊。必须注意，记者通常不是代表个人的，而是代表着整个媒体，甚至是来为民请命的。对民意和舆论持敌对性态度，其结果常常会有"冒天下之大不韪"的危险。总的说来，负责任的新闻媒体批评性报道的出发点是与人为善，并且希望从个别事例引申出带有全局性意义的问题来，一般并不纠缠于细枝末节。如果组织能面对事实、坦诚以对，往往会引出反面案例来作正面报道的机会，"坏事可以变成好事"。很有可能，一个潜在的危机最后转变成了一个对组织能带来正面宣传效应的"积极配合型"媒介事件。

三、社会公益事业赞助

社会组织作为社会的一员，毫无疑问应对社会各种公益事业作出自己应有的贡献。这就需要社会组织对公益事业进行赞助，其中包括资助或作出人力物力上的支持。从公共关系实务操作角度来看，这种赞助活动也可当作对大众传播实行整合运用的一次机会。组织可以通过社会公益事业赞助活动，来向大众传播有关信息，达到组织与公众相互支持、深化关系的目的。由于社会公益事业赞助带有明显的"利他"特征，因而其为大众所接受、所称道是很自然的。公共关系机构和人员能够也应当通过这类活动扩大影响，借以树立和优化自身的良好社会形象。

进行这类公共关系实务活动，要注意避免两个倾向。第一，要把社会公益事业赞助活动与单纯的广告活动区别开来,以免把两者混同起来。有的组织把社会公益事业赞助纯粹理解为是广告的一种形式,将太多的钱给了许多娱乐项目,如流行歌舞演出、文娱活动、体育比赛、各种有奖活动等,而对一些"曲高和寡"的但真正需要赞助的较高层次的项目,如芭蕾舞、京剧、昆剧及文化基础设施、学术研究等,则敬而远之。殊不知,娱乐性的赞助活动极容易搞滥,一经搞滥,包括新闻媒体在内的公众对此就会失去兴趣,赞助也就失去了应有的公关价值。

第二,要避免把社会公益事业赞助活动看成单纯的"自我牺牲",应该努力将社会公益事业赞助与公共关系宣传结合起来。自我牺牲的精神固然是高尚的,但一般组织,尤其是企业单位都需讲究公关效益,理应把社会效益与经济效益结合起来,那完全是正当的、合理的。只讲社会效益,不讲公关效益的赞助活动,一方面可能限于组织的经济条件不能长久持续,又可能由于组织得不到正当回报而影响员工的积极性。

应该说,把社会公益事业赞助活动看成是单纯的广告活动或理解为纯粹的"单向输出",都是有违于公共关系本意的。前者不懂得社会公益事业的赞助活动主要着眼于社会的宏观利益和长远需要上,它注意的理应是社会的整体效益。如果把这类活动看成是单纯的广告活动,要求一"投入"马上就要有"产出",这无疑是社会公益事业赞助上的一种"短期行为",违背了"将欲取之,必先予之"的道理,与公共关系需建立组织与公众的长期合作关系的要求并不相符。但是,如果把组织在社会公益事业赞助活动上表现出来的那点"自我牺牲"精神理解为纯粹的"单向输出",那也是不懂得这类活动的公共关系意义。事实上,正因为赞助公益事业为的是社会效益,因此就成了一种长期性的自我宣传,互惠互利的大原则注定了社会最终也会对组织有回报这一结果。

世界上有那么多人知道卡内基的名字,首先是因为他建造了卡内基音乐大厅,创立了卡内基教育基金会,并且被新闻媒体在世界范围内传为佳话。上海恒源祥绒线公司热心赞助中国体育事业发展的活动,也是一个生动例证。在相当长的时间内,"恒源祥"陆续赞助上海轮滑队、谢军国际象棋棋后马尼拉挑战赛及蒙特卡罗卫冕赛,并为参加奥运会的上海籍选手举办庆功会。这一系列热心支持中国体育事业发展的社会公益活动非常具有典型性和新闻性,新闻媒体对此很感兴趣,《解放日报》《新民晚报》和《中国体育报》,都对它作了详细的报道。这样,上海恒源祥绒线公司的这一系列社会公益事业赞助活动就取得了明显的公共关系效益。由此可见,组织的赞助活动并不是"单向输出"。

要使组织的社会公益事业赞助活动最大程度地产生公共关系效益,要注意以下三点。

第一,应对赞助项目进行详细的调查论证。赞助项目的第一确认原则是能确保社会效益,并且要引起社会大众,尤其是新闻媒体的注意。一般说来,凡是对社会有利的项目,都会受到新闻媒体的注意。

第二,建立严格的财务审计制度。赞助活动在财务上要严格管理,以免资金被挪作他用,或被私人非法侵吞,并杜绝赞助费用流向以社会公益事业之名、行骗人骗钱之实的活动中去。

第三,考虑成立基金会或相似组织。基金会可单纯地或联合地向社会公益事业提供稳定的长期赞助,取得长时期的公共关系效益。世界上最著名的"诺贝尔奖金"就是由诺贝尔基金会出资颁发的。尽管该奖的绝对金额并不太高,但它在当代社会的科学、文化艺术、世界和平事业中所起到的推动作用,是世人所一致公认和赞扬的,它的声誉也是有口皆碑的。显然,诺贝尔奖基金会的组织形式及活动方式对组织开展社会公益事业赞助等公共关系实务活动是有启示作用的,目前各国各类基金会的不断涌现,也说明了基金会这一形式已在公共关系实务中发生了越来越重要的作用。

四、主题活动

作为公共关系实务操作的一个方面,整合式大众传播显然不仅仅表现在广告运动、媒介事件、社会公益事业赞助这几种形式上,而且还包括了由以上几种形式派生的、经常借助于大众传播媒介推动的主题活动。因此还有必要专门讨论一下颇具特色的主题活动。

公共关系实务中的主题活动,是旨在树立或优化自身形象、扩大社会影响、沟通有关公众的指向性十分明确的一种活动,如新产品试销活动、纪念或庆功活动、舆论策应活动、强化式宣传活动等。

国内外一些常见的公共关系主题活动,一般都具有如下几个显著特点。

1. 具有一定的时间性或阶段性要求。指向性明确的主题活动,一般都具有严格的时间规定性。这一特点在组织纪念活动上,表现更为突出。如某足球俱乐部夺取了年度联赛冠军,俱乐部出面组织有关部门、球迷代表等一起举行夺冠纪念活动,一定要趁热打铁、及时举办,从而达到这次主题活动的相关目的。

2. 目的较为单一、明确。主题活动的特点关键就体现在"主题"这两个字上。也就是说,主题活动必须围绕某一"主题"展开,而不是别的什么。主题活动的大忌,顾名思义,就是偏离主题。如搞新产品发布会,那就应大张旗鼓地传播新产品的有关情况,诸如开发目的、产品性能、价格优势等,以强化新产品在公众心目中的地位。

3. 要求在最短的时间内获得最大的信息覆盖面。公共关系的主题活动十分注重时效性（时空跨度较大的社会公益活动除外），而且时效性越强，其公共关系的效果也就越明显。2008年，适逢北京奥运盛事之际，国内各地有关组织抓住本地运动员摘金夺银的契机，纷纷出面开展"参奥运，扬国威"的主题活动，力求紧抓8月8日至24日这段宝贵时间段，让自己的信息赢得最大的覆盖面。

因为主题活动的开展具有上述三个主要特点，所以，相应对主题活动的开展也有三方面的要求。

首先，在开展主题活动前，一定要明确活动的目的。唯此，才能紧扣主题地、有目的地去操作，如选择什么场地、邀请哪几家媒体、举办何种类型的活动等。

其次，开展主题活动务必抓住时机。俗话说，"来得早，不如来得巧"。这句话就包含了时机选择的意思。主题活动办早了，白白浪费时间；办晚了，时过境迁，一切成了马后炮。公共关系主题活动的开展，一定要不失时机，因势利导，力求最佳效果。如重要节假日、热点新闻期间，都是组织开展主题活动的大好时机及施展公关才能的舞台。

最后，开展主题活动，一定要考虑公众的兴趣与注意力。主题活动开展的主体是组织，目的自然是塑造形象、扩大影响、沟通公众。因此，有关主题活动的开展，就理应得到有关公众的支持与呵护。如何吸引或激发公众的注意力和兴趣，对主题活动的成功尤为重要。为了争取公众的积极响应和参与，组织应该也有必要借助各方面力量、运用各方面关系，特别是大众传播媒介的力量和关系，围绕主题活动做足文章，扩大影响。

第十四章

网络时代的公共关系

在网络时代,作为"第四媒体"的互联网正迅速成为公共关系运行最重要的表达和传输工具。公共关系要充分发挥互联网的优势,就必须透彻了解互联网的性质和特点,熟练掌握互联网的策略和技巧,把公共关系的信息交流、意义沟通、价值劝说和行为引导的本体功能发挥到极致。网络无声无息,无上无下,无影无踪,但它无处不在,无时不有,无坚不摧。网络是冰冷的,但人的点击网络键盘的手指依然是温热的。

互联网蕴藏着巨大的潜能,虽然它在许多应用上只是牛刀小试,但它所显示的效用已是公共关系行业所用的许多传统媒介无法比拟的。

第一节 ◇ 网络传播的一般特点和技巧

一、网络传播的优势与特点

互联网络正在以前所未有的规模和速度改变着人的生存状态

和沟通互动方式。我们的公共关系从业人员应该看到,中国正在成为名副其实的互联网大国,网络传播的快速便捷、运用自如、超越时空及信息量无比巨大等鲜明特点,已使自己在许多传播领域悄悄地担起了领头羊的角色。

1. 一个互联网大国的崛起。中国已经成为一个互联网超级大国。中国互联网络信息中心 2020 年 9 月 29 日发布《第 46 次中国互联网络发展状况统计报告》,让我们获得了最新的权威统计资料。据统计,截至 2020 年 6 月,中国网民数已达到 9.40 亿人,互联网普及率达 67%,网络视频(含短视频)用户已达 8.88 亿人,中国手机网民数已达 9.32 亿人①。手机成了中国网民的第一大上网终端。显然,移动上网应用出现了前所未有的创新热潮。

来自中国互联网络信息中心的权威数据,说明了互联网和移动上网应用将在公共关系信息传播中起到何等重要的作用。可以说,一个网络时代的公共关系专业人员,如果不懂网络传播,不熟悉移动上网应用,将很快会被淘汰出局。反之,谁掌握了网络传播的主动权,谁就在很大程度上掌握了公共关系传播的主动权。中国作为一个互联网大国的崛起,是中国及各国公共关系职业人员不可忽视的重大趋势。

2. 网络传播的时空超越。今天,互联网的触角已经延伸到地球的几乎每一个角落,信息在网上的流通已经不再受到时间和空间的限制。世界各地发生的任何事情,任何信息——正面的、负面的——只要上了网,就可以在瞬间传遍全球,而只要这一信息具有足够的价值或吸引力,就可能引起全世界的关注。1998 年 1 月 17 日深夜,美国一个名叫麦特·德拉吉的人在网上发布了他的"世界

---

① 见中国互联网络信息中心 2020 年 9 月 29 日发布的《第 46 次中国互联网络发展状况统计报告》。

独家新闻"——"一个白宫实习生与美国总统有染"。这条信息引起了网民的注意,更引起了媒体的注意,由此导致了追逐克林顿绯闻的新闻大战,瞬间成为世界舆论的焦点。1998年9月11日,美国众议院司法委员会经过辩论表决,决定将独立检察官斯塔尔的报告在互联网上公布。当天下午2点20分,这份长达445页的调查报告被送上互联网。一时间,世界各地的用户蜂拥而至,美国国会图书馆、众议院、白宫以及各大新闻网站严重堵塞达数小时之久。网络传播的优势(或者说它的可怕程度)真是得到了淋漓尽致的发挥,而传统媒体则望尘莫及:广播电视受播出时间的限制,不可能全文播出如此长的报告;而印刷媒体即使刊登报告摘要也要等到第二天。

3. 网络传播的多媒体化。印刷媒体通过文字和图片传输信息,广播用的是声音,电视则通过画面和声音的有机组合成为受欢迎的传统媒体。应当说,这些传播方式各有各的长处和短处。计算机信息技术的发展,提供了综合性处理文字、图形、声音和图像的新技术——多媒体技术。多媒体技术能够同时采集、处理、存储和传递两个以上不同类型的信息,把自然形式存在的各种媒体数字化,并利用计算机对这些数字化的信息进行处理,以方便用户接受,并以此提高用户的利用率。网络媒体正是应用了多媒体技术而集所有传统媒体的长处于一身。对于用户来说,信息最终以何种媒体形式出现,是文字、图片、声音还是图像,完全由用户根据信息的内容、自己的喜好以及接收条件自行决定。

公共关系的运行经验告诉我们,要达到某种传播目标,通常不能只依赖一种传播渠道或者单一的媒体。我们往往是确定了传播目标之后,开始制订公关计划的。这样的公关计划可能包括若干步骤,动用多种媒介实现整合传播。现在,互联网一方面在整合传播的过程中可以成为一个重要的组成部分,跟其他媒体共同起作用;另一方面,因其"多媒体"的性质,它本身就是整合传播、协同作战的"联合舰队"。

多媒体式的网络传播便于一家公司、一个品牌建立自己的整合形象,让人容易接受和辨识。同时,互联网作为一种多媒体传播平台,可以使得各种传播功能、各种类型的信息,相互补充,相得益彰。一个组织的网站对公众来说是设在键盘上的一个档案库,公众可以根据自己的需要"点击"出相关的信息资料,他们还可以回答在网页上的问卷调查,提供公司感兴趣的资料和信息;公司则可以用网站上的聊天室,与公众讨论有关产品、服务及如何改善关系的话题,及时获得反馈意见。

为了充分发挥互联网在公关传播中的独特作用,就必须将互联网融会到各项公关传播计划中去;但许多组织在这方面做的还很不够,比如,负责制作网页的人员仍常常不是参与该组织公关策略的人,这一点应引起组织公关部门负责人的高度重视。一个对网络传播有深切体验的公关部主管,一定会将互联网的多媒体运用融入他的公关策划之中,一定会借用本公司的网站制作人的聪明才智,创造出公关传播的非凡绩效来。

4. 网络传播的互动交流。在传统媒体的传播理念中,在长期的单向宣传实践的影响下,传者和受者是人为地被分割的,传者主动地进行宣传,后者被动地接受信息。也就是说,无论报刊、广播还是电视,受众对于传播的内容少有挑选的余地,只能选择读还是不读、听还是不听、看还是不看。如今,多媒体的网络传播的受众,除了可以在极大的范围内选择自己需要的信息外,在享受多媒体体验的同时,可以参与信息的传播甚至制作。比如微博已是网络传播互动交流的一种生活常态,现代人早已不是单向大众传播的接受者,而成了各种时事信息、知识和娱乐节目的制作者和传播者。早在20世纪末,尼葛洛庞帝就说过:"在网络上,每个人都可以是一个没有执照的电视台。"①

阅读是静态的。在读书过程里,我们跟书本的互动交流除了在脑中用想象的方法进行外,就是拿着书翻动书页了。听广播,我们只是闭着眼睛听,看电视,我们只是睁着眼睛看。而面对电脑屏幕和手机屏幕,我们突然迎来了一个无比广大的虚拟世界,可以进行各种各样的互动交流。

互联网上的互动性有多种形式。作为最简单的互动功能,人们可以在网站提供的数据库里选择对自己最有帮助的资料,也可以通过使用一个金融软件包来进行程序复杂的计算。许多网站采用电子问卷等形式给公司提供访问者的反馈意见,有清晰的标识来引导访客选择内容。一些网站开设的论坛有内置的互动性。论坛和公告牌的原理就在于每个小组的成员都能围绕一个自己感兴趣的题目展开讨论,交流思想和信息。电子邮件也可带互动性,比如你可以主动给对方回信,或者将你的某个电子信箱做进网页,广为告知,以此来激发对你或你的话题感兴趣的公众来函交流。

网络媒体的交互性功能能使用户按照自己的需要来控制获得信息的顺序。用户也可以对所获得的信息做出及时有效的反馈,甚至对被传播的内容进行控制。InfoWorld 的前任总编辑把交互性描述为观看、浏览、使用、编程四个层次即 watching(观看),navigating(浏览),using(使用),programming(编程)这几个英文单词。在他看来,"观看"是最低层次的,其实没有"交互性"可言;第二层次是"浏览",允许用户用相对随机的方式从一个项目跳到另一个项目,同时不必陷入任何材料中;作为第三层次的"使用",指用户在与内容或媒介发生关系时,可以从中获得一些有用的东

---

① 参见[美]尼古拉·尼葛洛庞帝(Nicholas Negroponte):《数字化生存》,胡泳、范海燕译,海南出版社,1997年,第 205 页。

西;而"编程",则被认为是"交互性"最强的方式,意味着用户可以自己界定概念,可以赋予内容以含义,并且可以控制整个交互过程。网络媒体所带来的传者与受众——信息生产者与信息消费者——之间日益增长的交互性关系,是传统媒体所无法比拟的[①]。

5. 网络传播的"窄播"和小众化。大众传播媒介作为工业革命的产物,其产品也和汽车、彩电、汉堡包一样是大批量生产出来的。今天,人们对各种信息的需求越来越广泛,造成了报纸杂志的种类越来越多,每份报纸杂志的版面也越来越多;广播电视的频道越来越多,节目(栏目)的名目也越来越多。这种批量生产带来的必然结果是多而不精,广而不专。但是随着社会的多元化发展,现代人越来越注重个性发展,因而对个性化的信息的需求也越来越高。他们在忍受自己并不十分需要的信息的"狂轰滥炸"的同时,又苦于很难找到自己所需要的特殊信息,苦于那些专业信息达不到自己所需要的深度。网络媒体为用户解决了这个矛盾。网络媒体的海量信息解决了信息的广度问题,而它的个性化服务功能则解决了信息的深度和专业化问题。用户可以从网络媒体"拉出"(pull)自己所需要的信息,剔除自己不需要的信息,并通过"超链接"或"超文本"摆渡(hypertextuality)获得更多的相关信息;媒体也可以使用"推送"(push)技术,将用户需要的信息直接送到用户的计算机或手机上。这种为用户"度身定制"的服务,是传统媒体无法提供的。

"窄播"或"定制传播",是根据公众细分理论而提出来的有针对性的传播概念,相对于面向所有公众进行大范围传播的"广播"概念,更好地体现了网络时代的公众需求。近几年来万维网上的

---

① 参见[美]Elliot King:《关于网上媒体的交互性》,彭兰译,《国际新闻界》1999年第4期。

许多公司都犯了同一个致命的错误,认为既然是万维网,在建立网站时就必须把全世界的每个人都考虑进去。事实并非如此,因为在互联网上,人们可以根据自己的需求,有选择地主动"拉取"信息。所以,有了互联网,媒体就能够在向公众传送信息时做到有的放矢,而无需费神去考虑将公众按年龄、收入等分门别类。

使用"窄播"的手段进行公关传播,需要我们知道我们传播的对象主要是些什么人。比如,你的产品或服务的主要对象是年龄在18—32岁之间的女性白领,你就要弄清楚她们的信息消费习惯,比如要弄清她们经常读什么样的报刊文章、听什么样的广播节目、看什么样的电视频道。了解了这些情况之后,你就会在她们喜爱的杂志、报纸、广播节目、电视频道上登广告或者发表你公司的新闻稿。而在具有多媒体功能的万维网上,你所要做的不过是把公众感兴趣的材料发到网站上,他们就会主动来找你。

了解了互联网的"窄播"功能,组织就会建立很多独立的网站,每个网站都针对特定的公众群体,为满足他们具体的需要服务。

沃特·迪斯尼公司深谙此道。他们除了建立 www.disney.com 这样的主页之外,每当有新片推出或旧片翻新重新发行时,又会为这些片子建立专门的网页。比如,他们就曾为《小美人鱼》建立了 www.thelittlemermaid.com 这样的网站,这是一个专门为该片影迷们建立的网站。除此之外,迪斯尼公司还能采用其他什么方式与观众直接交流呢?该片的观众群体组成复杂,有从前看过这个片子的年龄稍大的孩子,有第一次看这个片子的小一点的孩子,有想替孩子寻找健康题材电影的父母们,还有迪斯尼的成年影迷们。难道有什么样的发送列表可能涵盖所有这些观众群体吗?难道所有这些观众有可能会阅读相同的报刊吗?这些问题都是迪斯尼公司的公关策划家们一直在思考的,最简单的回答是:利用互联网的"窄播"或"定制传播"的功能优势。

6. 网上社区。公关的成功在于深入了解自己的公众群体,要摸准哪个公众群体会直接影响公司实现目标,以及什么样的对话交流活动可以缩短公司和公众之间的距离。公关活动的主要目的是维护和促进两者之间的良好关系以避免公司和公众的利益发生冲突。

不同的公众有不同的背景。与公司同在一个地区的人们因为地理位置的缘故而比较容易识别,而对你公司感兴趣的记者相对来说则难以区分归类了。比如,有人可能关心的是你公司的行业性质,有人可能是为了抢发一则跟你公司的产品有联系的新闻,也有人可能是要报道某一特定经济现象。此外,某些社会团体也会成为公司潜在的威胁,特别当你对他们的组织立场归属不甚明了的时候,例如,"善待动物组织"(People for the Ethical Treatment of Animals)、绿色和平组织(Green Peace)等。但是在互联网上,找到目标公众群体相对来说可能容易得多,因为他们常常聚集到专门为有共同兴趣爱好的人们所建的网上虚拟社区。懂得如何利用这些网上社区对于公关活动的开展无疑是一个非常有效的工具。

开始时,网上社区只是以讨论组的形式出现。随着讨论组人数的增加,成员们逐渐相互了解并开始相互传递信息,有些成员还因为他们的突出贡献而建立起自己在小组里的威望。这种原来非正式的小组活动渐渐形成一应俱全的网上社区,具有真正社区结构的所有特性。比如说,网上社区也有自己的风俗习惯、行为规范,也有内部争议、权力争斗,也有相互帮助、精诚合作的佳话。网上社区出现了危机,成员们还可能捐弃前嫌,团结一致,以维护共同利益。随着社区结构不断完善,这些社区的影响力也逐渐增加。这种社区性的传播交流模式,使得组织除了观察网民的讨论外,还有更多的机会去提前发现潜伏的危机。

公共关系的工作准则同样适用这些网络社区。公关专业人员应该具体分析相关网上社区对自身组织可能造成的影响,并要及时制订相应的计划和策略来指导组织与相关网上社区之间的关系发展。当组织在某个网上社区的活动计划和角色位置确定下来之后,要布置专职管理人员把握好网上社区成员之间的各种微妙关系,并要严格遵守网络礼仪,做一个为人欢迎和尊敬的社区成员。

以上我们简要介绍了网络传播的一些优势和特点。公共关系职业人员既要在运用上了解这些优势和特点,又要在技术上知道网上传播的一些基本常识。比如网络信息是非线性的,网络屏幕给我们的只是一个二维的虚拟世界,过度的网络阅读还会给我们的身体造成伤害。

第一,网络信息是非线性的。印在纸上的内容是线性的。当你手拿一纸书信时,你很自然地从左上角开始一字一句地往下读,哪怕那是一份有好几页长的材料,你也会从头开始读起。阅读书刊一般也是如此,尽管你可能直接跳到最后一章。但是储存在互联网服务器上的信息是非线性的。读者是怎么"跳"到某一特定信息上的,他是从服务器的哪个"角落"里找到那信息的,或者一则消息在屏幕上消失后到底去了哪里,谁都一无所知。"链接"这一概念意味着我们可以从一个网站跳到另一个网站,好处是你可以把人带到一个相关的领域,坏处是你可能会失去通过你提供的"链接"而进入了另一个网站的人:你精心安排的有"更多"内容的网页可能无缘与他见面了。因此,当你编写网页材料的时候,你要精心思考如何让人从你的网页上"带走"对你、对他们都有利的信息。这跟传统的传播交流方式很不一样:传统的单向传播只给读者提供你想让他们了解的信息。非线性传播的问题是,你不知道你的读者会从网络的哪个"角落"里冒出来,又会从哪个"边门"悄悄地离去。你要考虑读者是出于什么动机而光临你的网页的,你还要精心设计一个好的导读模式,来引导他们去读你觉得"该读"的信息,最终使他们满意而归,你也达到了自己的传播目的。

第二,网络屏幕给我们的是一个二维的虚拟世界。我们在电脑屏幕上看到的物体景象并不是三维的。当然,软件可以将物体转换成三维立体的,但那只是一种错觉。你可以拎起一本书,把它抓在手里,举起它。你还可以真真实实地翻开一本书,用手去感觉纸张的光洁,再看看书是如何装订的。你做完这一切只需要几秒钟的时间。而在网上,你可以陷入无限迷茫之中,你只能虚拟地去感受一切,尽管你知道这个虚拟的世界里隐藏着无穷无尽的宝藏。你不知它有多宽、有多深,也不知它有多冷、有多热。人是一个三维动物,多少年来已经习惯于生活在一个真实的三维世界里。这个真实的三维世界在互联网的门口终止了。公共关系专业人员一定要知道,包括许多常驻网民在内的互联网初访客人,对这个二维虚拟世界依然存在着某种恐惧。如何让跃跃欲试的初访客人踏踏实实走进这个陌生的虚拟世界的门,是每个网站设计人员必须精心设计的。

多年来在国内外公关应用、教学和研究领域里流传着一个误解:只有三维世界是"真实"的。我们要强调的是,二维的虚拟世界也是"真实"的,也是一种客观存在,只不过人类对二维的虚拟世界的认识刚刚开始。

第三,过度的网络阅读是有害的。在电脑屏幕上阅读不同于阅读纸印材料,长期在电脑屏幕上阅读对人体是有某种危害性的。最明显的一个区别是,在电脑屏幕阅读时我们眨眼的次数要少些,眨眼次数少会引起眼睛的疲劳和头疼。屏幕上字体的大小不能帮助减少眼睛的疲劳程度。阅读印刷材料时,你会在潜意识里根据你的视力状况自动将书或杂志移远或移近。电脑显示器的位置一般是不能移动的,你坐的椅子离电脑屏幕的距离也常常是固定的。

这样,你的眼睛被迫去适应屏幕上的字体,而不能将屏幕上的文稿拉近或推远来读。另外,在屏幕上上下移动文稿还容易引起头晕恶心,这跟晕车的道理是一样的。你的眼睛捕捉形象就好像照相机的连拍,你的大脑将所有的照片连接起来,让你感觉到流畅的画面。在不断快速转弯或者上下颠簸的汽车里,你的眼睛"拍摄"到的图片增多,而你的大脑不能相应提高反应的速度。视觉信息超载是造成头晕恶心的原因。你在屏幕上飞快地阅读文稿时也会有类似的感觉。长期与电脑屏幕相伴,还可能引起心理异常,严重的能导致人格变型。

二、网络传播的原则和技巧

互联网不长的历史表明,人们喜欢在网上找寻他们感兴趣的信息。你可以利用公司的网站向公众提供有关公司对危机的反应的信息,这种介绍的详细程度是一般新闻媒介的新闻报道无法比拟的。任何可以写成新闻稿向公众或新闻界发布的活动、事件、问题或观点都可以利用互联网和各种新媒体配合宣传。你还可以向公众提供原本受时空限制而无法提供的信息。在处理公众群体以及一些划分界限比较模糊的特殊公众群体的关系时,互联网为我们提供了一个独特的机会,我们可以直接与公众对话,而无需经过其他媒介的过滤。那么,如何进行网络传播交流以获得最大最佳的效果呢?

以下介绍的是网络传播的一些基本原则和技巧。

1. 严格遵守网络道德和网络礼仪。仅仅把互联网看成是一种技术是十分危险的。互联网已经成为人类社会生活的一个组成部分,因此也必然要受到人类社会道德规范的约束。随着互联网社区的扩大,互联网的每个用户都在不同程度上接受了逐渐成形的网络社会中不可缺少的文化风俗习惯，即网络礼仪。作为组织形象代言人的公关人员，在利用互联网进行交流、沟通、劝说、引导的时候，更应该遵守这样的礼仪，从而避免因犯忌而造成公司或组织的形象受损和传播受阻。

所谓道德，是指人与人、人与社会之间的行为规范的总和。道德渗透于整个社会生活之中，与每个人都有密切关系，是维护社会秩序的一个重要因素，是增强社会凝聚力、维护社会安定与和谐的一种软性方式和手段。由于网络具有符号化、虚拟化等特点，网络道德应该形成一种新的规范来约束人们的网络行为。在网络诞生之初，人们片面强调网络自由和个性化，而忽视了网络作为一个虚拟社会必须具有的道德规范与责任约束。随着网络的迅速扩张和无所顾忌的自由滥用，人们认识到道德责任意识的重要性并转而呼吁有节制的自由。事实上，自由与责任从来都是相伴相生的，只有在两者之间寻找到一个平衡点，才能实现真正的属于全体网民的自由。寻求平衡点的过程就是网民把网络规范内化为自己的道德准则的过程。一套道德规范体系的形成需要漫长的积累，网络道德建设也不例外，但考虑到网络本身所天然拥有的道德内涵（比如网络天然承认平等，网络协议天然要求各节点间的相互合作与"人人为我，我为人人"的精神等），我们还是应该对网络道德建设充满信心。

正如在传统传播环境中，人们参与传播的动机和目的各不相同，网民上网的动机和目的也各不相同。但是，如前所述，网络传播融合了人际传播和大众传播这两种人类最基本的传播方式，网民上网的最基本目的也就是通过网上人际交往，达到传递信息、沟通感情、协调关系和交流经验的目的；或者通过浏览网页，点播娱乐节目或参与游戏，满足自己的信息和娱乐需要。从理论上讲，"计算机天生就是平等的"，计算机网络给人们的信息传播和交流带来了前所未有的自由,"自由是网络之魂"的说法得到了大多数人的赞同。但是,正如现实生活中没有绝对的自由一样,所谓的"网络之魂"也绝非绝对自由,人们在网络上的行为也要受到一定的约束。"没有规矩不成方圆",没有"交通规则"也就不可能有在"信息高速公路"上的自由驰骋。互联网从诞生至今只有半个多世纪的历史,而普遍进入人们的社会生活也是近 40 年来的事。人们的网络传播行为、表达习惯和满足方式都随着网络技术的发展而不断改变着,随之发展起来的网络规范和礼仪在调节和规范网民在网络传播中的角色、权利和义务,以保证网络传播健康有序地运作和发展发挥着极其重要的作用。

美国出版的《术语词典》将网络礼仪定义为"在因特网用户网上使用的表示礼貌的习惯行为,例如避免侵犯不相关的讨论组,以及不在商业讨论组外的讨论组里传播大量的商业信息"。同样是美国出版的《网络百科全书》则是这样阐释的:"这(网络礼仪)是针对在因特网上发布信息的礼节规范,尤其是在新闻组里。网络礼节不仅要求在讨论中行为要文明,而且还特别根据网络论坛电子信息的特点订立一些指导原则。例如,网络礼节建议人们使用简单的文本格式,因为复杂花哨的格式并非都能在每个读者的电脑上显示出来。通常情况下,如果你违反了某条网络礼节,其他网络用户会强烈地提出抗议,以此来'要求'人人都必须遵守网络礼节。"[1]对于普通网民来说,遵循网络礼仪是一个网络社会成员的基本行为准则。作为一个专业公关人员,更应该做遵守网络礼仪的表率。

2. 充分发挥互联网的"推送"功能。互联网不单是给人随意浏

---

[1] 转引自[美]谢尔·霍兹:《网上公共关系》,吴白雪、杨楠译,郭惠民校,复旦大学出版社,2001 年,第 54—55 页。

览信息的,它还有着其他多种用途。前面已多次提到,当人们寻找资料时,可用"拉取"信息的办法,而使用万维网这种"拉取"效果是最好的。但是,公关专业人员还能用主动"推送"信息的手法,用电子邮件或新闻讨论与公众交流。例如,公司可以每天在自己客户集中的讨论组里就各种共同感兴趣的问题提供简短新闻。你也可以通过电子邮件给那些登记收取电子邮件资料的人们提供相同的最新消息,这类电子邮件里可以附上适当的链接,将公众引导到你公司网站上提供的更为详尽的内容,方便那些想知道更多的人前来查询。

在互联网上,人们是按自己的需求来搜寻他们想要的信息,常常并不按照你设定好的方式去浏览。但你可以循循善诱地予以引导,主动"推送"。如你想要"推送"自己的一些环保产品,你就可以试着用多路径来吸引、引导访客,实现"推送"。

3. 相互链接,维护共同利益。美国互联网网络社区的成员曾联合起来反对《体面传播交流法案》[①]。人们制作了一个蓝色蝴蝶结的图案,让各个网站主人在自己的网站上都放上一个。点击蝴蝶结,就会进入一个专门为反对这个法案而建的网站。在一段很短的时间里,该抗议网站呼吁各网站把自己网站的颜色都变成黑色以表达在这件事情上大家的严肃态度,成千上万的网站果然这样做了。当国会通过该法案、总统签了字之后,大家都特别关注这个在互联网上的抗议活动,因为它象征着人们能够通过互联网凝聚力量为实现某一共同利益而努力。美国最高法院最后判决该法案不符合宪法。

商业界和工业界的公司应该从这个例子里领会这些互联网网民们采用的办法的作用。如果行业协会没有能够组织行业中的多

---

① *Communications Decency Act*,缩写为 CDA。

数公司来维护大家取得共识的立场,公司应该自行组织活动。你的公司甚至可以起领导作用,邀请公司的竞争对手与你一起为共同的目标而努力。

4. 通过网络传播表明自己的客观公正。互联网访客可以访问你的网站,也可以访问任何一个他感兴趣的网站,去找寻你公司的、相关公司的、你竞争对手的信息。你不妨利用网络传播,顺水推舟,提供帮助,以示你的客观公正。你可以客观、公正地向他们介绍各种相关的资料,向他们提供相关的甚至竞争对手的网站信息,让他们了解、熟悉问题的全貌,以作出客观公正的判断。你可以坦率地表明你对反面意见的态度,也可借机会指出竞争对手网站上的失实或批评的偏激,等等。

5. 以诚相待。切记不要撒谎或者歪曲事实。许多公司冠冕堂皇地称自己的所作所为为正当的"公共关系"行为的时候,却正在不正当地在向公众传播对自己有利的虚假信息,企图影响公众的态度和舆论。真正的公共关系是一个社会组织或公众人物,在一定职业伦理规范指引下,为谋取有关公众的理解和合作而从事的一种交流、沟通、劝说、引导活动。只有这样,你的组织才能赢得公众的支持,业务才会蒸蒸日上。在网络空间里,开诚布公地对待你的公众格外重要。网络世界与进行传统公关操作的三维世界是很不一样的。在网络空间里,人们可以通过多途径来获取信息。他们可以互相交流,谈论跟你公司宣布的信息相抵触的事实真相,让你在公共关系行业大家庭中陷入孤立。

6. 欢迎公众反馈意见。互联网可以提供各种互动交流的可能,你应该自觉地向公众提供反馈意见的渠道,让他们知道你在聆听。事实上,你也希望及时了解他们的想法。一个最简便的做法是,在公司的网页上加上一个可以发送反馈意见的链接,或者在其他宣传材料上印上你公司的电子邮件联系地址,表示欢迎公众积极反馈他们的想法和建议。务必认真回复每一个认真的建议,即便使用自动发送的确认信也好。要牢记的是,欢迎公众反馈意见,不是一种"作秀",更不应该是一种圈套。一个严肃的公关人员会十分珍惜公众的反馈信息,会对它们归类分析,悉心研究,以此来改善自己的交流、沟通、劝说、引导方式,以至调整公司的立场。

7. 监控公众的反应。通过网络传播,你要注意收集两种与你公司发展以至存亡相关的信息:(1)人们对你公司方方面面的反馈意见;(2)个人或者组织散发的有意或无意在损害你公司利益的信息。另外要注意到,网民有几种基本途径去影响他人对你公司和活动的看法:一是建立包括攻击性内容在内的各种网站、网页;二是通过参加各种聊天室讨论;三是利用大量推送的电子邮件。

公关人员应该通过搜索引擎、浏览网页、参与网络社区等各项活动、登记接收电子邮件列表等各种方式,来了解公众对公司向外传递的信息的反应。公关专职人员要做好以下几件日常工作:天天阅读相关网络新闻,特别是跟公司事务直接相关的新闻;做好一般性形象监控,要经常阅读、分析与组织形象相关的新闻报道和专题文章;做好危机监控,要经常、随时或定期整理分析有关公司重大的、带有趋势性问题的新闻报道和专题文章(如公司产品的大量退货、公众上告公司的环保问题及其他需要及时处理的问题)。

第二节 ◇ 传统网络传播在公共关系中的运用

在这一节里,我们将就电子邮件、网上论坛、万维网及信息的个人化这四个传统网络传播话题,特别是对它们在公共关系中的运用,做一个概述。

一、电子邮件(email)

1. 电子邮件及其特点。我们今天大量使用的电子邮件，就是通过互联网用电子形式发送或接收的信件。电子邮件具有许多传统邮件无可比拟的优势。第一，电子邮件可快速传递。传统邮件的物理位移与电子邮件以光速传递，就速度而言是无法相比的。第二，电子邮件的发送和接收简单方便，价格低廉。你可以坐在电脑前完成一切，无需邮票、信纸和信封，无需去邮局发送或认领；发送电子邮件只需支付联通服务器的低廉月费，即上网费，而且信件不论是发往隔壁办公室还是地球的另一端，费用都是一样的。第三，电子邮件的多功能。利用传统的邮件系统只能一信发一人，而利用电子邮件，只要建立一组收件人列表就可以同时发给几人、几十人以至几百、几千人。除了文字以外，电子邮件还能传递图片、动画、声音和图像文件。第四，电子邮件的时空超越特点。发件人可以在任何时候、在地球的任何角落发送电子邮件，收件人可以在任何时候、任何地方接收并作出回复。第五，电子邮件的档案性更强，查阅更为方便。可以想象，如果是传统的书信，要在成百上千封信中找到某一天的信件，或是某一人发来的信件，那工作量将会有多大，而电子邮件可以让使用者很方便地根据发件人或邮件的时间、主题来找到某一封特定的邮件。

当然，电子邮件尽管方便，也有不如电话交流和传统书信的地方。首先，由于电子邮件很强的即时性，其写作就可能变得随意和草率，错别字和语法错误在电子邮件中已司空见惯。其次，电子邮件缺乏电话交流中语调变化所能表达的情绪，更不要说面对面交流时人们以身体语言所表达的含义。为弥补这一不足，在长期的实践中，电子邮件的写作也在形成自己的一套写作规范。

2. 电子邮件在公共关系中的运用。既然电子邮件有那么多传统邮件所没有的优势,既然谁都可以拥有一个或多个容量巨大的电子信箱,而且每天以至每时每刻都在发送或接收电子邮件,电子邮件自然就成了开展公关活动最有力的互联网工具之一。你可以通过电子邮件实现一对一交流、一人对多人的联系,以及邮址列表的联系方式。

(1) 一对一交流。利用电子邮件进行一对一交流的方法很多。你既可以用它来跟记者建立并发展良好的关系,也可以通过它与某个组织的指定代表进行沟通。事实上,电子邮件是一种极为有效的交流方式,它正在取代电话成为许多公关咨询业人士的主要交流工具。

在下列情况下,使用电子邮件作为交流工具可能是最佳的选择:当交流的对方更喜欢用电子邮件;当你需要保留一份长期的、详细的交流记录;当你需要在邮件里附加文件(如报告或者图像);当你需要尽可能地进行实时交流。

(2) 运用邮址列表(distribution lists)。电子邮件用户软件提供了三种方式让你将同一邮件发送至不同的接收者:①你可以把所有人的地址输入"收信人"的那一行,地址之间通常用逗号或分号隔开;②将地址输入有"抄送"字样的那一行,这说明收信人收到的是一份拷贝文件,因为他们并不是主要的收信对象;③将地址输入"密送"那一行,这样你可以把邮件传给第三方,并不让收信人知道。

发送地址列表有以下一些功能:保证某个商谈涉及的所有人员都有机会参与讨论;进行焦点小组的调查;确定讨论对象;与主要公众成员分享研究成果;向特定的公众成员定时传送他们特别关注的事件动向。

(3) 订户邮递列表(subscription mailing lists)。邮递地址列表是由服务器一端的软件操作的。该软件管理列表里所有订户的信息。如果你给这个软件发一封邮件,它就自动将你的邮件发送给列表名单上其他所有成员。订户邮递列表可以是互动的(即每个订户都可以给其他人发邮件),也可以是单向的(允许你向所有订户发信,而限制他们回信或给你发信)。

人们可以通过登记加入或者直接把自己的地址加到订户邮递列表名单上,而不必给列表上的每个人单独发信。发到列表上的电子邮件会自动传送给列表上的所有人。除了能让公众通过电子邮件根据需要提取信息,你还可以用订户邮递列表让公众了解最新的信息,并且为他们提供一个讨论交流的场所。

(4)电子新闻通讯(email newsletters)。越来越多的人喜欢用电子新闻通讯,因为它们形式灵活、易于撰写。这种电子新闻通讯几乎适用于任何场合和目的。订阅的公众也不会为此而抱怨自己被烦扰,因为他们是在接收自己订阅的新闻通讯。比如某网站登载若干种新闻通讯,诸如"网络传播新闻"或者"互联网最新发展"之类的题目,访客如感兴趣,就自然会输入自己的姓名、电子邮件地址并选择想要收阅的新闻通讯。假如他们对某一题目不再感兴趣了,只要给网站发一封电子邮件就可以了。每种新闻通讯一般都会清楚写明如何取消订阅。

3. 电子邮件使用规则。电子邮件虽然功能强大,但若使用不当也会给人带来不必要的麻烦。与其他交流工具一样,电子邮件也渐渐形成了一些约定俗成的规矩,如果你忽视了这些规矩,就有可能直接影响你和你代表的组织的信誉。以下是使用电子邮件时须留心的地方:(1)用好标题栏,要养成使用标题的习惯,标题要做得既简短又切中主题;(2)开始写信时,在熟人之间可不用抬头,但对陌生人应用尊称,然后视关系发展情况和关系性质,可用更为亲昵的称呼;(3)在熟人之间可用短句甚至断句,但对陌生人、属于正式业务往来的信件都应用完整的句子;(4)落笔要谨慎周全,言语要简明扼要,语气要友善得体;(5)要用好标点符号,用英语撰写应注意大小写的运用;(6)在熟人之间可用缩略语,但对陌生人、属于正式业务往来的信件应慎用;(7)在熟人之间有时不必落款,但对陌生人要有落款,正式业务往来要包括你的名字、职务、所代表公司或机构以及联系方法(通常是你的电子邮件地址);(8)在发送电子邮件时可附加其他文件,但避免附加过大的文件;(9)要养成及时回复邮件的习惯;(10)谨慎使用抄送和密送。

二、网上论坛(BBS)

1. 网上论坛及其特点。BBS 是英文 Bulletin Board System(电子公告板系统)的缩写,这个称呼也许跟它最初专门用于公布股市价格等信息有关。实际上,后来的 BBS 大大突破了这个概念。现在大多数网站的 BBS 就像现实生活中的公告板一样,用户除了可以进入各个讨论区获取各种信息以外,还可以将自己要发布的信息或参加讨论的观点"张贴"在公告板上,与其他用户展开讨论。BBS 通常分为多个讨论区,每个讨论区有自己的主题,都有专门的管理者对用户所发表的文章进行管理。用户可以根据自己的兴趣参加不同的讨论区,阅读讨论区中的评述,在讨论区中发表自己的意见。在阅读了某篇评述以后,也可以用"回信"形式与作者或本讨论区的网友展开讨论。一般来说,现在能看到的 BBS 大致有三种,即拨号式 BBS、登录式 BBS 和 WWW. BBS。

需要说明的是,一些知名论坛,如人民网"强国论坛"、"新浪网论坛"等,都必须注册,才有发言权。尽管新闻网站设立"交互式"论坛的目的是为了特定的主题,但讨论的进展却往往不能达到预期的目标。因为,正像受众使用传统媒介的目的是多种多样的,上网者使用"交互式"论坛的目的也是多种多样的,有人是为了参加讨论,有人是为表现自我,也有人是为了散散心,消磨时光。这也就造成了讨论局面的复杂化。可以说,用户在论坛中的表现也在较大程度上代表了他们在整个网络活动中的表现。

"交互式"讨论具有匿名性,在这种环境下,人的心理状态会更接近他的"本我"。这也是讨论出现"无序化"局面的一个重要原因,也是网上论坛需要监管的根本原因。因此,设立论坛的另一个意义在于,可以研究人们的真实心理状态,观察现实生活中的压力对人们产生的影响,以及他们如何通过讨论来减压。另外,人的社会心理也会对讨论的进展起作用,例如"从众心理"等。运用社会心理学的理论对这些情况加以分析,有助于网络管理人员更好地把握讨论的进程。

有人认为,既然"交互式"是为了给予受众更多的权利,网络管理人员在讨论过程中就不应该再出现。但实践表明,完全自发的读者论坛很可能会演变成一场混战。作为新闻网站的论坛,似乎目的性应更强。事实上,一般新闻网站的论坛都是设有主题的。为了使讨论向既定方向发展,编辑就不应完全袖手旁观。为此,大部分论坛都设有版主。版主一般由对 BBS 非常内行的编辑担当。

版主的职责大体有三项。一是设法聚拢人气,即吸引更多的网友参加到本论坛的讨论中来。具体做法包括将本网站上的精彩内容以帖子的方式在论坛发表,吸引网友阅读,以及到其他网站的论坛贴帖子,将本论坛正在讨论的话题"广而告之",等等。聚拢人气对于打赢"眼球争夺战"无疑是有很大帮助的。

版主的第二项职责就是组织讨论。这要求新闻网站论坛的版主必须具有很强的新闻敏感性,只有选择那些新闻性强,人们普遍关注,而且又能引发讨论的话题才能吸引网友参加讨论。以《人民日报》网络版的"强国论坛"为例,1999 年 5 月 8 日,以美国为首的北约悍然轰炸了中国驻南联盟大使馆,造成重大人员伤亡和财产损失。《人民日报》网络版的编辑非常敏锐地抓住这一事件,于5月9日发起了"抗议论坛",只有短短的24小时,该论坛的访问者就已达到5万人次。这一事件以后,《人民日报》网络版扩大了讨论的选题,并将"抗议论坛"改为"强国论坛"。

版主的第三项职责就是对论坛(BBS)的监管。几乎所有网站的论坛都有自己的规则,要求参与讨论的网友遵守。比如《人民日报》网上论坛有包括遵守中华人民共和国有关法律、法规,不得发布诽谤、虚假、色情、暴力、迷信、破坏民族团结、危害国家安全、泄露国家秘密的言论等管理条例。其他网站的BBS规则也都大同小异。但是,由于参与网上论坛是匿名的,加之人们利用网上论坛的目的也各不相同,同时也不能排除个别人别有用心的行为,因此对网上论坛的监管是必须的。为此,几乎所有网站的论坛都给予版主删除违反论坛规则或与所讨论话题无关的帖子的权限。

2. 网上论坛在公共关系中的运用。实践表明,BBS的一个突出优点是使用方便,同时,由于是传输纯文本信息,数据量小,传输速度较快。其缺点是参与者素质良莠不齐,信息量虽大,但低劣信息多,有用信息不多,或被淹没其中。随着国内互联网用户的增加,BBS正在逐步成为有影响的社会舆论工具之一,普通百姓(当然不排除有影响的人物以普通百姓的面目出现)也在此就一些政治问题、社会问题和国际问题发表自己的看法,交流各种信息。

在美国,网上论坛多以讨论组(discussion group)的形式出现。讨论组最初是通过一个叫"用户网"的电子邮件系统流行起来的。用户网新闻组包含有不同层次的类别名称,如 rec(娱乐休闲),soc(社会时事),sci(科学研究),还有 comp(计算机)。许多特别热门的新闻组却在"alt"名下。"alt"是"anarchists"(无政府主义者)、"lunatics"(精神错乱者)和"terrorists"(恐怖主义者)的首字母缩写。这是用户网的一个组成部分,在这里,人们不用征得别人的同意就可以牵头组建一个新闻组。自上而下按层次组织的结构让人很快就能识别某一新闻组的讨论重点。

对于那些希望能跟其公众传播交流并对公众施加影响的公司,讨论组尤为重要,从长远来看,甚至比万维网信息浏览还要重要。因为讨论组实现了世界范围的对话,使用的是多对多的传播交流模式。在讨论组里,以前从未谋面的志同道合的人们现在可以从世界各地聚集起来,形成关注某一社会问题的团体,整个过程只要几天,甚至几个小时。在新闻讨论组里,人们相互支持,及时传播交流信息,绕过那些逐渐失去他们的信任的大众传媒。参与这样的讨论表明每个消费者的特殊性,每个顾客都是他们所属的那一群体的代言人。

因此,新闻讨论组是及时发现并解决问题的绝好地方。讨论组还可被视为一项长期进行的有针对性的市场调查,你可以随时咨询参与者的意见,还能做到有的放矢,向讨论组的成员们提供相关信息以替公司树立良好的形象。

三、万维网(World Wide Web)信息浏览

1. 万维网信息浏览及其特点。如果说电子邮件仍然是人们使用的最普遍的互联网工具的话,那么万维网信息浏览则起到了将互联网介绍给整个世界的作用,而且,它也是目前公司、机构用以管理它们内外公共关系的最便利的工具。

互联网的信息浏览功能是建立在万维网(World Wide Web,缩写为 WWW)技术基础之上的。万维网是利用客户/服务器模式进行信息存储、检索、加工和显示的一组标准。它采用易于浏览的图形用户界面,基于 HTML(Hyper Text Markup Language)超文本语言,实现存储与自身或远方计算机内的多媒体信息的动态链接。

对用户来说,它提供了一种类似于 Gopher、Archie 和 WAIS 的信息检索工具。不同的是,其他信息检索方式都是建立在文本基础上的,而 Web 网页则以多媒体的形式出现,而且使用超媒体的点击式链接方式。在任何一个 Web 文档中,一些文字和(或)图片会被突出显示,这意味着这些对象内嵌超链接,可以链接到同一文档的其他位置、同一台品牌机的其他文档或另一台计算机的文档。这就使用户可以很方便地在复杂文档甚至在互联网上移动。如果用户想进一步了解被突出的对象的信息,只要双击该对象,有关信息就会很快被呈现出来。因此用户不必为寻找信息而从一个地方跳到另一个地方,也不必按照一种静态的、事先编制好的线性次序去搜索信息,而可以轻松地在网上浏览、"冲浪"。在互联网从战争机器到科研教育到第四媒体的发展过程中,技术的力量和作用无疑是巨大的。20世纪90年代,万维网技术和浏览器软件的发展,给互联网注入了活力,促使互联网走向商业应用。用户从网上得到的不再仅仅是文字,而是包括文字、图片、声音、动画、图像等多媒体形式的内容,从而获取多种信息、娱乐、购物和电子服务,万维网成为目前互联网上相容性最高,且最具潜力的系统。

  1994年是互联网开始从以教育科研服务为主向商业性网络转变的一年,这一年诞生了一批提供搜索引擎和 Web 指南服务的公司,如 Yahoo!、Infoseek 等,同时大量用户认识到 Web 是进行商业活动的一种理想手段,纷纷在互联网上建立自己的网站。网上信息的日益丰富,查询浏览手段的日益简便,进一步激发了用户上网热情。据估计,"导航者"浏览器推出的一年内,全世界互联网用户就猛增了一倍[1]。

  1995年美国国家科学基金会取消对互联网商业应用的限制以

---

[1] 许榕生主编:《网络媒体》,五洲传播出版社,1999年,第3页。

后,互联网以更迅猛的速度向全球扩展。1995年7月,全世界联入互联网的主机为660万台,1年后增长近1倍,达到1 280万台,独立域名也从12万个猛增到48.80万个。到1997年7月,互联网覆盖了七大洲,连接主机2 605万台,独立域名数增长到130万个,网络用户超过7 000万人。经过30年发展,互联网已经连接世界上几乎所有国家。但到2000年年初,全世界上网人数仍然没有超过3亿。进入新千年后,互联网上网人数成倍增长。2007年全球上网人数已达11.52亿,其中亚太地区第一(4.76亿),北美地区位居第二(2.7亿)①。根据中国互联网络信息中心2020年9月29日发布的《第46次中国互联网络发展状况统计报告》,中国网民数已达到9.40亿人,互联网普及率达67%,网络视频(含短视频)用户已达8.88亿人。

上面列举的这些数字,不能不让每一位从事公共关系研究和教学的专家、学者深思如何调整研究和教学的重心和方法,不能不让每一位公共关系行业的从业人员重新审视互联网在今后公关实务中的地位和分量。

2. 万维网信息浏览在公共关系中的运用。使用互联网的热潮使得人们竞相开发挖掘互联网的新用途和新功能。毕竟,互联网不属于任何个人专有,所以任何人如果有一个好点子又懂一点编程,就可以在网上向全部网民发送一个新的网络应用软件。互联网成了人们各显神通的竞技之地。在网页上,你可以进行下面这些操作:(1)观看影像资料,收听音频文件和实时广播报道;(2)填表格并发送信息;(3)操作数据;(4)形象地"阅读"数据库;(5)通过互联网论坛,参与网友们的讨论;(6)通过非互联网系统获取信息。比如在主机的数据库里存放的存货目录。

---

① 参见 http://a-stat-a-day.com/index.php?paged=2。

除了这些功能外,互联网对那些需要与其公众保持传播交流的公司还有以下优势。

第一,可以把握"第一时间",做到简便快速。一旦你有新的信息,就可以立即发给公众,而不用在信息传递上花时间。网上的信息自发布的那一刻起便在随时恭候访问者。

第二,可以不受篇幅限制。当你计划印刷宣传材料时,你可能要考虑多种因素(例如,印刷和发送的费用,公众会不会去仔细阅读跟他们并不相关的内容等),从而限制了宣传资料的篇幅。在网上,你可以先列出主要内容,里面提供链接到更详细的资料上去。这样,人们就能各取所需,既省时又省力。在网络上存储大量的信息,费用低廉,你尽可以将文件和资料存档保管。你在网站上保存的资料越多,你的公众就越有可能在网上找到他们需要的信息(当然,这个前提是你必须提供便捷的"导航"工具以利于他们能迅速、及时地找到所需信息)。

第三,互联网允许你利用信息经济中传播交流以信息接收者为驱动力的特点。一个典型的主页,即一家公司的门户,在设计时应以帮助访问者"拉取"信息为目的。内容包括当天的最新消息,公司的实时股票价格,新闻档案库(存有公司要员讲话稿、新闻发布稿以及其他诸如此类的文件),还应建有链接,提供不同类别的信息(例如:公司的立场观点、产品介绍、投资信息等)。

第四,互联网使得一对一的交流方式和市场营销成为可能。在传统的大众传播中,我们铺天盖地地用同一信息重复"轰炸"所针对的公众,而并不考虑个体公众的特殊经历和需求。一对一的市场营销则是反其道而行之。在互联网上,你可以通过让访问者填写表格来收集关于他们的信息(这是多种方法之一),根据所收集的信息,你便可以定时传送专门为他们选定的内容(如通过电子邮件)。你跟这些用户交流越多,你们就越有可能进一步巩固关系,来保证用户"所得即所需"的要求。举一例说明:一位投资咨询专家对你公司业务操作的某一方面特别感兴趣,你便可以为他定期及时发送业务更新信息及其他相关的投资信息。

因为有了互联网,你在设计和推行业务传播交流计划时务必从新的角度考虑问题。比如,还有比文字和图片更有效的传播交流载体吗?是否可以尝试互动传播交流?网上有什么会支持你的信息或跟你的信息产生矛盾?有多少背景迥异、需求不同的访问者光临你的网站?你有无必要为这些不同的访问者设计专门的访问路径来提取不同的信息?

四、信息的个人化

1. 信息个人化及其特点。互联网本身就是一个巨大的数据库,用户可以从成千上万的图书馆、政府部门、公司企业和非营利组织公开的数据库中搜索各种信息。这就是互联网所具有的巨大信息检索功能。

随着互联网的迅猛发展,信息获取的效率已成为网络上令人关切的问题。为了准确而迅速地获取所需信息,目前大多数网站常用导航和频道广播两种方式。Yahoo!等大多数网站都采用了导航技术,将各种信息经人工分类后利用超级链接逐级导航的方式引导使用者沿提示搜寻。这种最常见方法的优点是直观易用,缺点是不可避免的大量无效搜索和在线阅读,造成效率低下。美国在线与微软MSNET等网站则广泛应用原理与无线广播、电视相似的频道广播技术,将预先按类别(频道)组织好的新闻信息分发给阅读者离线阅读或在线调阅。这种方式将大部分工作量放在了网站服务器端的组织和传送上,避免了客户浏览器端的盲目搜索,从而节省了在线阅读时间,大幅度提高了通信效率和客户浏览效率；其缺点是在一定程度上限制了用户的自由选择和想象力。

由于频道广播技术的应用，如何进一步提高客户浏览效率成为技术焦点。提高客户浏览效率可以使用户直接受益。因此，在信息服务的竞争中，焦点已从早期的服务提供者转移到了客户，从而引发出一个重要的理念——基于用户定制的信息发布。

在传统的广播电台或电视台中，每个频道（频率）的消息是事先编排好的，用户是无法更改的，用户最多只能在各种不同的频道（频率）中进行选择，或在某一个频道（频率）中，根据事先公布的节目时间表选择时间收听（看）所喜欢的节目。但即使是这样，用户也不得不收听（看）大量自己选择的频道或节目中自己并不关心甚至厌恶的节目或广告。在互联网信息服务领域也是如此，浏览者在网站上的大多数搜索、阅读和判断都是无效的，即使是专门订阅的频道上的信息也仅是部分对自己有用。比广播和电视更糟的是，用户不得不为无效的搜索、阅读、判断支付线路费用和精力。因此，用户更需要的是属于自己的、更个人化的频道。他要求所得到的每一条信息都属于他事先选择预定的内容，没有一点冗余。这在传统媒体是不可能做到的，因为不可能为几千万人印刷几千万份不同的报纸，也不可能为上亿观众发送上亿套不同的电视或广播节目，而这通过网络这一崭新的媒体就完全可以实现了。由于信息组织方式、传输成本上的巨大差异，使基于用户订制的信息服务成为网络媒体挑战传统媒体的"秘密武器"[①]。

随着网络新闻及其商业应用的日益成熟，用户提高阅读效率的强烈要求使基于用户个体需求的个性化新闻成为一种趋势。也就是说，每个人希望从"大众媒体"获取的仅仅是个体所需的信息

---

① 唐武、黄华英：《中国新闻自动分类与摘要系统简介》，《中国新闻科技》2000年第1期。

而不是媒体所推荐的"大众信息"。正是在这种背景下,许多商业网站纷纷推出个性化(personalization)服务。在国外比较知名的有Yahoo!的"My Yahoo"(我的Yahoo)和纽约时报网站的"My New York Times"(我的纽约时报)等。国内的商业网站中,网易的"我的网易"比较有代表性。

在网易首页导航栏中有"我的网易"一栏,点击后出现要求用户输入自己的用户名和密码的页面。输入用户名和密码后,便进入用户自己设置好的内容结构的网页。在这一页中,用户可以修改结构。结构设置有三栏,左栏中为"网易直通车"和天气预报。用户如觉得这两个内容出现在电脑屏幕左侧不符合自己的阅读习惯,也可使用"右移"键将其移至中栏,如同意这两个内容在左侧,还可以调整这两个内容的上下位置关系。另外,如不需要这两个内容,还可删除。中栏包括新闻、财经、体育、影视、文化、科学等栏目,也同样可以通过"上移""下移"的功能键来调整各栏目在网页上出现的位置。右栏为计算器和书签两个服务功能,用户同样可以上下调换位置,将其移至中栏或删除。在"内容设置"的页面中,用户可以在网易提供的10个内容栏目和10个工具栏目中,按照自己的兴趣爱好和实际需要做出多重选择。在"编辑资料"栏目中,用户可以修改部分个人资料。

对于任何一个栏目的内容,网易也提供了个人化的处理办法。如新闻栏目中提供了焦点新闻、国内新闻、国际新闻、IT新闻、财经新闻、娱乐新闻、科学新闻等子栏目。用户可点击"增加"键增选子栏目,也可通过"删除"键删除某一已选子栏目。所选的各子栏目在页面上的位置可通过"上移""下移"键来调整。此外,用户还可以选择每个子栏目所显示的文章数目,网易提供的选择范围为3—5篇。在"知冷知热"栏目(即天气预报)中,用户也可选择所关心的城市的天气预报。通过一番完全可以根据个人兴趣爱好和关心的领域、事物所进行的选择,一个完全符合个人阅读习惯和个人兴趣爱好的个人化的"我的网易"频道就跃然于电脑屏幕上了。

个人化的概念还被一些网站应用在通过 email 方式给用户寄出的电子杂志(ezine[①])上。比如索易的新闻邮件,用户就可以根据自己的兴趣爱好,在不同的子栏目中选择自己所关心的或感兴趣的主题订阅新闻邮件。这样做的目的与"我的网易"是一致的,即通过帮助用户提高浏览信息的效率来吸引用户。

此外,很多网站还提供了内容搜索功能。内容搜索是互联网信息检索功能的一个重要实现方式,也体现了互联网的交互性特征。传统媒体的报纸、广播和电视在为用户提供新闻资料的查询方面非常欠缺。广播和电视由于其节目内容的"暂留性"(指广播电视的声音、画面稍纵即逝,无影无踪,不易保留),即使安排多次重播,也很难满足用户在一段时间以后查询的要求。报纸、杂志等印刷媒体因为比较容易保存和收藏,在这方面要稍好一些。但是,如果时间稍微久远一些,比如要查找几个月或几年前的内容,如果忘记是哪一天的,那么查找的工作量是相当大的。

传统媒体相当困难的搜索查询功能,对于网络媒体来说,却是驾轻就熟,几乎所有新闻网站的内容都是建筑在功能强大的数据库之上的,这就使用户对内容的查询变得非常简单。目前新闻网站所提供的内容查询功能大致可以分为两类。一类是按照时间查询。比如亿唐网的新闻,在每一个小的子栏目的目录页的下端,系统会自动生成一个包含有今日以前 7 天的日历,用户可以通过这个日历,查询到一个星期以内的内容。另一类则是内容查询。在内容查询方面又有两种做法:第一种做法是没有任何限定或线索,只提供一个搜索功能,如新浪的新闻搜索。用户如要查找有关内

[①] Ezine 是 electronic magazine 的缩写。

容,可在搜索框内输入要查找的新闻的一个到多个关键字,然后进行搜索。在新浪网,用户在搜索框中输入任意一个汉字,就可以搜索到新浪网中所有标题或正文中含有该汉字的新闻。第二种做法是由新闻编辑人员提供一些"关键字",置于搜索框附近,而这些关键字都是最近一个时期的重大新闻或热门话题中所包含的,用户可以通过搜索含有某一关键字的新闻,轻而易举地查看到近期重大新闻或有关某一热门话题的新闻。采用这一做法的网站有中华网等。

2. 信息个人化在公共关系中的运用。互联网为特定个人度身定制信息服务的功能,运用于网络传播,将大有可为。利用信息个人化服务手段,可以向你的目标公众提供更亲切的信息服务,主要包括这几个方面:(1)与一些提供信息个人化服务的网站建立联系,把支持公司或组织主张、理念、商业目标的文字、图片等信息上传给这些网站,由他们按网民的分类进行分发;(2)在网上为报刊编辑们准备好符合打印质量的图片以便发表,这些可包括公司重要人物的照片或者产品包装和标志;(3)在自己的网站中增加信息个人化的服务。

第三节 ◇ 社交媒体和移动媒体

在过去的 10 年中,社交媒体和移动媒体可谓年少气盛、叱咤风云,成了新世纪公认的网络传播宠儿。21 世纪的公共关系从业和研究人员必须认真对待,以此为契机,趁势丰富和提升自己的从业经验,扩充和深化自己的理论探索。

社交媒体和移动媒体成为世纪网络传播宠儿,有两个先决条件:一个是数字技术的飞速发展,另一个是所谓"电子媒介人"的傲然崛起。无疑地,电子媒介人乃社交媒体和移动媒体之母。"电子媒介人,即是指生活于媒介化社会,拥有各种电子媒介,具备随时发布和接受电子信息便利,成为媒介化社会电子网络节点和信息传播主体的人。"[1]同样无疑地,新媒体时代的公共关系研究和从业人员,理所当然地要成为一名为自己组织所青睐的专业电子媒介人,成为社交媒体和移动媒体的自觉实践者和够格的研究者。

一、社交媒体

1. 社交媒体概述。一提社交媒体,人们总想到它们的排位,由于排位标准不一,排出来的名次总是各各相异。以用户数量和平台通用性为排位标准,2018年9月,有一项研究提出了这样的世界排位:第一 Facebook(19亿用户);第二 WhatsApp(12亿用户);第三 YouTube(10.30亿用户);第四 Facebook Messenger(10亿用户);第五微信(8.89亿用户);第六 QQ(8.68亿用户);第七 Instagram(6亿用户);第八 QZone(5.95亿用户);第九 Tumblr(5.50亿用户);第十 Twitter(3.19亿用户)[2]。

我们注意到,在上面列举的社交媒体世界排位中,美国占八家,中国两家。人们还注意到中国与美国的社交媒体有一个重要不同:中国的微信和QQ绝大多数用户是中国国内的网民,而美国的社交媒体用户散落于世界各地,比如 Facebook 的19亿用户中,除去美国人口3亿,余下的16亿是地球村别的角落的网民。从公共关系的眼光来看,这是一个至关重要的区别。这是在说,谁要对

---

[1] 夏德元:《电子媒介人的崛起——社会的媒介化及人与媒介关系的嬗变》,复旦大学出版社,2011年,第63页。
[2] 详见 http://www.seoxiehui.cn/article-115687-1.html,《世界上最常用的10大社交媒体平台》。

中国产生影响,不能不用中国的微信或 QQ 或别的社交媒体,至少近年内是如此。在瞬息万变的网络时代,排名不具长久的意义。

2. 社交媒体界定及其特性。上文提到的 Facebook、YouTube、微信和 QQ 空间等社交媒体,开口闭口都拥有亿万用户,随便说说哪个月又增加了几百万新注册者。社交媒体怎么可以如此神通广大呢？到底什么是社交媒体呢？其实所有成功的社交媒体都是它们的用户生成造就的。如果没有了用户,没有了千万用户提供的内容,没有了散落在各洲、各国、各地的用户对这些内容的平等分享,那么这些社交媒体不仅不能再神通、不能再广大,而且连自己的生命也停止了。

用户自创内容(UGC, User Generated Content 的缩写)既然是社交媒体的第一生命线,我们就把社交媒体界定为"用户自创内容并由用户平等参与分享的网络平台"。细细考察上述世界排名前 10 的社交媒体,就其对公共关系的相关性和重要性而言,我们不难发现它们具有四大网络平台特征：用户提供内容,用户平等参与,舆论横向连通,社会责任分担。

（1）用户自创内容。传统机构媒体,无论是纸媒还是电子媒体,皆由媒体自身提供内容,即便刊载或发布用户投稿或各种反馈性评论和意见,也是由机构单方面选择决定的。然而,社交媒体为用户构建的各种信息、知识、娱乐平台,如新浪微博和 QQ 空间,或美国的 Facebook、YouTube、维基百科或 Twitter,本身并无内容,但它们的虚拟空间广大无比,任由用户自行上传视频和图片,提供文章,发表评论,进行对话和交流。用户自创内容这一特性,同时引出了社交媒体的第二个特性。

（2）用户平等参与。传统机构媒体对内容的控制决定了传播的单向性,也正是由于社交媒体的内容是由用户自创的,自然地用户成了内容的主人,用户与用户之间的横向平等参与和交流取代了传统机构媒体与用户的纵向上下关系。社交媒体成为网络传播的新世纪宠儿,与它的用户平等参与和交流特性有着内在的因果关系。

3. 舆论横向连通。中美作为两个当仁不让的社交媒体超级大国,在中美贸易谈判处于黏滞之际,同样深切地体验了社交媒体造成的全球舆论横向连通性。中国人和美国人都在惊叹,世界一下子竟然变得这么小,人的虚拟交流一下子变得这么便捷、广泛、充分、高效。中国人通过微信和别的社交媒体,美国人通过Facebook,各说各的理。妙就妙在《纽约时报》和《人民日报》双双跟在了舆论大军的后面,矛头都是对准特朗普的,而特朗普却独钟推特(Twitter)社交网,天天与社交网上沸沸扬扬的舆论唇枪舌剑。一时间,从总体到平民,从政客到学者,从中国的贸易商到美国中西部的农民,把有关中美贸易战的舆论统统摆在了世人的面前,删也删不了,躲也躲不开。社交媒体舆论的横向连通,已经大大冲击了传统舆论的导向机制。如何应对社交媒体舆论横向连通的挑战,是当今社会组织及其公关职能部门必须认真研究的重大课题。

4. 社会责任分担。在社交媒体时代,社交媒体自身和它们的千万用户都享受着史无前例的信息表达自由。自由和责任从来是一对形影不离的孪生兄弟。所谓责任分担,首先是社交媒体与它们的用户的责任分担。粗略地说,社交媒体自身有三大责任:对社会的责任,对千万以至亿万用户的责任,对媒体自身的责任。就用户而言,也有三大责任:第一也是对社会的责任,第二是对互动用户的责任,第三是对自己的责任。

在此特别要强调的是,在社交媒体时代,我们同乘互联网一条船。我们切不能以为互联网是一条永不沉没的梦之船。它会沉没,因为它是人造的,又是为人所用的。人是一种极具创造性的动物,人能创造互联网,什么还不能创造呢?人同时又是一种极具破坏力的动物,人能残杀自己的同类,什么还不能破坏呢?因此我们要求助于本书前面提到的社会建构主义者格根,我们还要求助于创立过关于人的本质的经典命题的马克思。格根说,每个人都是部分地为他人所构成,同时又部分地构成了他人。马克思说,人本质上就是各种社会关系的总和。格根和马克思都在告诉我们:我们即彼此。这句话的意思是,人——包括个体的人和人建立的机构——天生地对社会、对彼此、对自己有一种责任,而对这种责任的承诺和信守,只有到了社交媒体时代才上升到如此迫切、如此重要的程度。自由产生了责任,网络传播的空前自由,产生了每个组织、每个个体不可推卸的社会责任。

二、移动媒体

我们对移动媒体的认识,曾经历过由公交类移动媒体(如车载广告)到个体手持媒体(如手机)、由处理传统媒体(如报刊、广播、电视)机构制作的内容到处理社交媒体用户的自创内容、由模拟传输技术到数字译码技术等各种发展阶段。

1. 移动媒体概述。一个世纪前,在上海的电车和公共汽车上,包括20世纪30年代在南京路上行驶的双层公交车,都有过各式各样的广告。那时公交车上的广告,车身外面有,车厢里面也有。有轨电车的头顶上会有"今天江湾赛马"的醒目广告牌,车身上会有漆着美女牌、金鼠牌香烟的大字。车厢里的产品广告可以详细介绍产品的用途和性能特点,乘客无论是站着还是坐着,都可以从容细读[1]。

一个世纪后,世界不仅仍然有车载广告这种传统移动媒体,还

---

[1] 参看余尚文:《旧上海电车上的广告》,《社会报》1985年7月30日。

有卖疯了的美国苹果公司设计、中国富士康公司制造的 iPhone 和 iPad，还有了华为品牌的智能手机，有了各种品牌的平板电脑等数字移动媒体。

移动媒体可简单地划分为两类：一类是传统移动媒体，一类是当今正在改变人的生存状态和传播方式的数字移动媒体。移动媒体不是现代人的发明。会行走的人本来就是一种移动媒体，而且是一种最具能动性的移动媒体。建筑在地上的砖墙、瓦顶、水泥柱子的图书馆不能动，但图书馆里的书报杂志一旦到了人的手里，就成了移动媒体了——不可忘了人是最古老的传统移动媒体。以前，电视、电影只能坐在家里看、坐在电影院里看，现在有了智能手机、有了平板电脑，可以坐在车里、躺在床上看了，要在哪里看就能在哪里看了，那是数字移动媒体使然。我们早就有了这样的经验：一旦火车、汽车、飞机成了人的两只脚的延伸，原来不可移动的媒体不仅可以动，而且可以奔驰、可以飞翔了。移动媒体常常是以多媒体的形式展示自己的。

固定与移动从来就是相对的。多少年来，研究媒体、研究公关广告的人，可以把车载广告当作移动媒体来研究，但很少有人把路牌广告当作移动媒体来观察的。公路和铁路两边各式各样的路牌广告，你站在那里看，它们纹丝不动，一旦你坐在飞驰的汽车或火车上看，你看自己，人未动座位也未动，但一旦远眺窗外，那些路牌一个个在奔驰，车在快速前行，广告在快速后退。

我们不必去讨教爱因斯坦，我们只需稍稍想一想，就明白机场、车站、码头都是不动的，但当乘客、送客、迎客熙熙攘攘来来去去之时，周围的色彩、线条、各种形式和各种形式包裹的内容全部动了起来，这时候机场、车站、码头不都成了移动媒体了吗？公共关系研究和从业人员难道不可以对这些"被动移动媒体"进行一番思考和研究吗？确实，在公共关系研究领域内，哪怕是对传统移动媒体的研究,也还存在着巨大的空间。

但我们这里讨论的重点并非媒体的相对移动性。我们只是想提醒读者,第一,传统意义上的移动媒体仍然可以保留在公共关系人员观察和研究的视野中;第二,随着网络传播技术日新月异的发展,人们的眼光必须迅速转向网络传播中的移动媒体——就是我们上面说的"数字移动媒体",亦即与社交媒体共生的另一个新世纪宠儿。形势催人,时不我待。截至2020年6月,中国手机网民数已达9.32亿人[①],手机成了中国网民的第一大上网终端。显然地,移动上网应用出现了前所未有的创新机会。

中国最令人吃惊的就是数字了(注:这里的"数字"二字可以读作双关语,一指数量的巨大,一指数字技术的高速发展)。假如上述几项数字仍然不足以令人吃惊的话,那么想一想中国的流动人口数字。这些年来,中国的流动人口大约在2.5亿上下,平均年龄28岁,其中一半是各地农村的新一代打工者。流动人口因为处于流动之中,自然地更需要信息、娱乐、购物等生活必需的"移动服务"。他们不能背着电视机走南闯北,也不能提着台式或手提电脑走街串巷,但他们一定有一个形影不离的随行伴侣,那就是他们的手机——网络传播中最轻便灵巧也是最为忠实的移动媒体。

写到此处,本书作者在美国大学的课堂上曾向学生们问过一个小小的移动通讯技术问题。他问:"5G手机是什么手机?"大家一时都被问呆了,一名学生脱口而出,说:"那是讲5个G的容量。"当然不是的。我们不知道如果把这个问题抛向公共关系从业人员,结果会是怎样。事实上,问题很简单,答案也很简单:所谓5G,就是"第5代"的意思(5th Generation),中文含义就是第5代数字通

[①] 见中国互联网络信息中心2020年9月29日发布的《第46次中国互联网络发展状况统计报告》。

讯系统,是4G的升级。一名工作在第一线的公共关系从业人员难道可以对诸如此类的移动媒体常识漠然无知吗?

2. 数字移动媒体的界定及其特性。顾名思义,数字移动媒体就是由数字技术支撑的移动媒体,其中包括1G到5G的手机、携带方便的平板电脑及各种能与互联网连接的移动设备。有人把数字移动媒体看成继报刊、广播、电视、互联网之后诞生的"第五媒体"。当然这不是界定,这仅仅说了数字移动媒体的技术发展属性。从公共关系学的角度来看,我们把数字移动媒体界定为"个人自控的、无时无处不可与外界互动沟通并进行信息处理的手持媒体"。这个界定不长也不短,基本上包含了数字移动媒体的两大传播特性:第一是无时无处不在性,第二是信息的简洁短小性。就组织的公关从业人员而言,对这些特性的理解和把握或许可以转化成自己日后事业发展的绝佳机会。

(1) 无时无处不在性。手机对现代人来说,是一种最为亲密的贴身媒体、一只最舍不得丢下的宠物,人什么时候走它也什么时候走,人到哪里它也到哪里,无时无处不在一起。2009年的一项调查询问了加拿大、丹麦、法国、马来西亚、荷兰、菲律宾、俄罗斯、新加坡、中国台湾、英国和美国等国家和地区的8 000名手机使用者,调查结果有一个重要的发现,那就是大多数人把手机只是看作一种私人沟通工具,而不是把它当成一种信息媒体——尽管他们早已把它当作信息获得和处理的媒体来使用了[①]。对公共关系从业人员来说,像手机这样的移动媒体,由于它的"无时无处不在性",在特定条件下(如对危机或突发事件的应对),就可用作最为可靠、最能侵入目标对象的传播媒体。就手机使用者特别是4G/5G等高

---

① Jonna Holland, "The role of mobile marketing communications in media strategy", *Innovative Marketing*, Vol.6, Issue 2, 2010.

级智能手机使用者而言，一个新近形成的趋势是，他们逐渐地把浏览网页、网上购物、听音乐、看视频的时间，更多地分配给了日夜陪伴着他(她)的那部手机，自觉不自觉地疏远了电视机、台式或手提电脑那些昔日老友。

数字移动媒体的无时无处不在性，决定了信息传播的无比快捷。在数字移动媒体的使用成为时尚之前，走在信息时代前面的人，用的更多的还是台式或手提电脑，发的、收的还总是一封封 Yahoo 或 Hotmail 邮件，那时他们并不企望也不会保证电子邮件收发的即时性。有了数字移动媒体，信息传递和获得的速度就大大地提高了。

数字移动媒体的无时无处不在性还引出了它的媒体位置和移动方向的共享可能。广告商、销售商和公共关系从业人员，谁不想知道他们的目标对象在哪里、正在朝哪个方向移动呢？正像打仗，指挥官一定要知道敌人在哪里、要去哪里。曾几何时，"蜀道难，难于上青天"的事，现在不过举手投足之劳而已：问问天上绕着地球转的卫星即可。现在谁有一部 4G/5G 手机又开车的人而不用手机上的 GPS 系统找方向选路线的？哪种收费的 GPS 系统，除了显示地图指引路线之外，不提供附近的旅馆、餐馆、加油站、购物中心的位置的？

(2) 信息的简洁短小性。在信息爆炸时代，在传统媒体与包括互联网在内的新媒体对信息用户的争夺到了白热化的情况下，信息的简洁短小性不仅是移动媒体的固有竞争优势，也成了所有媒体仿效的制作内容的重要原则。信息为什么要简洁短小呢？因为第一，信息过量消费，恰似营养过量摄入，人会"腻"的、"厌"的、"烦"的；第二，现代人的大脑受到了太多的声色围剿、过猛的视觉冲击，加上生活节奏的加快，其认知和思辨能力受到了削弱，已经无力来处理过于冗长、过于复杂的文字信息；第三，手机是最为大众化的传播工具和信息媒体,没有过高的技术门槛,更没有苛刻的学历要求,手机用户的大众性,加上手机屏幕的有限性,决定了信息内容必须简洁明了、短小精致,以至对一个标点、一个空格的运用也要谨慎对待。

数字移动媒体在这样的时代背景下轻装登场,以其信息的简洁短小受到了亿万用户的青睐,当仁不让地成了网络传播的新世纪宠儿。

组织的公关职能部门必须对手机等数字移动媒体信息内容的简洁短小特性铭记于心,对这种信息的制作要当作大学问来研究,殊不知制作简洁短小的文字,比写一篇千字文章可能难上十倍。

对移动媒体的关注,特别是从公共关系从业人员的角度来看,不仅仅是对智能手机或平板电脑技术和应用层面上的关注,不仅仅是对终端移动设备个体使用者独特体验的关注,也不仅仅是对数字移动媒体"无时无处不在性"和"信息简洁短小性"的关注,还应该时时关注自身服务的组织如何审时度势跟上时代的步伐,把组织的公共关系移动媒体传播水平提高一步。这里所说的组织不光是本节着重讨论的社交媒体,还包括报纸、杂志、广播、电视等传统机构媒体及整个文化娱乐行业,当然还有逐渐走向成熟的电子商务和各种现代服务业,所有党政组织和部门也当无一可以例外。试一试 4G/5G 手机或平板电脑上的各种 App(应用程序),看一看你所代表的组织是否应该设计推广自己在手机或平板电脑上的 App,再想一想接下来要关注的移动媒体的细节是什么。

三、用好了社交媒体和移动媒体,公共关系前程似锦

新媒体时代的公共关系,一方面继承着传统公共关系研究和实践留给我们的百年精华,另一方面面临着社交媒体和数字移动

媒体对传统经典理论和所谓常胜招数的全面挑战。网络传播的两个宠儿,恰似两颗福星,照得公共关系前程似锦。可以说,谁把握好了这个前所未有的机遇,谁能紧紧握住社交媒体和移动媒体这两把金钥匙,谁就能走向未来的卓越和成功。

近年来,越来越多的社交媒体,特别是像 Facebook 这样的超级社交媒体,开始重视研究并仰仗"大数据"的数据挖掘功能,以方便信息发送者精准定位受众人群,选择更高效的传播渠道,发送更有效的信息,并更精准地对信息反馈进行预估。信息过滤也广为社交媒体运用(如 Google 和百度),使用户在不同的电脑上用不同的 IP 和不同的 ID 进行搜索,以获得不同的搜索结果,大大提高了搜索效率。

包括政府在内的各种组织、各种组织的公共关系部门,应时时关注大数据、信息过滤及其他数字技术的迅速发展,要把握好数字技术是如何影响社交媒体对"民意"的"生产"的,要弄明白社交媒体上的信息发布和反馈为何变得如此迅速,其内容的扩散和凝聚为何那么具有相关性,这样也就能明白社交媒体所"生产"的民意质量为何更具代表性和精准性了。

社交媒体不是专搞民意调查的,更不是专注于民意"煽动"的。社交媒体不过是一种用户自创内容、用户平等参与互动的信息平台。人们可以对社交媒体的各种社会功能作出各种猜测,但至少有一点可以肯定,那就是社交媒体应该成为政府观察民意、回应民意的一个窗口,成为企业了解自己产品和服务的一个重要渠道,成为当今社会各种组织与公众平等互动、做好沟通的一个不可或缺的平台。

众所周知,移动媒体不仅是当今社交媒体发展的主要动力,也是互联网津津乐道的趋势性题材。第一,以智能手机为代表的移动终端正以强劲势头超出传统的台式和手提式电脑。第二,移动搜索已经成为互联网上最重要的一种搜索和信息获取手段。第三，移动媒体正在成为新的消费时尚和实现各种刚需的重要媒介。第四，移动媒体正在改变着一个社会的政治、经济、文化、社会互动传播格局。

  社交媒体和移动媒体正在改变着人的生存方式，改变着组织的运行规则，改变着整个世界。有了社交媒体和移动媒体，公共关系的未来故事将有全新的说法、全新的写法。用好了社交媒体和移动媒体，公共关系前程似锦。

图书在版编目(CIP)数据

简明公共关系学/(美)居延安著. —上海：复旦大学出版社,2021.1(2024.1 重印)
(复旦博学)
公共关系学系列教材
ISBN 978-7-309-15288-3

Ⅰ.①简… Ⅱ.①居… Ⅲ.①公共关系学-高等学校-教材 Ⅳ.①C912.31

中国版本图书馆 CIP 数据核字(2020)第 154551 号

简明公共关系学
(美)居延安 著
责任编辑/陈 军
复旦大学出版社有限公司出版发行
上海市国权路 579 号 邮编：200433
网址：fupnet@fudanpress.com　http://www.fudanpress.com
门市零售：86-21-65102580　团体订购：86-21-65104505
出版部电话：86-21-65642845
常熟市华顺印刷有限公司

开本 890 毫米×1240 毫米　1/32　印张 10.625　字数 257 千字
2024 年 1 月第 1 版第 4 次印刷
印数 34 201—42 200

ISBN 978-7-309-15288-3/C・400
定价：36.00 元

如有印装质量问题，请向复旦大学出版社有限公司出版部调换。
版权所有　侵权必究